全媒体采编实务

郭之文 符振宇 朱炜 编著

Omnimedia Interviewing and Editing Practices

南京大学出版社

图书在版编目(CIP)数据

全媒体采编实务 / 郭之文,符振宇,朱炜编著. ——南京:南京大学出版社,2022.10
ISBN 978-7-305-25987-6

Ⅰ.①全… Ⅱ.①郭…②符…③朱… Ⅲ.①新闻采访②新闻编辑 Ⅳ.①G21

中国版本图书馆 CIP 数据核字(2022)第 143019 号

出版发行	南京大学出版社
社 址	南京市汉口路 22 号　　邮　编 210093
出 版 人	金鑫荣
书 名	**全媒体采编实务**
编 著	郭之文　符振宇　朱　炜
责任编辑	高　军　　　　　　　编辑热线 025-83592123
照 排	南京开卷文化传媒有限公司
印 刷	南京京新印刷有限公司
开 本	787 mm×1092 mm　1/16　印张 14.25　字数 350 千
版 次	2022 年 10 月第 1 版　2022 年 10 月第 1 次印刷
ISBN	978-7-305-25987-6
定 价	42.00 元

网　　址:http://www.njupco.com
官方微博:http://weibo.com/njupco
微信服务号:njuyuexue
销售咨询热线:(025)83594756

* 版权所有,侵权必究
* 凡购买南大版图书,如有印装质量问题,请与所购
　图书销售部门联系调换

序

不久前，在南京大学研究生班师生的一次联谊活动中，之文对我说："我想写一本书，有关采访与写作方面的，到时候能不能请您写个序？"因为他是我曾经的学生，我欣然答应了。不承想几个月之后，之文就将这本书稿放到了我的面前。

我细读书稿，觉得视角颇新，实践性挺强。本书体现出全媒体视角，开篇即是"身处全媒体时代"，并分别从必要性、现实性、功能性、政策性和操作性等不同的层面进行剖析阐述，让读者一下子就能感受到扑面而来的时代气息。作者鲜明地提出"主流媒体必须抢占网络主阵地""联合采访：用脚步丈量土地"等见解，探寻媒体融合的政策导向与实现路径，审视县级融媒体中心建设的若干要点。第一章第一节开宗明义地指出："我们身处崭新的全媒体时代。媒体深度融合的当下，新闻报道的主阵地已经和正在发生转移，即从传统媒体平台向网络平台、移动平台传播转移。不主动适应、拥抱、融入新媒体的媒体，一定不能成为当今的主流媒体。"由此可见作者的站位高、观点新。

就本书的实践性、实用性而言，全书共分九章，每章都有一个"实践案例"，既有城市广电集团、省级媒体的大量鲜活案例，也包括了央视的部分案例，还有县级融媒体中心建设的案例；既有若干有关新闻采访、写作和播出的案例，也有节目编排和栏目创新方面的具体案例；既有不少经典案例，也有最新的播出案例。本书还嵌入了数十个二维码，扫码可看到若干音视频或文字方面的内容。可以说本书涉及了新闻采编、节目类型和媒体运作的诸多方面，实践性很强，很有借鉴意义。

本书的作者郭之文，已经在传媒行业工作了20多年。他从普通记者做起，一路成为责任编辑、栏目制片人、新闻中心综合办副主任、广电集团节目研发推广部副主任等，新闻业绩突出，40岁出头其职称就已经是高级记者了。作者在其新闻职业生涯中不断寻新求变，进行不懈探索，且勤于思考，已经撰写了百余篇论文，还出过两本有关新闻方面的论著。作者具有比较突出的新闻捕捉能力、评价能力和写作能力。正是由于以上原因，该作具有一定的现实指导意义。

本书使用了较多的笔墨和较大的篇幅，在全媒体视域内讲授了新闻采访和写作的相关理论和操作技巧，从而对高校新闻学子和新闻从业者都具有较强的指导性。新闻采访是新闻传播活动的基础，是新闻传播的起点，新闻写作为新闻传播提供文本，新闻写作的过程就是精心选择并表现新闻事实的过程。本书在新闻采访章节中,特别突出了采访方法的传授、采访瓶颈的突破、诱导采访的正反思辨、新闻真实性的维护保持,并以联合采访为例,说明如何画出同题材联合采访的同心圆。在新闻写作方面,从章节的标题上似乎看不出更多的特色,但仔细阅读消息的写作、专题的写作、评论的写作的具体内容,其多媒体创作的时代感、全媒体思维的跨越度、"四全媒体"的综合性,则让读者有耳目一新之感,可从中得到相应的收获和体悟。就此而论,本书在新闻采访与写作方面提供了一定的新成果。也许可以这么说:本书虽不能说很全面,但确有创意和创新之点;虽不能说很高深,但不无独特和独到之处。

值得一提的是,本书从全媒体的视角出发,在其自身的表现形式上,特地增加了二维码的表现手段。细数全书,多达数十个二维码。扫描打开二维码,若干个精彩的视频、音频、文字、H5扑面而来,一改单调的阅读,代之以全媒体的新鲜感受。

我在几年前曾经写过一篇有关宣传与新闻话题的文章《略论宣传兼及新闻与它的关系》,认为:宣传是特定主体有目的地通过讲述自己的意见以影响他人意识和行为的一种社会活动。宣传有它的特点:目的性显而易见,本质是影响人心,设法最有利于己,内容大致可公开。宣传是一个较之新闻外延更宽、更大的概念,宣传中就包括了新闻这样一种比较特殊、具备新闻特质的宣传。宣传与新闻在主体、准备、时效、价值取向、主观性介入等诸多方面存在差别。通过进行深入采访、精选报道角度、采用讲故事的方式进行报道、用群众喜欢的语言方式做新闻等路径,新闻可以做得具有良好的宣传效果。本书中所持的观点意见和所授的操作之道,与我的上述见解不谋而合。我深感欣慰,也更加感受到之文等人的具体新闻实践与高等教育中新闻理论及实务教学的有机统一和相互契合,感受到业界和学界沟通交流、相互促进、共同提高的力量所在。

是为序。

丁柏铨
2022 年 6 月

【丁柏铨:教育部重点教材《新闻采访与写作》课题组首席专家,南京大学新闻传播学院教授、博士生导师】

目 录

第一章　身处全媒体时代 ··· 001
第一节　必要性：主流媒体必须抢占网络主阵地 ······················ 001
第二节　现实性："互联网＋"时代的传统媒体影响力探析 ············ 006
第三节　功能性：和谐社会构建中的媒体功能分析 ····················· 011
第四节　政策性：媒体融合的政策导向与实现路径 ····················· 017
第五节　操作性：媒体融合的"一二三四" ······························ 022
第六节　实践案例：从现行模式与运行方式，看县级融媒体中心建设的要点 ·· 026

第二章　新闻采访 ·· 031
第一节　采访方法概述 ··· 031
第二节　如何突破采访中的瓶颈 ··· 038
第三节　实践案例：联合采访——用脚步丈量土地 ······················ 042
第四节　诱导采访思辨 ··· 046
第五节　怎样保持新闻的真实性 ··· 056

第三章　稿件撰写 ·· 059
第一节　消息的写作 ·· 059
第二节　专题的写作 ·· 086
第三节　实践案例：新闻专题中如何设置悬念 ·························· 098
第四节　评论的写作 ·· 102

第四章　重大主题报道 ··· 111
第一节　开辟重大主题报道的新路径 ···································· 111
第二节　两会报道中的导向把控与手段创新 ···························· 115
第三节　实践案例：《思想的力量》的大众化创新路径 ················ 117

第五章 突发事件报道 ·· 122
第一节 媒体报道突发事件的速度和角度 ··· 122
第二节 危机事件中的政府官员与媒体角色关系的探讨 ···················· 126
第三节 如何在灾难性报道中见功夫 ·· 131
第四节 实践案例:新冠疫情下的媒体报道 ······································· 134

第六章 新闻深度报道 ··· 140
第一节 新闻深度报道的路径选择 ·· 140
第二节 经济报道中的误区及其修正 ·· 144
第三节 新闻调查:针砭时弊的利刃 ·· 149
第四节 反腐报道六字诀:稳、准、狠、盯、关、跟 ························ 150
第五节 实践案例:《零容忍》——自我革命的铿锵表达 ··················· 154

第七章 现场直播报道 ··· 159
第一节 现场直播概述 ·· 159
第二节 打造新闻直播新平台 ··· 168
第三节 实践案例:大型直播节目架构探索 ······································· 170

第八章 节目编排与栏目出新 ··· 178
第一节 电视组合报道初探 ·· 178
第二节 实践案例:节目改版应遵循的几个原则 ································ 183
第三节 名牌栏目如何出新 ·· 187
第四节 国外视听节目引进刍议 ··· 191

第九章 收听收视率、流量与受众意识 ··· 194
第一节 广播节目那些事 ··· 194
第二节 提高收视率的五个关键词 ·· 199
第三节 网络流量及其变现 ·· 204
第四节 实践案例:《我的大学》——每天13.5小时抗疫直播的精准推送 ······ 211
第五节 以受众为中心,深化传媒供给侧改革 ··································· 213

参考文献 ·· 220

后 记 ··· 221

第一章 身处全媒体时代

第一节 必要性：主流媒体必须抢占网络主阵地

我们身处崭新的全媒体时代。媒体深度融合的当下，新闻报道的主阵地已经和正在发生转移，即从传统媒体平台向网络平台、移动平台传播转移。不主动适应、拥抱、融入新媒体的媒体，一定不能成为当今的主流媒体。传统意义上的主流媒体如果故步自封、画地为牢，就必然会被弱化、被边缘化，任何一个被边缘化、影响力低的媒体，都不能称为"主流媒体"。所以摆在传统主流媒体面前唯一的道路，就是与新媒体相融合，就是运用新的互联网的思维方式、运作模式来改造和纠正原有的思路和做法，并通过自己的努力，发挥优势，抢占网络主阵地，打造网络上重要的新闻发布平台和舆论高地，不断提升自己的影响力、传播力、辐射力，使自己始终立于不败之地，成为真正意义上的主流媒体。可以说，只有真正占据了网络主阵地的媒体，才能够得上"主流媒体"的称谓。充分占有了网络主阵地，同时又拥有传统的广播、电视、报纸、杂志的传播手段和传播平台，就可以构筑一个全媒体阵营和传播矩阵，成为新型的主流传媒集团，也就会成为当之无愧而不是自诩的主流媒体。

建设主阵地、把握主基调、打好主动仗、唱响主旋律，一直是党和政府对宣传舆论工作的基本要求。伴随着网络的勃兴，主流媒体如何有效适应和积极应对主阵地的迁移？如何继续牢牢把握宣传的主动权？如何实现从传统主流媒体向新型主流媒体的转变？这是时代提出的大课题，也是党和政府必须正视的宣传阵地建设问题，同时也是媒体自身的生存能力问题。就媒体而言，必须积极转型、有效转型，及时改变传播内容、传播方式、传播路径、传播话语体系，充分运用新媒体传播手段和平台重构舆论生态，全方位占据网络主阵地。

一、内容上，扩大主题报道的云上表达

主流媒体肩负着主题报道的重大政治任务，主题报道做得好不好、充分不充分、实在不实在，既是对主流媒体能力的考验，更是对主流媒体的政治体检。当主阵地发生转移，如果还仅仅是在传统媒体平台宣传党的主张、传达政府的声音，那么，所谓的主题报道无异于自甘旁落、退居二线。所以，"两会报道""建党100周年报道""全面建成小康

社会报道""十四五征程报道"等重大主题报道,必须更多地采用移动表现的形式,必须更多地运用互联网思维,必须更多地进行"云上表达",从而充分发挥网络宣传的作用。

扫码获取资源

对于"两会"等主题报道,必须摈弃过去仅仅倚仗传统媒体和传统平台传播的思维,综合运用传统平台和网络渠道,且越来越多地依靠和运用互联网平台、手机端平台、融媒体中心平台进行网络传播,从而使两会等好声音传得更远、更广。党报党台要主动适应这一正在发生和已经发生的阵地转移,在两会等报道中充分发挥网媒的作用,进行多元化、多层次的探索,在增加主题报道的网络播报比例方面积极作为。事实上,对全国两会和地方两会等重大主题报道,国家级媒体和地方媒体在云表达方面,都做了积极的尝试、探索和实践,无论是文字、画面、音响还是展现手段,都呈现出日新月异的可喜景象。

数字资源:人民日报《文物音乐会,国宝唱嗨了》、中央广播电视总台 AI 节目《"冠"察两会》、新华社《天地融屏|王亚平代表在太空讲述履职故事》,扫码获取具体内容。

二、形式上,倡导传播样式的云中开发

如何增加传播内容的网络化比例?媒体人不但要有想法,还要有办法;不但要有决心,还要有举措。其中,进行传播样式的云中开发,就是一种不断进取、不断拓展生存空间的具体行动。

一是优化媒体网站的新闻布局。新闻就是对不断翻新的客观事实的报道。从新闻的接收角度来看,新闻报道的样式也要不断翻新,新闻网站、移动客户端、手机 App 等同样需要经常性地进行页面更新,从而始终保持对网民的吸引力。江苏省 2021 年两会召开之前和之中,江苏省广电总台我苏网、荔枝新闻客户端同步发力,开辟了《2021 江苏省两会 践行嘱托开新局》,摘要中开宗明义地写道:"在'十四五'开局之年,江苏将如何谋划发展,'争当表率、争做示范、走在前列'?8000 万江苏人的工作生活将有哪些改变?一键直击两会盛况。"摘要以下,开设了《看资讯》《零距离》《现场直击》《"会"读报告》《我苏论政》《我们的"十四五"》《两会探班 VLOG》《两会新语》《我在基层"云上会"》《"会"聚民声》《两会大家谈》《两会回音》《全媒共振》《大城全景》等众多子栏目,每一个子栏目对应不同的受众对象,网民们可以按照自己的爱好各取所需,而传播样式中有文字、有视频、有观点、有回音,可谓多姿多彩。这样的栏目设置和内容摆放完全可以做到垂直供应、重点供应。在江苏省两会之后,荔枝新闻客户端的通栏中又及时更新了《践行嘱托开新局》专栏,该专栏以"争当表率、争做示范、走在前列"的白色字体配以蓝色主基调的背景图,雅致地展现在网民们的面前。专栏中将已经结束的省两会的程序性内容全部删除,重新设立了《头条》《我与总书记面对面》《沿着总书记的足迹》三大子栏目,不断增加新的内容,挖掘更多的内容进行及时生动且富有互联网传播特色的报道,如《头条》中有一篇《总书记金句系列海报:推动长江经济带高质量发展》,通过海报的形式,展示习近平总书记有关长江经济带高质量发展的一条条经典和精彩论述,底图分别

衬以南京长江大桥的夜景、春色满园的长江三峡、雄伟壮丽的葛洲坝工程、悄然而立的黄鹤楼、长江岸线的绿色长廊等壮美的图景,图文并茂,夺人眼球,起到了很好的宣传效果。

二是激发广大网民的参与热情。除了新闻信息的及时更新以及页面的更新以外,网络传播还需要最大化地调动网民们参与其中的热情。网民们对人民日报多年前的换装 H5 引起的轰动效应记忆犹新,人民日报正是抓住了人民解放军建军 90 周年的契机,踩准了 90 周年大阅兵的节拍,通过让用户上传自己的照片,利用人脸识别技术,生成属于用户的不同年代的军装照片,这些照片的生成,满足了人们尤其是年轻网民们的"当兵"愿望,穿上军装的年轻人引以为傲,自愿将自己的照片分享出去,并进一步引发新的换装热情。换装 H5 成为一次非常成功的媒体传播事件,这也进一步激发了人们开发和使用 H5 的热情和信心。受"新冠"疫情影响,2021 年春节的年味似乎受到了冲击,但也正是网络传播的一个好时机,可以开发出寻找年味的一些新玩法。人民日报新媒体联合微信、腾讯影业定制了"金牛送福"红包封面,点击封面进入 H5 寻牛,不同的牛躲藏在水边、树后、石旁,网民们找寻起来还真要费一番周折,一遍找不齐全还可以再次从头寻找,这就点燃了网民们的好奇心和获胜的愿望。南京秦淮灯会是一个品牌活动,但受"新冠"疫情的影响,2021 年秦淮灯会在路面上的展览缩减了许多,但网络上的各种"云灯会""云展览""云赏灯"等却时兴了起来。南京广电集团也设计了"上传你的年夜饭照片,参与赢取新年礼品""与家距离就在指尖""十里秦淮云赏灯"等多个 H5。其中"十里秦淮云赏灯",下拉灯笼,云上点灯,云上观灯主题 H5 包含云赏灯、云直播、云预约、云灯市、云购物,画面中隐藏了 4 个打卡任务,完成即可领取精美礼品。选取花灯,抽签测运,选择答题,填字猜谜,既可以抽到"福气满满"等喜庆字眼,大过年的讨个吉利,又可长按保存图片,发送给朋友,从而引起网民的再传播,还可以参加最后的抽奖环节,2000 份互动奖品相送,另外也可以通过"光场解锁"技术以及 LIVE 南京直播系统,看到热闹喜庆的灯会现场场景。云赏灯 H5 刺激了网民的神经,激发网民不断地刷屏。

人民日报、腾讯影业 H5:《寻牛好运图》

三是生产众多的网络视听产品。新闻页面的更新以及激发大家的参与,说到底还是为了信息能够更多更快地触达受众以及增强受众对媒体平台的黏性。不断地推出网络新闻产品是所有媒体尤其是主流媒体、网络媒体的责任。可以说,所有媒体都在不遗余力地创作和生产网络新闻产品,各种新颖别致的产品形态、发布样式纷至沓来。面对新冠疫情的汹涌来袭,湖南卫视快速应对,推出了《元宵一家亲》晚会、系列"云综艺"、抗疫短视频等多维产品,实现融合传播最大效应;还坚定启动了"芒果季风计划"、双平台内容定制机制,重构了芒果影视剧与综艺生产体系,以机制创新加速平台的深度融合。

推出多终端网络视听产品

各种各样的新闻产品、网络产品的涌现,一方面说明网络产品大有可为,另一方面也是满足网民们随时随地看新闻、点开手机就能接触新闻的现实需要。传统媒体只有让多形式的新闻产品、视听产品时刻围绕在网民们的身边,让网民们随时都能调取到所需的新闻信息、看到他们想看的内容,才能真正实现主流媒体以人民为中心、以受众为中心的目标和归宿。

三、架构上,开设纵横交错的云端平台

一是建立多平台输出信息,占领制高点。

就传统的主流媒体而言,通常是最大化地占有原有的报纸渠道、广播渠道、电视渠道,随着互联网的形成以及三网融合的推进,传统的主流媒体又开始逐渐渗透到网络当中,但一开始还是"欲说还羞""犹抱琵琶半遮面"的状态,后来感觉网络的力量太强劲,传统阵地受到网络冲击,才忽然意识到网络的可怕和可敬,于是传统的主流媒体家家都纷纷建立起各自的网站、建立起自己的 App、建立起自己的公众号、建立起自己的视频号,但由于传统媒体运行体制机制的限制和传统观念手法的束缚,以及面对市场的手足无措,这些网站、App、客户端往往缺乏活力,不过在公众号、短视频、视频号等领域,传统主流媒体的影响力正变得越来越强,越来越有生机和活力。

事实上,对于传统的主流媒体而言,如果仅仅停留在传统的传播渠道上,只能成为"昔日黄花",只能"靠边站",只能被"边缘化",其根本原因就在于受众已经大幅度地迁移到互联网上、迁移到了手机上。所以传统的主流媒体要想继续成为主流媒体,必须最大限度地占领互联网、占领移动端、占领手机市场。由此,主流媒体就不仅是在传统阵地上作战,而是要多平台输出信息尤其是要在移动端发布信息、传播信息,获取网民们的认可和青睐,从而重新占领制高点,获得主导权。传统主流媒体需要经常扪心自问:在网络上的平台有哪些?这些平台或渠道打通了吗?占领了吗?使用了吗?在网络上、移动端发布的信息及时吗?有人看吗?适合网民们自发转播吗?传播的方式方法时尚吗?吸睛吗?能够产生爆款吗?

二是鼓励主持人入驻网络,获取制空权。

MCN 在网络上赢得一席之地

传播的效果,一方面靠的是传播的平台、传播的渠道——如果没有平台或者平台很差、渠道堵塞,再好的内容也传播不出去,所谓"好酒也怕巷子深",另一方面也需要有优秀的主持人——主持人或靓丽动人,或思想深沉,或富有个性,或人格魅力十足。网络传播过程中主持人队伍的打造十分重要,必要以建立足够的多样化的富有魅力的网上主持人队伍。传统主流媒体尤其是传统广播电视台、广电集团完全可以将年轻主持人包装成各具特色的网红主持,让原来的广电主持人进驻网络空间,不但分得移动传播的一杯羹,更要逐渐获得"制空权"。

让主流媒体现有的主持人,积极参与到新媒体平台上与网友"见面""聊天",进行富有个性的"表演",看上去是在抢"网红们"的饭碗,但其实也是通过具有一定"人气"和"影响力"的媒体主持人的介入,让网络平台和网络生态更纯净一些、更文明一些、更高端一些。所以这恐怕不但是传统媒体"抢饭吃"的需要,更是国家的一种宏观布局。当然,传统媒体人进入网络之后,不能单纯用原有的思维方面、表达方式主持,而是要适应

网民们的需要、要用互联网这一新的传播介质应当具有的特有方式进行信息的传播,其中,必须摒弃说教式的、板着脸的、太过字正腔圆的主持方式,而应伴之以亲和的、友善的、灵活多样、兼有说学逗唱、富有感召力和黏性的主持赢得网民的喜爱和关注。原有广电主持人进入网络,还需要运用网络主持的一些规律性认识,强化与网民的贴近、沟通,增强自己的表演技能和艺术修养,更多采用网言网语和口语化表达,更多采用网民们喜闻乐见的方式说新闻、聊新闻、侃新闻,而绝不是一脸严肃、一个腔调念到底。同时,由于网络传播是糅合了文字、音响、图像、特技、互动等多种传播方式的一种综合化的传播,而传统广播电视在这方面具有相对的优势和人才,需要把这种优势和能力发挥出来。

三是提供贴心的实用性信息,强化云服务。

媒体人应该经常思考的一个问题是,受众为什么要看这条新闻?理由虽然多样,但最根本、最为实质性的原因是这条新闻能够给受众带来好处,这种好处未必仅仅是经济型的,也可以是让其获得了信息、得到了某个知识、掌握了什么动向等等,总之受众要能"从中受益"。反之,如果一条新闻不能给受众任何益处,受众就未必会花时间去看。毕竟,时间是受众自己的,看还是不看、看这一条还是看那一条,选择权、主动权是掌握在受众自己手里的,传播者无法强迫。所以媒体人始终应该明白的是,媒体发这条新闻、做这档节目,是要对受众"有益"的、是服务受众的,只有真正为受众着想、为受众服务、给受众带来实实在在的利益和收益,受众才会觉得你做的新闻"有用""值得看",从而产生依赖感和可信度。尤其是区县融媒体中心,由于其身处新闻发布的底层和一线,更要强化服务意识,把服务工作落细落实。笔者认为,这种服务至少包含两大方面。一是服务好党和政府的中心工作。这是主流媒体的天然职责,尤其是聚焦新思想和全会精神的学习宣传、围绕政府的务实举措和发展成就等,制作发布各类报道。如 2020 年南京市浦口区融媒体中心增加《浦口新闻》中的评论板块,围绕民生话题做好阐释引导,让新闻既有热度,更有温度;开办《文明浦口 你我同行》《聚力江北明珠 决胜全面小康》《浦言朴语话发展 全面小康进百家》等多个专栏,全面展现浦口文明形象和小康建设成果,让百姓及时了解相关政策和身边变化,切实提升群众的满意度和获得感。二是要紧扣基层群众的利益关注点、情感触动点、生活兴趣点,变单一单向供稿为互动交互发布,推动新闻内容的产品化,努力将内容优势转化为传播优势。坚持移动优先策略,把政务宣传、生活服务与新媒体充分融合,积极拓展"新闻+政务""新闻+服务",打造综合性移动客户端。2020 年浦口区融媒体中心增加浦口发布 App 的共建板块,开设"走进机关""行政审批"等窗口,先后与区级机关工委、区城管局、应急管理局等联合开展党员教育、垃圾分类、安全生产在线知识问答等各项宣传活动,进一步提升群众对全区重点工作的知晓率,强化政务服务功能。在"浦口发布"微信公众号开设"权威通报""基层速递""连线前方"等专栏,为基层群众提供信息发布平台和提供有用建议。所发稿件中,《浦口区疫情战况》《三点抗疫建议,给明天返岗的同志》等稿件阅读量突破 10 万,就充分说明只要真心服务、用心服务、服务到位,就一定能获得高关注度、高点击量。

其实,无论是在传播媒体上还是在网络平台上,为受众提供贴心实用的信息和服务,都是必需的、也是必然的。传统媒体要占领网络主阵地,如果没有强烈的服务意识、实用观念,一切皆为枉然。这种服务不仅集中于内容的实用上,在传播方式上也要体现服务意识和服务水平。央视除加强频道、频率建设之外,还特别注重新媒体、央视频、客户端等移动传播建设。《央视新闻》微信公众号每天一大早都会发"早啊!新闻来了",在最前面的位置使用 AI 技术,模仿新闻联播播音员"国标"的声音播报新闻,就十分方便受众早间的信息摄取,这是为受众提供的真心、暖心服务,让信息接收者十分受用,自然,《央视新闻》每天的阅读量都是毫无悬念的 10 万+。

第二节　现实性:"互联网+"时代的传统媒体影响力探析

一、面对互联网的冲击,传统媒体影响力日渐式微

"互联网+"是创新 2.0 下的互联网与传统行业融合发展的新形态、新业态,是知识社会创新 2.0 推动下的互联网形态演进及其催生的经济社会发展新形态。"互联网+"背景下,传统媒体的影响力日渐式微,传统媒体的日子也越发难过。

2016 年 6 月 21 日,中国社会科学院新闻与传播研究所发布的《新媒体蓝皮书:中国新媒体发展报告 No.7(2016)》指出,2015 年中国传媒业市场发生了革命性变化,互联网媒体广告收入首次超过电视、报纸、电台和杂志四家传统媒体广告收入之和,从市场规模上看,互联网媒体成为真正的主导,而传统媒体则更加式微。事实上,传统媒体的这种"式微"其实不仅表现在广告收入的减少上,还表现在影响力的降低、收视率的下降等诸多方面。

最先衰落的是杂志——杂志通常是月刊或双月刊或周刊或季刊,因为时效性差,在竞争中最早衰败下去;之后衰落的是报纸——报纸通常是日报(早报和晚报也基本属于日报),一天一报的新闻逐渐不再适应读者的时效性要求而遭到很多人的抛弃,很多报纸纷纷打烊停办;近年来快速衰落的是广播电视——广电节目虽然可以通过视听的方式甚至是直播的方式进行信息的传播,但只能在固定地点(多为大厅、客厅和房间)收看电视的方式、只有声音没有画面的广播方式,以及线性传播的方式,与受众互动很少等缺点使得广播电视的收视收听人群越来越少,广告商尤其是 4A 广告商对报纸和广电的投入越来越少,从而导致报纸和广电的迅速衰落。节目的收听率收视率下降、媒体的广告收入断崖式下滑、媒体从业者的收入长期不涨甚至降低、年轻的媒体人每每辞职,这些都已经成为"正常"的现象。与此同时,传统媒体的影响力、美誉度逐渐降低,这已经是不争的事实,甚至一些人家的电视机已经长期不用,成为一种摆设。

传统媒体的困境、窘境,已经成为摆在传统媒体自身和政府面前的一道坎。

2015 年 3 月 5 日十二届全国人大三次会议上,国务院总理李克强在政府工作报告

中首次提出"互联网＋"行动计划。而中央全面深化改革领导小组第四次会议审议通过的《关于推动传统媒体和新兴媒体融合发展的指导意见》，对新形势下如何推动媒体融合发展提出了明确要求，做出了具体部署。媒体融合其实就是"互联网＋媒体"的一种崭新方式，而这种融合不是简单的叠加，不是一加一等于二，而一定是大于二。

"互联网＋"在许多方面不断地渗透、加速地渗透。随着这种渗透的日益扩展和强化，互联网将成为国人的一种最常用的工具，互联网也成为推动中国进一步发展的强大助推器和平台。传统媒体到了不得不借用"互联网＋"的平台和手段来发展自身的时候了。

二、传统媒体出招提升自身的影响力

在"互联网＋"的大背景下，如何保持、提升和扩大主流媒体的影响力、传播力和辐射力呢？主流媒体纷纷使出各种招数。

（一）以互联网思维贯穿媒体运行全过程

其实，传统媒体人一直在探寻如何应对互联网的挑战，而当媒体融合的概念提出之后，很多传统媒体人在思维的方式和内容上，已经开始转向如何将传统媒体与网络媒体有机地融合起来。

媒体融合的实践，媒体人正在探索之中，然而目前还没有形成一种让人耳目一新的良好模式。一个最新的事例是湖南广播电视台和芒果传媒资源整合，成立新的湖南广播影视集团。2015年4月15日，宣布了湖南广播影视集团有限公司党委书记兼董事长、总经理的任命文件，任命吕焕斌任集团党委书记、董事长，张华立任集团总经理，从而撬动了"千亿芒果"的梦想。电视湘军不仅立足于传统电视，更站在网络和电视相互融合整合的高度，用新的互联网思维，再造媒体奇迹。

什么是互联网思维？曾有人总结出互联网思维的"独孤九剑"，即：用户思维、简约思维、极致思维、迭代思维、流量思维、社会化思维、大数据思维、平台思维、跨界思维等9大思维模式。作为传统电视人，一些因为电视快速崛起、急速发展而带来的思维观念植根在头脑之中，但当互联网这一崭新的传媒平台出现并以不可阻挡之势跃然于世人面前的时候，传统电视人原有的一些观念可能反而成为电视在"互联网＋"时代发展的障碍。其实媒体工作，从来就是一个不断更新、与时俱进的工作，新闻行业是一个常变常新的行业，因此，媒体人的思维模式、思考路径、思想方式，都需要发生改变，甚至是根本性、颠覆性的改变。只有适应新形势、新趋势的改变，才符合时代要求，才具有生命力和长久性。例如，就上述"独孤九剑"而言：

用户思维——不是把观众看作受众，而是看作观看你所制作的电视节目的"用户"。

简约思维——做节目，不能长篇大论，不是鸿篇巨制，要简约、精致，符合观众短平快的思维特征和阅读习惯。

极致思维——三百六十行，行行出状元；节目要么不做，要做就做最好。

迭代思维——小处着眼，不断进行微创新，允许有所失误，允许不断试错。新闻节目要不断迭代，根据观众的合理要求进行改进。

流量思维——"目光聚集之处，金钱必将追随。"流量即金钱。节目施以小恩小惠，目的是换取更大的回报和实惠。

社会化思维——媒体人再不能是井底之蛙，再不能故步自封，再不能停留于自己的狭隘认识之中，而要从"社会人"的视角来看待自己所从事的工作和职业。

大数据思维——数据在现代社会中扮演的角色越来越重要，我们的节目要以事实说话，要以数据说话，也要学会用数据集纳的方式寻求到自己想要的节目制作内容。

平台思维——打造多方共赢的媒体生态圈，充分利用现有各种平台资源做出漂亮的节目，从而打造属于自己的节目平台。

跨界思维——以"+"的思维，以"一统"的观念，以"共通共融"的理念，来认知我们这个世界。立足电视，看看互联网有什么好的方法可资借鉴；立足本台，放眼其他台（全国城市台、全国地面频道、卫星频道、世界先进传媒集团等）的好思路、好做法；立足本栏目，看看其他栏目有什么可以学习的长处。

（二）以新闻产品作为传媒的核心竞争力

传统媒体的核心竞争力是什么？有人认为是内容，有人认为是传播平台，有人认为是广告收入，有人认为是人才，其实这些观点是从不同的方面来说的，或者说也仅仅是反映了传媒发展的某一个侧面。

我们知道，工厂的核心竞争力是产品，质优价廉的产品是维系一个工厂生存发展的生命线。那么，对于同样是产业化运营的媒体来说呢？其核心竞争力当然就是新闻产品！一个又一个有人愿意看的新闻产品、一个又一个有人愿意看的节目栏目，才是电视台生存发展的根本所在，试想，没有可视性的节目做给谁看呢？没有收视率的节目，哪个精明的广告商愿意投放广告呢？

有人说，要坚持内容为王，就是说做出的节目要有实质性的内容，内容本身要有可看之处，其实，我们强调的产品就是内容产品，内容是新闻产品的本质支撑，内容产品必须有质量、有看点。

有人说，传播平台在很大程度上决定了节目收视率的多少，同样的节目，放在好的平台上看的人就多，放在差的平台上看的人就少，其实，平台是影响收视的一个因素，但不是决定性的、实质性的因素，因为一方面，内容质量的高低才是决定性的力量，我们所说的产品质量几乎就是内容质量的同义词。另一方面，平台本身是由很多的产品打造和铸就的，离开了新闻产品也就无所谓播放平台。

有人说，广告收入的多少以及由此带来的员工收入的高低，才是决定节目制作优劣的力量，其实，没有好的新闻产品，节目的广告从哪儿来？广告商从来不会犯傻。

有人说，人才是根本，没人才什么事也干不成，是的，任何事，尤其是大事、要事、攻关之事、技术难事，都需要人才去完成，但问题是，有了人才，你不用，或者你用的不是真正的人才，又或者在开发节目方面使用的并非是这一方面的人才，那么，电视的好产品，还是开发不出来,更不用说不断地开发出电视新品了。所以,电视的核心竞争力是电视产品(表现为一个个电视栏目),报纸的核心竞争力是新闻作品(表现为一篇篇得力之作,以及一个个报纸版面),电台的核心竞争力是一档档精良的广播节目。总之,媒体的核心竞争力是新闻产品本身,而不是其他,或者说在本质上不是其他。对传统媒体如此,对新媒体而言,同样如此。

每年的岁末年初,各家电视台都会纷纷改版,其实质就是一种产品的创新、更新和出新。改版本身不是目的,推陈出新才是根本,推陈出新,就是根据新的形势、观众的新要求新口味新追求,创立新栏目或者对原有品牌栏目进行微手术微创新。南京台2015年4月6日晚推出的全国首个众筹类栏目《民声》,就是通过重新组合,力图在普通市民和新生代之间寻找一种切合点,获取双赢的效果。北京卫视也是接连改版。同年4月6日起,北京卫视推出首档警界真人纪实栏目《平安缘》,每周三期震撼人心的平安故事。同年4月20日播出的《我的歌声里——卫健音乐时光》中,蔡明和毛宁做客张卫健的音乐会客厅,以音乐脱口秀的方式分享人生故事。同年4月20日起又推出一档名人演讲类节目《杨澜访谈录——人生相对论》,从而使节目形态更趋丰富。

目前,以内容创新、市场拓展见长的电视湘军,正在积极推进"内容变产品,主体变实体"的新一轮变革。

而随着央视首档户外真人秀《叮咯咙咚呛》2015年3月1日晚亮相综艺频道,不少年轻观众感慨中央台终于不再"端"着,也玩起了时下热门的真人秀。央视宣布,接下来还将有四档户外真人秀节目登陆荧屏:2015年5月推出的《黄金线路》,是一档教观众怎么玩儿的节目;2015年暑期推出的《青春季》,是一档教育真人秀;《城市梦想》绝对属于励志型——由名人体验农民工的工作和生活;中文国际频道暑期安排一档大型户外真人秀;已经拥有《出彩中国人》《梦想星搭档》《喜乐街》等综艺品牌的综合频道,再推出一档名为《挑战不可能》的节目,挑战人类的潜能。

所有这一切,事实上都是用产品行走天下的具体实例,电视台依赖的是电视产品,只有一个个电视产品才是电视台最终话语权的体现。没有好的栏目,一切皆无从谈起。而如何打造"让用户尖叫的产品",用极限思维打造极致的产品,成为每一个有责任感、紧迫感的电视人的追求。电视的创新无限,电视的生命力就无限。

(三)以争取用户扩大传媒的社会影响力

互联网思维的重要一条是用户思维。过去,电视人仅仅把受众作为"观众"看待,电视媒体是播出方,观众是媒体内容的接受者,属于"我播你看",电视传播是线性的单向传播;而在"互联网+"时代,传统媒体处于"被融合"的状态,广电人要把观众当作"用户"看待,用户用不用你这个电视产品,是用户说了算,不是"你播我看",而是"我选择看不看"。过去,播出什么样的节目,其权力完全集中在传统媒体人手里,"互联网+"时代,选择权则发生了转移,转移到了观众(受众、用户、客户)手里。电视人必须要适应这个变化,适应市场运行的规律。

于是乎,如何吸引用户,如何博取用户的眼球和喜爱,如何在舆论导向正确的情况下博得用户的欢心,如何最大限度地吸引客户的到来,如何在把握政治效益、社会效益的前提下,获取最大的经济收益,就成为一个十分重要的课题摆在每一位电视从业者尤其是电视领导者、电视精英们的面前。

第一,主流媒体要牢固树立以用户为中心、用户至上的理念。

未来三十年,因为数据经济,人类社会将真正进入巨大的变革时代。"未来的世界,我们将不再由石油驱动,而是由数据驱动;生意将是C2B而不是B2C,用户改变企业,而不是企业向用户出售——因为我们将有大量的数据;制造商必须个性化,否则他们将非常困难。"

正如对于企业来说,"用户改变企业",对于广播电视来说,"用户改变广电"!

以用户为中心,就真正为用户着想,从用户的感觉和需求出发,为他们服务,为用户创造价值。比如,我们建立电商平台,就不能仅仅是赚钱,还要给用户以真真切切的优惠和回馈,通过举办活动联络情感,并在此基础上不断发展新客户。

以用户为中心,还要求电视节目紧贴地气。对城市台来讲,要不断生产出适合市民们观看的新产品。只有与最广大群众贴得近,才能在最广大群众中具有影响力和作用力。

以用户为中心,不仅是理念上、认知上的,更是实践上的,要在服务用户的基础上,努力扩大自己的用户量。没有巨大的用户量,一切都是纸上谈兵,更不用说成为主流媒体了。沦落为无人关注的旁门另类,谈何引导力、影响力?

第二,怎样才能根据用户的要求,做出精良的节目?

要做出一个个让人尖叫的电视产品,有三句话可以遵循:一是"需求要抓得准",就是要抓住用户的痛点、痒点和兴奋点;二是"自己要逼得狠",就是电视人要尽自己的最大努力,要做到自己能力的极限;三是"管理要盯得紧",就是要通过精心管理,生产出高质量的节目,所谓"得产品者得天下"。尖叫,意味着必须把产品做到极致;极致,就是超越用户的想象。在这一点上,电视从业者的信心尤其重要。电视人,无论在媒体融合的道路上行走多远,都要坚信:你的能量,超出你的想象。

第三,与其被动坐以待毙,不如主动融合,寻求出路,寻求突破。

有人预计,电视的未来是互联网电视,是台网一体化的、用户参与的、基于云计算、移动互联网、大数据、社交网络等互联网业务的新型电视媒体。由此,传统广播电视需要全面投入互联网,电视台要互联网制播。而这一切,都需要加大技术储备和投入,从而使电视具备更大的发展空间,并始终保持主流媒体的影响力和辐射力。

作为传统媒体的电视,其影响力不仅局限于电视节目上。在"互联网+"时代,电视在与网络等新兴媒体融合的过程中,要充分张扬电视的优势和功能,运用"电视+"的理念和手段,让更多的新技术、新产品依附于电视,实现电视的综合化、现代化发展。就节目制作而言,要以更广阔的视野、更宽泛的手段、更新颖的方法,实现电视事业和产业的更新换代。比如,可以建立更多的QQ群、微信公众号、手机App,吸引用户不断地参与其中,通过线上线下的活动,吸引人气,争取用户。而电视与网络的融合发展,还需要政府职能部门的有力支持,尤其是对传统媒体的必要松绑,正如原新闻出版署副署长、中国新闻文化促进会会长李东东在全国政协十二届三次会议第三次全体会议上所作的

《加快推动传统媒体和新兴媒体融合发展》的发言中指出的那样:"传统媒体与网络媒体报道权限事实上的不对等,限制了传统媒体的影响力。管理部门应松绑传统媒体,鼓励其对重大事件早发声、发强声,引导舆论。"

第三节 功能性:和谐社会构建中的媒体功能分析

传统观点认为,媒体功能主要集中在新闻传播、社会教育、文化娱乐、信息服务等方面。作为社会舆论向导的媒体,在构建和谐社会的过程中,其功能也会发生相应的变化。

一、适应功能的勃兴:媒体越发注重对历史趋势和社会形势的适应

谈论和谐社会构建中的媒体功能,首先必须明确什么是和谐,什么是和谐社会。

安顺谓和,协调为谐。社会和谐、天下大同——这是人类社会数千年的梦想和愿望。

从孔子的"和为贵""和而不同",到墨子的"兼相爱""爱无差等",再到孟子的"老吾老以及人之老,幼吾幼以及人之幼",都表达了社会和谐的主张。

"美在和谐"的命题,在西方可以追溯到古希腊的毕达哥拉斯。他认为天上发生的事情,在地上也可以找到;支配着自然的法则,也支配着人的活动。"整个天体是一种和谐"。柏拉图主张"美是和谐"。印度大诗人泰戈尔也是一个典型的"和谐美"论者。

和谐有诸多表现,如和缓、和衷、和气、和平、和顺、和善、和睦、汇合、联合、融合、合作、合好等。建设和谐社会,就是不断地进入和谐的新的层次、新的状态和新的境界。

媒体是和谐社会的倡导者、鼓舞者,当然自己首先就要对和谐的本意和来源了解清楚、把握清楚。

何谓和谐社会?人们判断社会是否和谐,既是在判断其权益是否得到适当体现和维护,判断社会发展状态是否处于比较协调的包容状态,更是对社会政治、经济状况的一种感受,对自己愿望实现状态的一种心理感觉。

胡锦涛同志将和谐社会的六大特征概括为:"民主法制、公正正义、诚信友爱、充满活力、安定有序、人与自然和谐同处。"这也是构建社会主义和谐社会的总要求。

《中共中央关于构建社会主义和谐社会若干重大问题的决定》开宗明义:"社会和谐是中国特色社会主义的本质属性,是国家富强、民族振兴、人民幸福的重要保证。"

其实,早在《共产党宣言》中,马克思、恩格斯就深刻揭示了社会主义和社会和谐的内在联系:"代替那存在着阶级和阶级对立的资产阶级旧社会的,将是这样一个联合体,在那里,每个人的自由发展是一切人的自由发展的条件。"

和谐社会,人人生而平等,人人生而自由发展,人人生而和睦相处。媒体把握了这些,也就把握了和谐社会的实质、本质和特质。

作为媒体,作为媒体的从业人员,需要自觉掌握和谐以及和谐社会的本质要求,适应历史发展的趋势,在新闻稿件、专题文章、栏目节目中融进和谐的思想、思路和思考,把自己的认识转化为标题、正文、结语和编后,转化为节目主持人的语言、语气和语态,转化为经常性的工作思维模式。

媒体的适应性,不仅表现在对现有社会形势的适应,更是对历史发展趋势的一种适应。

纵观中国的民主发展史,我们可以发现,1840年鸦片战争开始到1919年五四运动是旧民主主义革命时期,民主思想开始产生;1919年至1949年的新民主主义革命时期,民主思潮和民主革命一浪高过一浪;1949年至1978年,社会主义革命和建设有起有伏;1978年以后,我们选择了改革开放和社会主义市场经济,选择了走中国特色社会主义道路;2006年,我们鲜明地提出社会主义的本质特征是社会和谐并为之而奋斗。

这样一梳理,我们便清楚了我国社会主义的发展脉络,也从纵向角度知道了建设和谐社会的历史缘由。让自己的文章、栏目、节目主动适应和谐社会的要求,应成为我们每一个媒体人的自觉行动。

二、引领功能的强化:媒体特别突出对受众认知和受众兴趣的引领

媒体历来具有引领的功能,也就是对社会公众的指引、引导功能。不同时期,媒体引领功能体现的幅度、力度是不一样的。正如每一次重大历史关头,媒体的引领功能必然得到强化一样,在我们建设和谐社会的当口,我们媒体在和谐社会政策的制定、发布和实施上,同样要承担起重大的责任来。

我们向来强调舆论先行,我们也强调媒体的导向作用,其实就是要强调媒体的引领功能。

在关键时期和重要场合,媒体不但不能添乱,而且要为新思想新思路鸣锣开道、摇旗呐喊、击鼓助威。同时,媒体必须将受众的视线吸引到正确的轨道上来,而不能出现歪门邪道、旁门左道。

江泽民同志曾提出:"舆论工作就是思想政治工作,是党和国家的前途命运所系的工作。"

和谐社会的提出和实践,对社会主义而言是一个新生事物,其准确的表述不仅中国历史上没有,在当今世界的其他社会主义国家也没有。因此,中国媒体在这方面的引领,就显得既必要又必须。

首先,对和谐社会的本质,媒体要防止公众出现认知上的偏差。

我们讲的和谐不是平均主义,而是对社会公平的追求。"以解决人民群众最关心、最直接、最现实的利益问题为重点,着力发展社会事业、促进社会公平正义、建设和谐文化、完善社会管理、增强社会创造活力,走共同富裕道路,推动社会建设与经济建设、政治建设、文化建设协调发展。"

和谐不是大锅饭,而是避免两极分化。"必须坚持用发展的办法解决前进中的问

题,大力发展社会生产力,不断为社会和谐创造雄厚的物质基础。同时,更加注重解决发展不平衡问题,更加注重发展社会事业,推动经济社会协调发展。"

和谐不是激烈冲突,而是以人为本。"始终把最广大人民的根本利益作为党和国家一切工作的出发点和落脚点,实现好、维护好、发展好最广大人民的根本利益,不断满足人民日益增长的物质文化需要,做到发展为了人民、发展依靠人民、发展成果由人民共享,促进人的全面发展。"

其次,对和谐社会建设的必要性,媒体要给予必要的引导。

从世界范围看,一些国家的发展历程表明,人均国民收入处在1000美元至3000美元期间,最有可能出现两种前景:第一种是用好发展期,使经济社会全面进步,最终顺利实现现代化;第二种是在发展期出现严重失误,导致城乡差距扩大,贫富悬殊加剧,社会矛盾激化,甚至出现社会动荡和倒退。"我们目前处于新旧体制交替的转型期,不和谐的因素较多,人与自然之间,经济社会发展之间,城乡之间,区域之间,投资与消费之间,社会分配的公平与效率之间,经济增长与就业之间,出现许多新矛盾、新问题。如果应对、处置不当,就会产生社会断层、群体分裂、地域对立、贫富悬殊、上下分离。"

再次,对建设和谐社会的好处,媒体有责任进行深入浅出的分析。

我们讲的和谐,是指相互联系的诸要素配合默契、恰当和匀称,由此形成一个平稳、互助和共生的互动态势。和谐有利于消除隔阂和矛盾,减少不必要的碰撞和争斗,把损失减少到最轻和最低程度;和谐有利于系统诸要素相互配合,相互支持,产生最大和最佳的整体效益。

最后,对如何建设和谐社会,媒体必须进行鼓与呼。

建设和谐社会,要坚持六个"必须"。即:必须坚持以人为本,必须坚持科学发展,必须坚持改革开放,必须坚持民主法治,必须坚持正确处理改革、发展、稳定的关系,必须坚持在党的领导下全社会共同建设。

舆论引导工作是构建和谐社会的重要条件。舆论引导既是促进和谐社会建设的现实需要,也是和谐社会建设的重要内容。

作为党、政府和人民群众喉舌的新闻媒体,要始终坚持以正确的舆论引导人,视导向为生命,始终把正确导向放在首位,自觉地同党中央保持一致,服从服务于全党全国的工作大局,坚持团结稳定鼓劲、正面宣传为主,唱响时代主旋律,大力弘扬符合时代发展特征、体现社会进步要求的思想道德和价值观念,为构建社会主义和谐社会提供强有力的思想保证和舆论支持。

媒体的有效引领,要建立在自己准确领会的基础上,建立在生动活泼的形式基础上,建立在信息的密集而适度的传送基础上。

三、融合功能的集聚:媒体生存环境的改善和文章、节目的贴近贴心

和谐社会中的媒体,其融合功能得到了前所未有的提升,交融汇合,兼容并蓄,相得益彰。主要表现在:

一是社会性新闻的拓展。

以南京地区为例，媒体的竞争空前激烈。媒体大战，从报纸来看，可以追溯到《江苏商报》以一毛钱一份的价位卖报，之后《扬子晚报》《金陵晚报》《南京晨报》《江南时报》等一路高歌猛进；从电台来看，可以从南京经济台的开播算起，随后南京文艺台、南京交通台、南京体育台等纷纷登台广播，江苏省级各电台也群起而仿之；从电视来看，主要是江苏省台推出一个直接与南京电视台对抗的城市频道，城市频道的大型日播杂志型节目《南京零距离》引发了南京电视台的《法治现场》《直播60分》《直播南京》《标点》《日子》等一系列栏目的开播和扩展。

一时间，南京的媒体出现万马奔腾、百舸争流的竞争局势。

而上述这些报纸、电台、电视台各栏目，都不约而同地在社会新闻上做足了文章，开辟了社会新闻报道的新思维、新方法和新天地。社会新闻在中国的土地上从来没有过如此快速和激进的发展。

报纸和报纸之间、报纸和电台电视台之间、电台和电台之间、电视台和电视台之间，相互借鉴，相互学习，共同提高。

包容和谐的社会允许这样的竞争，也鼓励这样的竞争。和谐社会给我们创造了这样的氛围。

二是政论类节目的兴起。

从中国电视发展来看，开播最早的综合电视节目是1987年7月5日上海电视台创办的每周日播出的板块节目《新闻透视》，还有1992年10月2日成都电视台播出的《今晚8:00》。开播最早的真正揭露社会阴暗面的电视专题节目是1994年2月28日播出的南京电视台《社会大广角》，1994年4月1日播出的中央电视台《焦点访谈》，和1995年1月1日播出的江苏电视台《大写真》。《社会大广角》《焦点访谈》和《大写真》等节目逐步衍生出了政论性的专题节目。

没有宽松的政治环境，开设这样的以批评报道为主的栏目是不可想象的。不过，后来这些节目各有各的兴趣取舍和发展之路。

相较于内地而言，香港媒体的言论更加宽泛。允许落地的凤凰卫视，就开通了《时势直通车》《锵锵三人行》等大量脍炙人口的时评节目。这也从一个侧面见证了中国的新闻自由和国家的开明开放。

事实上，不民主不和谐的社会，又怎能容忍自己以及他人指手画脚、指名道姓、指东道西？由此，媒体应该充分发挥公众舆论的优势，广纳谏言，出谋划策，集思广益。

允许不同的声音存在，是气魄胆量的体现，更是文明进步的体现。大家能自由、平等地表达意见，那么，社会的离散力就会减弱，社会的内聚力就会增强。

有道是，海纳百川，有容乃大。

三是娱乐类节目的兴盛。

众所周知，湖南卫视的《超级女声》、中央电视台的《梦想中国》《青年歌手大赛》、江苏电视台的《绝对唱响》等都是歌曲类的娱乐性节目，都在某种程度上创出了自己的品牌，折射出电视娱乐的春天。

给你一个舞台,你就能尽情施展你的才能。给你一只鸽子,你就会放飞心中的梦想。梦想有多大,舞台就有多大。

一年之中,有多少少男少女通过电视这个舞台,实现着梦想;有多少电视观众,被绚烂的灯光、精彩的舞美和动人的歌喉所吸引;而广告商和电视机构,又通过这样一些娱乐节目获得了多少可观的收益。

一场场群众自娱自乐性的节目,将大众娱乐推向了一个阶段性顶峰,也造就了观众心目中的一个个"平民歌手""平民英雄"。

媒体的功能是如此强大,媒体制造了一个又一个娱乐神话。这些神话只有在和谐的环境中产生,又反过来促进了和谐社会的形成和巩固。

娱乐类节目的兴盛,给人的感觉首先就是和谐的。普天同庆,和谐生辉。

四是其他各类节目的交相辉映。

现如今,无论是翻开报纸,还是打开电视,抑或是点击各家网站,映入眼帘的是各种各样的文章和精彩纷呈的节目、图片。报纸也好、电视也好、互联网也好,有一个个专刊专版,房产、股市、教育、健康、法制、聊天等等,可以说是应接不暇,通常只能筛选着看,否则看到最后也不知道究竟看了什么,因为量实在是太多了。

这反映了什么?一个是内容的丰富性,一个是思想的多元化。我们可以各取所需、各得其所,不再寻求整齐划一,不再要求唯一是从。

其实,世界本来就是丰富多彩的,如今的媒体,只是在和谐社会的光芒普照下,还世界以本来面目。

人们在追求个性化的同时,也形成各自的价值观,同时遵循社会的基本道德和共同准则。

媒体此时的功能定位就是,在潜移默化中润物无声、实施影响,在交融汇聚中将法制的、民主的、和谐的主线贯串。

和谐社会中,大众传播本身就不应当是赤裸的、强求的、直白的、单调的,而应当是亲和的、善意的、立体的、全面的。

这样做也有利于媒体自身生存环境的改善,有利于文章、节目与受众更加贴近贴心。

四、释放功能的铺展:媒体的整合发展显示强劲的作用力和影响力

媒体的功能在和谐社会中,不是缩小了,而是放大了;不是狭隘了,而是宽泛了。媒体的释放功能,其实就是媒体功能的一种发散、扩大,一种力量的迸发和铺陈,一种作用力的拓展和延伸。

媒体的释放功能,体现的是媒体对社会施加的影响,是原有社会效应的放大。

毋庸置疑,媒体的社会功能和影响可以说是与日俱增。

2003年3月17日,外来务工人员孙志刚因为没有带暂住证,在广州被收容,并进而被执法人员故意伤害致死,这引起了社会媒体的广泛关注。在强大的社会舆论力量

之下，广州市最终废止了《城市流浪乞讨人员的遣送办法》，代之以《城市生活无着流浪乞讨人员救助管理办法》。从"遣送办法"到"救助管理办法"，虽只是相差几个字，却是一场司法理念的更新和人本主义的推进。媒体所关注和报道的孙志刚案件，其影响力在于，一定程度上促进了中国社会民主与法制建设的进程，也显示了媒体维护社会公平正义的巨大价值和重大意义。

媒体的释放功能，得益于中国媒体近几年来的快速健康发展。2003年—2005年，全国各省市纷纷成立文广集团、广电集团或广播电视总台，做大做强了文化产业，尤其是将有线电视和无线电视合并、将广播和电视合并、将文化厅局和电视合并，大力依托集图像、声音、文字于一身的电视媒体，全方位地提升自己的能力、品味和形象。

而今，以南京等地为代表的有线数字电视开始进入寻常百姓家，宛如"旧时王谢堂前燕"，衔来和平的橄榄枝，更是有力拓展了电视媒体的社会影响，使得电视的各项功能尤其是信息服务功能，得到了前所未有的释放。

不过，社会舆论是一种游动性极强、正负功能兼备的社会意识形态载体。媒体的作用力可能是正向的，也可能是负向的甚至是反动的。现代舆论导向与控制的重要课题之一，就是探究如何使社会舆论主流按照正向轨道顺利发展，同时最大限度地避免负面效应的生成和扩大。

新闻媒体既是统一思想、凝聚力量的有力工具，又是化解矛盾、维护稳定的有效手段。

作为舆论信息的把关者，新闻人控制着舆论信息在社会生活中的流量和流向。和谐社会中，媒体不可胡言乱语，更不可肆意妄为。作为媒体，尤其要珍惜自己手中的话语权。

克尔凯戈尔指出："大众是没有什么观点可言的，但是请注意——这一欠缺却为那些以贩卖观点谋生的新闻记者所补救。"其看法可能有失偏颇，却指出了媒体话语权的重要性及其影响力。

2003年，美国一家民意测验中心 The Pew Research Center 做过的一次调查显示，美国人对新闻媒体的态度是：53%相信新闻机构"有政治偏见"，56%相信新闻机构"经常新闻不准确"，58%相信所有新闻机构的记者"或者经常或者偶尔制造新闻"，62%相信新闻机构"试图掩盖错误"，70%相信新闻工作者"受到权势的影响"！

话语权绝对不能滥用，否则将自食其果。凤凰卫视新闻总监吕宁思说："话语权，这三个字意味着新闻人对于社会对于历史对于民众要有责任心，这是我后来常常提醒自己的。珍惜话语权，应该是电视新闻工作者对于自己的要求。但并非意味着照本宣科味同嚼蜡。新闻人言论水平越高，话语权才越有价值。体现在新闻采访、节目制作和播出以及发表言论时，应该是必须有多种素质的综合和恰如其分的表达。"

我们要建设的和谐社会，是切实解决社会公众现实困难的社会，因此媒体要多做暖人心、稳人心、得人心、聚人心的宣传工作，使构建社会主义和谐社会的成效真正体现到为民排忧解难上来，体现到实现和维护人民群众的切身利益上来。

我们要建设的和谐社会，是以和谐社区、和谐村庄、和谐单位、和谐家庭为基础的全社会的和谐共荣,因此媒体应当大力举荐各种有效的和谐创建活动,形成和谐建设人人有责、和谐社会人人共享的生动局面。

我们要建设的和谐社会,是人尽其才、物尽其用、各尽其能、各得其所的畅达社会,因此媒体要营造促进社会和谐的思想文化氛围,形成有利于社会和谐的舆论环境,给人以信心、给人以希望、给人以力量,给社会以和谐的导向。

如是,则不但媒体为和谐社会添彩增光、添砖加瓦,媒体与社会亦相辅相成、和谐共生矣!

第四节　政策性:媒体融合的政策导向与实现路径

一、媒体融合问题上的政策导向

2016年7月,国家网信办、发改委、工信部三个部门联合发布《国家信息化发展战略纲要》,提出了网络强国"三步走"的战略目标,并鲜明指出:当今世界,信息技术创新日新月异,以数字化、网络化、智能化为特征的信息化浪潮蓬勃兴起。全球信息化进入全面渗透、跨界融合、加速创新、引领发展的新阶段。谁在信息化上占据制高点,谁就能够掌握先机、赢得优势、赢得安全、赢得未来。传统广电与互联网的融合是国家信息化战略的重要组成部分。同年7月,国家新闻出版广电总局发布《关于进一步加快广播电视媒体与新兴媒体融合发展的意见》(新广电发〔2016〕124号),提出:要在坚持正确导向、坚持社会效益优先的前提下,大力推动传统广电媒体与新兴媒体深度融合、一体共生,尽快实现广播电视媒体与互联网从简单相"加"迈向深度相"融"的根本性转变。还进一步提出:力争两年内,广播电视媒体与新兴媒体融合发展在局部区域取得突破性进展,形成几种基本模式;在"十三五"后期,融合发展取得全局性进展,建成多个形态多样、手段先进、具有竞争力的新型主流媒体,打造出数家拥有较强实力的新型媒体集团,基本形成布局合理、竞争有序、特色鲜明、形态多样并具有可持续发展能力的中国广播电视媒体融合新格局。

事实上,我国一直高度重视媒体融合问题。2014年8月18日,中央全面深化改革领导小组第四次会议审议通过了《关于推动传统媒体和新兴媒体融合发展的指导意见》,习近平总书记在会上强调,要着力打造一批形态多样、手段先进、具有竞争力的新型主流媒体,建成几家拥有强大实力和传播力、公信力、影响力的新型媒体集团,形成立体多样、融合发展的现代传播体系。而早在2013年1月,原广电总局就制定出台了《关于促进主流媒体发展网络广播电视台的意见》,支持中央广播电视播出机构和一些相对有实力、有创意、有进取精神的地方广播电视台先行先试。但总体看来,广播电视融合发展的水平、层次和质量还有待提高,很多探索还处在广播电视与互联网简单相"加"的阶段。需要明确的一点是,融合发展关键在融为一体、合而为一,要尽快从相"加"阶段迈向相"融"阶段,这也正是国家新闻出版广电总局《关于进一步加快广播电视媒体与新兴媒体融合发展的意见》的主旨所在。

二、我国媒体融合现状及其原因分析

为什么国家有关部门要接二连三地出台有关媒体融合的文件意见呢?关键还是在于我国目前的媒体融合状态,未能与时代发展的步伐相适应,没有达到原有的预期。

就我国广播电视台与网络媒体融合的现状来看,客观地说,融合出来的"IPTV""CUTV""某某网络电台""某某网络电视台"比比皆是,但是形成规模的基本没有,融合而成的这个那个网络台虽然打着"网络台"的旗号,但大多影响力不大,甚至可以讲影响力甚微,具体表现在无论是点击量、音视频转发量、围观度、谈论度都很微弱,有的甚至可以忽略不计,在网络台里面也没有多少打得出、叫得响的品牌栏目和节目,几乎没有形成网络台自己的真正长久的"红人",网络台主持人的知名度、美誉度都较低。网络台的广告和经营收入也还没有达到自给自足,更没有盈余,网络台的组成人员还是大部分甚至是绝大部分属于外聘人员或临时人员,网络台没有形成自己独立的采编队伍。网络台在节目采访和制作的观念和做法上,似乎还停留在原有的传统广电模式范围当中,不敢、不能、不会越雷池半步,这就极大程度地限制了网络台自身的发展。因为观念、体制、资金、人员等诸多限制,网络台只能眼睁睁地看着大型门户网站、社交网站、社会媒体、个人媒体在突飞猛进地发展,眼睁睁地看着传统广电固有的直播优势被一点点地瓜分和切割。

融合的网络台如此,传统媒体的固有阵地——电台的各个频率、电视的各个频道也都在努力地与网络相"+",但"+"的力度不同,"+"的方式不一,"+"的结果也大不一样。作为一个广播人,大家都知道要实行电台"+"网络,或网络"+"电台;作为一个电视人,其实也非常知道要电视"+"网络,或网络"+"电视;作为一个广播电视台或广电集团或文广集团,大家都明白不但要与网络"+",还要实现电台"+"电视,甚至电台"+"电视"+"文化"+"电影,但,具体怎么去"+",如何实现"+"的价值最大化,如何真正将互联网思维运用到自己的栏目和节目中,如何真正和最大限度地实现电台与听众、电视与观众、网络与用户的全面互动,如何在保障社会效益的同时不断强化经济效益(目前最主要的,首先是减缓经济效益下降的速度,遏制广告经营下滑的态势,然后在此基础上实现经济效益的提升和再度发力),以及挽留住现有人才、新引进懂技术懂网络的专业人才,这些都是现有传统媒体面临的巨大困惑,虽然大家都在探寻融合之路,但成功者似乎还很少,融合的模式和路径到如今还没有完全找到,已有的融合模式似乎也很难具有可复制性。传统广播、电视的信誉度在降低,受众在流逝,广告经营达到峰值之后目前整体处于下降通道,不少广电人才尤其是一些主持人和名流在逃离,这对传统广电的打击是巨大的,传统广电面临的危机是显见的。

一方面,互联网对传统媒体的冲击之大远远超出人们的预料,传统媒体因此遭受的灾难性打击使得很多杂志、报纸整合倒闭,电视台目前还在顽强支撑,电台似乎有些偏安一隅；另一方面，党和政府希望传统媒体能够领互联网风气之先、领衔全媒体发展的美好愿望又任重而道远，而且目前传统媒体的发展遭遇瓶颈，未来究竟能够融合到何种程度也未可知，且互联网上的诸多问题层出不穷，互联网上出现的各种状况又远非原有方式能够控制，自媒体的发展、网络直播的发展又大大超过预期，于是乎，在这样纷繁复杂的情况下，中央要求加大力度进行真正的融合，但似乎又不得不面临体制机制、资源分配、资金投放上的一些障碍，而这些障碍又显然不是能够轻松跨越的，不仅涉及"钱"的问题，还涉及"权"的问题，更有一些观念和习惯性做法的问题。

面对中央三令五申"推进融合"的要求，媒体没有动作不行，媒体动作太慢也不行。事实上，传统媒体不是不想融合，不是拖延融合，也不是"合而不融"，而是受制于许多限制，尤其是受制于一些传统做法上的限制，也受制于自己长期高枕无忧的自高自大、自命不凡，受制于自己的紧迫感、危机感的缺乏，受制于一些技术性的条件和互联网专业人才的缺乏。前不久有家电视台，想招聘专门搞互联网的专业人才，却招聘不到，而电视台自身又缺乏这样的人手。某种程度上说，现代的融合打的就是技术仗，技术不够、相对应的人才匮乏，再加上电视台对网站的投入不够、各种储备不够，谈何真正意义上的融合？

三、媒体融合的关键点和实现路径

（一）新闻管理理念上的突破是关键

新闻属于意识形态领域，属于社会的上层建筑，没有管理当然不行。问题是应该怎么管理？是一味强调"管"还是更加注重"理"？笔者以为，对新闻单位、传统媒体不能简单地"管住""强管""硬管"，唯管理论只能将传统媒体管得不能动弹，直至"管死"。在全媒体时代，必须要给传统媒体必要的松绑、必要的自由度、必要的弹性，只有这样，传统媒体才能在同样的政策中生存，市场的蛋糕才不至于被虎视眈眈的自媒体、网络媒体、有强大资本支撑的媒体不断地抢去。在传统媒体工作的人，往往有这样的体会，就是总感觉到有一只有形无形的手在掌控着自己的栏目和节目，因而做起事来束手束脚，不能放开，久而久之，媒体人会形成某种"自觉"，不敢创新，故步自封，画地为牢，变得唯唯诺诺、唯命是从，头上没有了棱角，身上没有了刺，只会做一些循规蹈矩的事情，只会按部就班。没有了激情，没有了进取的欲望，没有了远大的抱负，甚至新闻从业者的初心也在一次又一次的击打和磨砺中丧失。有句话说得好，"哀莫大于心死"，没有热情和创新愿望的人，只能是个没落的人；没有不断开拓市场的勇气和方法的单位，必然是一个不断走向衰落的单位。传统媒体面对互联网大潮，不思进取、不敢进取，或像算盘珠一样拨一下动一下，怎能让自己处于时代的风口浪尖？

在对新闻的管理上，不仅要"管"更要"理"。理，是梳理，是理顺，是厘清，是使之有条理，使之符合道理、符合常理。所以，对新闻的"理"，就是对新闻的一种廓清，一种整合梳理，是一种遵循新闻规律的合理行动，而不是简单的指挥棒，不是单纯的命令，不是父母对子女的管教(事实上,现代社会里,父母也越来越成为孩子的朋友)。必须认识到的是,传统媒体因为长期接受党的教育和各种熏陶,传统媒体人较之刚刚入门的一些新媒体人,无论是政治意识、责任感,还是宣传能力、把控水准,都要高得多、可靠得多,对这样一支可靠有力的宣传力量如果都不能放手、不能放心,那还能放心谁?所以,对于新闻管理层来说,首先要在观念上、理念上让传统媒体放开手脚,让他们、鼓励他们去闯、去试、去拼、去搏击风浪,主动与网络相融相通,主动与用户沟通勾连,主动采用各种最新的技术设备和方式方法,主动做年轻人喜欢看、愿意看的节目,从而始终保持对最广大受众的吸引力、引导力。

在建党95周年之际,一条1分30秒的公益广告《我是谁》在网上疯传,这是中国共产党以前所未有的姿态为自己创作的生日祝歌,其演员不过6人,台词不到10句,没有惊天动地的壮举,有的只是各行各业的共产党员尽职尽责、默默奉献的集中展现。这较之宣传栏上、教科书上的生硬文字,较之政治色彩浓郁的大幅宣传海报,效果不知要好上多少倍。如果说,原有宣传栏、宣传海报上的大幅文字图片是"管"的结果,那么朋友圈屡屡刷屏的《我是谁》,就是"理"在现实中的具体写照。在"管"可能导致"管死"的情形下,"理"却出现生机盎然的争相转发的刷屏效果,主管部门该如何选择,当明晰可辨。

(二) 传统媒体对网络传播手段的充分运用是媒体融合的重中之重

我国在国家层面正式提出媒体融合已经有两三个年头,应该说,无论是广播电视,还是报纸,甚至还有不少杂志,都在融合的道路上进行了许多探索,也取得了相当大的成绩,虽然目前还不尽如人意。很多杂志开设了网络版,甚至开设了视频,如江苏省委机关刊物《群众》就开播了一些会议视频。报纸与网络的融合更是早已开始了的,在网络上查阅先前的报纸内容,或者通过搜索引擎进行查询,已经成为读者阅读的一种常态。不仅如此,报纸通常开设了多个微博和微信公众号,甚至开办了手机网,如新华报业集团大力推进"交汇点"移动终端建设。广播开设广播网,电视台开设网络电视台,通过网络通常既可以观看直播节目(主要是卫视节目、新闻节目和重点频道的节目),也可以查阅到一个星期以来已经播出的广电节目,很多综艺节目、季播节目、精彩视频都能方便地在网络上搜索到,而且很多电视节目都采用了碎片化的视频剪辑方式在网络上予以呈现,这些都给受众们的点播、直播、回看、搜索等提供了极大的方便,也彻底改变了广播电视节目单向传输的弊端,是广电节目和网络融合的真实而具体的表现。

(1) 在媒体融合的过程中,网络传播手段的运用是实现融合的必由之路。网络传播手段多种多样,如回放,广电节目放到网络上后,人们通过点击的方式进行无限次回放,很多人在看电视的时候也希望可以回放,现在已经有很多机顶盒实现了回放这一功能。又如,网络传播的手段还可以比较方便地插入优盘或进行链接,现在不少电视机也已经具备连接优盘、移动硬盘和电脑的接口,不过人们现在还不太善于和不太乐于使用这样的接口。再如互动,也是网络传播的重要手段,我们欣喜地看到,很多年前的广播节目中已经使用了电话打入、现场接听的方式,也听到一些广播问政节目中投诉人、被投诉人、电台主持人同时在线的相互问询(如江苏新闻广播的《政风热线》节目,就经常使用三方同时在线解决问题的方式),而现在的电视节目中,也越来越多地使用手机摇一摇、微信扫一扫、电视问答抽奖等各种与观众之间的互动方式,但是目前来看,摇一摇、扫二维码、节目播出过程中出题请观众回答,以及引用网民意见、邀请观众直接进入演播室,这些方式似乎影响力不是很大,有些方式也有老套陈旧之嫌,对这些互动方式,观众已经不太买账了,参与起来也没有开始时那么有热情了。在这种情况下,广电节目需要寻求更大的突破。

(2)以多媒体运作的手段创设传播的新样态。我们通常认为,传媒在类别上,报纸杂志是传播中的平面媒体,广播电视是视听媒体,互联网是新兴媒体,但我们还可以进一步思考,广播电视还有没有一些新的分支呢?互联网的具体分类又有哪些呢?如果我们不断实现这些分支的相互融合,是不是也是"广电+"或者"+广电"的媒体融合呢?按照这样的思路,就可以进一步实现中央提出的从媒体的简单的"合"到深度的"融"了。

第一,实现"台网联动联通"。目前,大部分电视台所办的网络台处于窘境,似乎扶之难成大业,弃之又觉可惜,但进军网络是大势所趋,怎能轻易放弃呢?在目前的境况下,需要实行台网联动的方式,也就是将电视台、广播电台与网络台有机地集合起来,实行联合行动、联合制作、联合发布,电台电视台的节目和网络台的节目互动交流,联合联通。一方面,网络台对电台电视台的节目进行碎片化处理、选择性播发、有效性传播,另一方面,电台电视台对网络台的节目、项目、活动给予相当程度的关注和引用,形成相互依存、相互促进、互为一体又各自发展的格局。在这方面,湖南台与芒果网络台的"独播战略"合作方式已经在先行先试,虽然其效果还有待评估,但做法本身值得肯定。而台网联动的一个首要条件是,网络台本身要具有足够的自采力量和自编能力,要能打造出一些叫好又叫座的品牌栏目、品牌节目、品牌视频、品牌项目、品牌活动,这就需要国家在电视台办网络台方面给予更多的倾斜举措。在台网联动的基础上,还要逐步过渡到"台移互动",即传统广播电视主动与各种移动终端实现强强联合。

第二,建立融媒体中心。《人民日报》的中央厨房,就是融媒体中心的典型样式。郑州报业集团的融媒体新闻超市在全国也具有较大影响。融媒体中心是真正实现媒体融合传播的一个枢纽、一个平台、一个运转核心。在这个融合传播的CPU中心区域,重大题材统一策划,采编人员统一调配,视音频素材统一建库,各个栏目各取所需,频率频道按照各自的定位设置和个性特色富有规律地运作,媒资库发挥最大的集纳、提取和派发功能,网络台发挥最快捷传输、引导性传输的作用,整个指挥系统高效、有机、协同运行。融媒体中心,实现的是集团各个发布系统的一体化运作、全方位发布、统筹性经营、集中式传输、重拳式出击、全面性烘托。

第三,建设全媒体推广矩阵。全媒体时代,当然需要采用全媒体的思维去采集广电节目、用丰富多彩的手段去制作广电节目、用各种媒介的混合运用去营造收听收看的氛围。现代人接受信息的多渠道、多样化、多角度远非过去所能比拟,这也正是时代进步、人类进步的表现。作为紧跟时代脚步的广播电视,当然也需要迎合和适应这种需求。现在很多栏目都建立了自己的微博和微信公众号,对此可以充分加以利用,首

云南卫视《自信中国说》:中华民族伟大复兴的历史密码

先是集中起来,建立整个集团的"微博矩阵""微信公众号矩阵"以及其他宣传矩阵,集中发布信息,全视角全方位传播,从而达到轰炸式的传播效果和最大程度到达用户的推广效果。

第五节 操作性:媒体融合的"一二三四"

立足媒体的现状,呼应时代的要求,我们可以从生态文明建设的视角来进一步审视和规范媒体融合。从生态文明建设的需求出发,媒体融合以及融合改革,是对生态文明建设的具体践行。这是因为:第一,原有的多机构、多频道、多频率变成了一个融媒体中心,一次采集、多平台分发,最大程度避免了"新闻重复"和"信息垃圾",这本身就是对资源的最大节约,也是新闻产品集约化生产的一个显著标志。第二,融媒体中心是一个有序化、规范化、协同化生产的高效运转的部门,这个部门必将成为新闻单位的核心部门,而有序高效就是绿色新闻、绿色发展最为显著的表现。第三,绿色生态、绿色发展的着力点不仅在当下,更在未来,是可持续发展的必然选择,融媒体中心的成立和运行,采用的是全媒体运作、全终端覆盖、泛媒体经营、多元化发展,正是着眼于媒体的生存需要和未来发展,着眼于自身的可持续发展和高质量发展。

怎样进行有效的生态的媒体融合呢?党的十九大报告中提出推进绿色发展,具体举措有:加快建立绿色生产和消费的法律制度和政策导向,建立健全绿色低碳循环发展的经济体系;构建市场导向的绿色技术创新体系;推进能源生产和消费革命,构建清洁低碳、安全高效的能源体系;推进资源全面节约和循环利用;倡导简约适度、绿色低碳的生活方式,反对奢侈浪费和不合理消费,开展创建节约型机关、绿色家庭、绿色学校、绿色社区和绿色出行等行动。这些提法或要求,其实也是适合媒体融合改革的。

媒体融合,不是简单的1+1,不是传统媒体办几个新媒体栏目或网络传播项目就了事的事情,而是一个全面的深入的复杂的耦合,是从节目采集到后期制作、从信息集纳到各终端发布、从运行体系到组织架构、从日常制度到体制机制的全方位融合和改革,是不但采用传统媒体传播方式更采用新媒体传播样态、不但注重社会效益而且注重市场效益、不但具有输血功能而且具有造血功能、不但能够进行现有状态运行而且具有强大发展后劲的融合发展。习近平总书记说:"信息化为我们带来了难得的机遇。我们要运用信息革命成果,加快构建融为一体、合而为一的全媒体传播格局。"融为一体、合而为一的融合,才是真正意义上的融合,也才是满足时代要求、适应社会需要、解决自身发展动能的有价值的融合。不过,这样的媒体融合是理想状态中的融合,目前远远没有达到这样的融合要求和融合水准。具体来看,媒体融合怎么做才能达到这样的融合标准呢?笔者归纳了"一二三四"。

一、一个中心：精心打造融媒体中心

客观地说，在传统媒体大爆发阶段，报纸大量兴办，电视大肆扩张，频率一扩再扩，导致报纸和广电产能严重过剩，一旦网络进入社会生活成为年轻人和整个社会的"宠儿"之后，报纸和广电一下子陷入危机之中，报纸的订阅量急剧直下，电视的收视率和电台的收听率直线下降，报纸和广电少人问津，出现新闻资源、文化资源的过剩和浪费，这时，就需要进行及时的调整，进行必要的压缩、归并、整合，于是，媒体融合或者融合改革就自然而然地提上了议事日程，成为一种必须和必然。

在融合改革中，对县区级而言，国家明确提出县级融媒体中心的改革思路，对市级和省级而言，则是大量建立"广电集团""广电总台""传媒中心"等，如由天津日报社、今晚报社、天津广播电视台整合的天津海河传媒中心，由辽宁广播电视台、辽宁东北网络台、省对外文化交流中心等七家事业单位组建而成的辽宁广播电视集团等。说到底，这些都是打造"融媒中心"的具体措施，只是各家有所不同罢了。"融媒体中心"或者"传媒中心"，成为一方水土上的新式传媒，这样的"融媒体中心"或者"传媒中心"必须重金打造、深度打造、精心打造，把"融媒体中心"或者"传媒中心"打造成当地新闻发布的权威机构、融媒体各个终端的集散基地、社会舆论场的核心所在、一方土地的传媒大亨。围绕一个中心进行建设，需要用最庞大的资金、最能干的人才、最有效的手段，需要当地政府和上级政府的倾力助推、强力支持、全力打造。要坚持一体化发展方向，促使传统媒体通过媒体融合实现真正的转型，实现新的发展，实现真正经得起市场考验、赢得市场认可的市场化转向，从而使传统媒体能够通过自身的努力和不断迭代的新闻产品，满足市场需求，找准盈利模式，积累发展能量，满足自身发展的需要。

二、两线作战：全力推进线上线下两翼作战

两线，是指线上、线下两个战线，也可以称之为"O2O 战线"即 Online and offline。线上，当然主要就是指网络上，这已经是当下的第一战场；线下，主要指传统媒体战线以及线下的活动，这依然是当今不可或缺、不可小觑、不可等闲视之的重要战线。

移动优先，需要最及时、最有效地抓住短视频发展的风口，大力推广短视频、短音频、微广播剧。新京报作为一份报纸大办短视频的思路和做法值得充分借鉴。2017 年被称为"短视频元年"，而在 2016 年 9 月 11 日，新京报社即上线"我们视频"，成功把握了短视频的风口。新京报的视频部工作人员即达 160 人，"我们视频"目前已累计发布短视频 1 万多条，在腾讯平台播放量达到 6 亿多，在多个榜单上排名常年位居前列，2019 年是"我们视频"提质增收的关键一年，新京报加大了对短视频、新闻视频的支持力度，视频新闻产量力争占到新京报出品新闻内容的一半，同时推向财经、娱乐、文化、体育、民生等所有报道领域。广播电视机构在短视频、短音频、微广播剧方

面还需加大力度、鼓足干劲、用足资源,放手大胆去闯,标新立异去创,这方面的发展空间依然是巨大的,甚至是无限的,因为人们对视频尤其是短视频的需求无止境。除短视频的新鲜创意外,在新闻视频如何赢取受众喜爱、获得市场更多认可方面,也需要作出更大幅度的探索,让短新闻传播得更远、更广、更雄浑、更具渗透力、更有影响力。短视频从巨头纷争的战国时代逐渐进入了"南抖音北快手,中间有个火山口"的三足鼎立态势,仿佛江湖格局已定,但国家级5G新媒体平台——"央视频"的上线,或许将打破短视频江湖的格局。

作为媒体来说,需要由单纯的PGC(专业生产内容)转为PGC(专业生产内容)与UGC(用户生产内容)并重,注重引入NGC(机器生产内容),研究、学习和效仿黑龙江广电进军MCN(内容整合机构)、浙江广电打造MCN(内容整合机构),从而使现有广电、报纸不仅仅是内容的生产者,更成为内容的整合者和各个终端信息的发布者。

三、三个意识:牢固树立阵地意识、受众意识、精品意识

先看阵地意识。现在的年轻人绝大部分把注意力转移到了手机上,党和政府在宣传阵地的选择上,当然要实现战略性的转移,在巩固原有阵地的基础上,重点进军网络阵地尤其是移动端阵地。习近平总书记说:党报党刊要加强传播手段建设和创新,发展网站、微博、微信、电子阅报栏、手机报、网络电视等各类新媒体,积极发展各种互动式、服务式、体验式新闻信息服务,实现新闻传播的全方位覆盖、全天候延伸、多领域拓展,推动党的声音直接进入各类用户终端,努力占领新的舆论场。主流媒体要及时提供更多真实客观、观点鲜明的信息内容,掌握舆论场主动权和主导权。要坚持移动优先策略,建设好自己的移动传播平台,管好用好商业化、社会化的互联网平台,让主流媒体借助移动传播,牢牢占据舆论引导、思想引领、文化传承、服务人民的传播制高点。

再论受众意识。我们强调"以人民为中心"的发展理念,那么在传媒领域,"以人民为中心"体现在哪里呢?笔者以为就体现在"以受众为中心"。因为传媒的文章也好、视听节目也好,本来就是写给、做给受众看的,如果受众不看传媒写的文章、不看传媒做的节目,那传媒还有什么存在的意义?如果传媒不以受众为中心,方向发生偏离,不注重受众的需求、不注重受众的感受了,那传媒写出来的文章、做出来的节目还会有人去看吗?所以自始至终,传媒必须以受众为中心,把受众作为自己的衣食父母,始终想受众之所想,急受众之所急,应受众之所需。当然,传媒以受众为中心,是以受众正当的合法的常规的要求为底线的,而不是简单地完全地受制于受众的任何需求,更不是满足某些受众的不正当需求甚至是非法需求。对于一名记者来说,心中装着受众,就是心系群众的具体体现,也只有心系受众,才能创作出无愧于时代、无愧于受众的好作品。媒体融合过程中,对受众意识的强化和追求是题中应有之义。

最后说精品意识。一方面,媒体要充分意识到,自己生产的产品是直接供应给市场的,一定要静下心来,用工匠精神打磨自己的新闻产品,把产品做出名气、做出品牌、做

出影响力,用精品生产形成良好口碑。另一方面,媒体要有自己的拳头产品,尤其是要大力发展移动端拳头产品,形成核心竞争力。

四、四种稿件:全媒体记者撰写网络稿件、电视稿件、广播稿件、报纸稿件

　　如同"一鸭多吃"一样,全媒体时代要求记者能够将同一件新闻事件,按照不同平台的发布要求,撰写出不同新闻稿件,要求记者的能力多样化、采编播写全能化。江苏徐州邳州融媒体中心,要求记者将新闻内容分别撰写成网络新闻稿件、电视稿件和报纸新闻稿件(邳州融媒体中心基本没有自制广播内容),这就给记者提出了较高的要求,要求记者不断变化写作的方法,进行内容和写法的随机切换。对于网络稿件来说,重点是快速发稿、突出使用网络标题、突出使用网言网语,在精练、简短、活泼上下功夫。新闻报道快字当头,学习新京报重大事件 30 分钟出视频、特别重大事件 10 分钟出视频的做法,新闻报道、新闻发布在准确的基础上,特别强调快,以抢占舆论制高点,防止谣言乱传播。对于电视稿件来说,不但要满足电视稿件的解说、同期、主持、特技、背景介绍、新闻链接等需要,而且要注意声画对位、注意画面构图、注意蒙太奇手法的运用、注意后期剪辑和包装。对于广播稿件来说,要特别善于运用各种声音技巧,善于在声音的抑扬顿挫、起承转合、情绪渲染上的把控,还要特别注意主持词和解说词的通俗易懂、平易朴实、易听易记。对于报纸稿件来说,不但要注意篇幅的大小、文字的多少、导语的吸引人、结构的顺序、悬念的设置,还要考虑到肩题主题副题小标题、考虑到排版的需要、考虑到文字与题图照片的契合等等。事实上,不同平台要求的采集速度、文字章法、画面照片、篇幅长短、传播样式等都不一样,融媒传播过程中的记者功力也就能够得到充分的展现。

　　具体操作层面上,媒体融合改革可以进一步试行以下一些办法:变记者为产品经理,实现传播效益和市场效益的双考量,实现社会效益和经济效益的双丰收;变记者只做采访(或只做摄影摄像)为一专多能、一个顶俩;变记者按部就班地报道为创意式报道、多业态报道;变记者只做传统媒体新闻为先做移动端报道,再做传统媒体报道;变培养全媒体记者为培养全媒体记者团队,强化团队协作和整体运作;变大做老气横秋的新闻为大做年轻人喜欢看的节目,实现节目的可视化、年轻态;变民生新闻的低端、理论节目的"不接地气"为多形态报道、现代化呈现;变"我播你看"为互动交流,牢牢增强全媒体传播黏性;变媒体只注重传播、不注重自我宣传,为全面性包装、全方位宣推;变新闻报道低层次、低效率推送,为全天候采集、全息化运作、全平台推送、高质量播报,直抵现场,直击内核,直通人心,按照媒体融合的政策导向,寻求合而为一的现实化路径,按照时序、抓住要点推进县区级融媒体中心建设,大力促进融合改革,形成新闻报道的强大阵势和巨大吸引力,重塑新闻报道公正、客观、快速、有效的良好形象,实现融合发展的新生态。

第六节　实践案例：从现行模式与运行方式，看县级融媒体中心建设的要点

2019年2月25日，在媒体深度融合工作推进会上，中宣部部长黄坤明指出"媒体融合是一场不容回避的自我革命"，并强调："要聚焦聚力重点任务，加快中央媒体融合发展步伐，切实抓好县级融媒体中心建设，建好用好'学习强国'平台，着力构建从中央到省市县的全媒体传播矩阵。"由此，对于区县级媒体来说，县级融媒体中心建设就是一场"不容回避的自我革命"，县级融媒体中心是"从中央到省市县的全媒体传播矩阵"的重要棋子和重要一环。

回望2018年8月21日，全国宣传思想工作会议在北京召开，习近平总书记在会上提出："要扎实抓好县级融媒体中心建设，更好地引导群众、服务群众。"这是"县级融媒体中心"这个新机构名称首次在国家级会议上亮相。根据中宣部部署安排，2018年年底县级融媒体中心建成600家，到2020年底要基本实现县级融媒体中心的全国全覆盖。

那么，目前来看，我国和我省的县级融媒体中心建设状况又是什么呢？有什么具体的探索和模式呢？

一、目前县级融媒体中心的主要模式

一是由县级台的广电、双微、移动端与政府门户网站等，整合而成县级融媒体中心。

我国第一家县域全媒体传媒集团，是成立于2011年4月15日的浙江湖州长兴传媒集团，该集团由长兴广播电视台、长兴宣传信息中心、长兴县委报道组、"中国长兴"政府门户网站整合而成，旗下有广播、电视、报刊、网站、两微一端等全媒体资源，新媒体用户超过65万，拥有有线电视用户18万户。近年来，集团以创新、融合、智慧、品质、文化、人才六大理念为发展战略，以媒体融合为核心推动力，以大数据建设为强劲引擎，加快打造现代智慧型区域融媒体集团。

二是由技术公司提供技术支撑，以区县电视台为主，组建成县级融媒体中心。

如2018年9月7日，鄂尔多斯市东胜区在内蒙古自治区启动了首家县级融媒体中心，成为内蒙古自治区率先实施的改革创新举措。东胜区融媒体中心功能包括策采制发融合、中枢媒资库、新闻录播厅、快捷审片端、广告分管控、舆情监控站、调度指挥台、技术研发部、意识形态阵地监管控等9个方面，构建了"统筹策划、一次采集、多种生成、多元传播、科学评价、有效应用"的全新业务模式。2018年3月，中科大洋中标内蒙古自治区鄂尔多斯市东胜区融媒体中心项目，现如今，大洋为其提供的"快融全媒体采编平台"，已成为东胜区宣传系统策采编制发的一把利器。大洋快融全媒体采编平台，

以资源库为核心,为东胜区融媒体中心提供全媒体稿件统一撰写、审核和发布能力,快速打通传统媒体和新媒体传播业务,并可拓展线索汇聚、热点发现、总编调度、数据可视化等应用,进而为东胜区融媒体中心提供一站式媒体融合工作环境,助力其实现快速融合。

三是由省市电视台与区县电视台合作,或者由专业报纸中央厨房打造,建设县级融媒体中心。

2018年6月12日,北京市大兴区融媒体中心挂牌成立,现场与北京广播电视台签署深度融合战略合作协议,双方将携手打造本市首个区属媒体+市属媒体多方协作、融合传播的新型融媒体平台,标志着市区两级媒体融合采集、全方位立体传播时代的开启。大兴融媒体中心将原有宣传渠道融合成大兴"电视台、广播台、大兴报、政府网、政务微博、官方微信、官方App、大兴融媒联盟、市级媒体、中央媒体、社会媒体、海外媒体"12大平台,强力推进"大兴特色融媒生态圈",实现区域融媒业态跨越式发展。

许多已经建成中央厨房或融媒体中心的专业报纸,也加入县级融媒体建设中。"县级融媒体中心"与省级媒体合作较多,通过利用省级融媒体技术,入驻当地的云平台(如"新湖南云""四川云""长江云"等),探索县级融媒体中心建设。2018年4月13日,河南日报报业集团旗下大河网与安阳县委宣传部签署安阳县融媒体中心合作共建协议,联手打造该省首家县级融媒体中心。"县级融媒体中心"建设也不乏与市级媒体合作的案例,如郑州报业与16县区建"县级融媒体中心"。

四是自行研发融合平台,打造县级融媒体中心。

2011年,福建尤溪电视台开始探索传统媒体和新兴媒体的融合,当时以广播电视台为主导,把网络中心、两微一端都整合在一起。2015年,尤溪电视台媒体融合再上台阶:自行研发新媒体融合平台,将微信、微博、新闻网站和电视广播直播、节目点播等功能融为一体。其中,微信公众号"福建微尤溪"在福建省率先实现微信视频直播功能,每周的点击量在全省县级广电媒体中名列第一。

二、县级融媒体中心的运行方式

一是大格局的发展战略。

事实上,县级融媒体中心成立后,都在捋起袖子加油干,纷纷开展融合传播,并在原有基础上,通过多种平台、运用各种崭新技术进行信息的采集和发布,出现了多终端、多样化、多业态的群发效应。各台经过一段时间的运作和具体实践,又针对各自的情况,提出了不同的转型思路和发展战略,出现了更为宏观的布局和格局。

北京大兴区融媒体中心"创"字当先,科学施策,从六个方面入手,量身定制"六化法则",这"六化"是:生产流程"融合化"、传播渠道"立体化"、绩效考核"质量化"、组织结构"科学化"、空间布局"一体化"和人力资源"多样化"。

江苏邳州融媒体中心探索"中央厨房"运行机制,组建融媒体指挥调度中心,再造策采编发流程,形成"一次采集、多种生成、多元传播、全方位覆盖"的工作格局,推动"大屏带小屏、小屏通大屏、多屏联受众"的全方位互动,实现内容共享、渠道共享、技术共享、人员共享的深度融合。

融媒体不是加法是乘法,真正的融合应该是不同平台、渠道、资源、内容、人才、机制等方面的深度融合、有机融合、科学融合,促进各部门间形成"化学反应"。为此,福建尤溪台提出了"新闻立台、影视兴台、人才强台、产业活台"的创新发展思路,在做好正确新闻导向的同时,朝着影视化、产业化发展。

二是移动优先的贯彻施行。

2018年9月21日,福建省尤溪县融媒体中心挂牌成立,这个闽中的小县城就在"两微一端"上刮起一阵阵旋风:10月12日,"全国百家媒体点赞'尤溪模式'"这条新闻的点击量达18.7万;10月14日,由该中心拍摄的城市形象宣传片《尤溪》发布当天,点击量超过76万;10月23日,该中心推出的现场直播节目《尤溪举办朱熹诞辰888周年祭祀大典》,点击量高达74.8万。对一个人口仅40多万的山区县来说,这样的反响来之不易,"尤溪模式"因此受到业界的一致肯定,被认为是县级媒体融合改革的"报春花"。

成都市市县媒体融合服务中心构筑了"3+N"核心产品体系,以融媒e管家、中央厨房为双核心;以全球内容分发网、网络安全防护网为双保障;以引导群众、服务群众、产业可持续发展为双功能;以区县自有融媒体和市级融媒体平台为N终端,有效实现县级融媒体中心管理、生产、发布、传播、考核、监控、服务等多项功能。

北京16个区县融媒体中心的建设均把政务宣传、生活服务与媒体充分融合起来。平谷区融媒体中心实现"信息源+新闻+政务+服务+电商+短视频"高度融合,提高平谷区政府的新闻传播力、舆论引导力、政府公信力。

三是新风口的迎接应用。

新风口主要是短视频、短音频、手机H5、手机台或手机App的移动直播等。在这方面,浙江长兴融媒体中心等作出了积极的尝试和有效的探索。如在短视频、短音频方面,长兴融媒体中心2018年新上线的短视频《掌心视频》和短音频《掌心音频》,将一线发生的新闻,精心剪辑制作,通过移动端抢先发布,全年推出各类视频、音频共计200余个。在H5方面,推出3D效果H5《长兴精神》、互动游戏《小鱼儿的寻宝之旅》《紫笋茶的前世今生》等形式各异的H5产品共计62部。在移动直播方面,每年开展"红星闪闪""垄上行""花开的声音"等直播活动100多场,同时依托新华网、蓝莓号等平台做直播流输出,扩大直播影响力。

三、县级融媒体中心建设需要把握的几个要点

县级融媒体中心建设,既有时间表,也需要遵循机构建立的规律;既要按时间节点完成相关任务,也要确保融媒体中心的标准化建设、有效运行和实际效果。而在整个县级融媒体中心建设过程中,需要特别注意把握以下几个重要方面。

一是县级融媒体中心建设和运行过程中,必须牢牢把握舆论宣传的主动权。

融媒体中心要及时提供更多真实客观、观点鲜明的信息内容,掌握舆论场主动权和

主导权。2019年2月21日,江苏省委常委、宣传部部长王燕文在淮安洪泽区和扬州高邮市调研当地县级融媒体中心建设情况时指出:县级融媒体中心建设,是做强基层宣传工作,在现有的互联网语境下,习近平新时代中国特色社会主义思想和中央精神深入基层、生根落地的重要工作。贯彻以人民为中心的工作导向,做强县级融媒体中心,更好引导群众、服务群众。

二是县级融媒体中心建立之初,必须紧紧依靠当地政府的力量。

县级融媒体中心建设,是实实在在的"一把手"工程,要由县(区)委书记亲自来抓。各地都应该抓住县级机构改革的契机,把县级融媒体中心的体制机制迅速调整到位。各地县委县政府更要亲自抓全面管,因地制宜做好体制机制的改革设计方案,做好政策、人力、资金、内容等资源的调度整合。

在媒体融合的起步阶段,福建尤溪县委县政府给予全力支持,由县财政拨出数千万元资金,购入3000平方米的办公用房以及一批先进设备,每年还给予500万元的经费支持。2016年6月,由县财政注资5000万元,成立福建省朱子文化传播有限公司。这一公司的成立,成为尤溪县媒体融合发展的分水岭与关键举措。

三是县级融媒体中心建设,需要迅速抢滩和不断强化。

目前来看,在县级融媒体中心建设这个领域,出现了各路人马纷纷抢滩的情形。中央广播电视总台"全国县级融媒体智慧平台"基于央视新闻移动网的平台应用,在其客户端"央视新闻+"开设"最前沿县级融媒体"入口,从节目研发、技术支撑、内容分发、媒资共享等方面为县级融媒体中心进行全方位赋能,助力县级融媒体中心形成渠道丰富、覆盖广泛、传播有效、可管可控的移动传播矩阵。目前,已有100家县级融媒体中心矩阵号入驻平台。湖南广电集团提出2019年工作主要是"突出一条主线,抓好六大工程",其中一大工程是抓好"融合发展"工程,推进县级融媒体中心建设和智慧广电建设。江苏广电集团也在省内多个县级台开始了建设融媒体中心的具体行动,并取得了一定的成果。

一些省会城市台也跃跃欲试,想要在县级融媒体中心建设中分得一杯羹,并将自己的技术、体会与区县媒体深度嫁接,从而使得城市台与区县台能够更好地互动,这也确实是一种不错的选择。城市广电集团可以和市属各区签订战略合作协议,广电集团依托融媒体新闻生产平台,为各区融媒体中心提供融合媒体生产平台、互联网大数据分析服务等技术支持,同时在各区设立融媒体工作站,为各区融媒体中心定制精彩纷呈的融产品。以城市台为该地区的领头羊,可以建立更大范围的融媒体群落,从而使得媒体融合得以在更大的层面和区域实施;也便于新闻信息的上下对接和有效贯通,从而实现区域媒体融合的全覆盖和无缝链接;更可以使广播、电视、报纸、网络联姻,形成整体性力量,打造区域性的联盟和航母,从而使融媒体新闻中心始终立于不败之地。

四是必须仍然坚持内容为王。

在推进县级融媒体中心建设时,各种不同的模式纷纷呈现,但万变不离其宗,内容永远是根本。走内容为王之路,就是要聚焦老百姓所关心的身边人、身边事,以此来赢得县级电视台的"春天"。坚持内容为王,就要真正沉到基层,切实了解群众的"口味"和需求。坚持内容为王,当好群众的"贴心人"。坚持内容为王,就是要通过"线上＋线下、政务＋服务、互动＋联动"的运营模式,最终形成"一体策划、线索汇聚、一次采集、多元生成、多端发布"的运行格局。

五是需要真抓实干,奋斗不息,全线出击,拿出成绩。

县级融媒体中心建设,不是毕其功于一役,也不是建起了融媒体中心或融媒体指挥中心就算完成了任务,更不是把人员聚集到一起、挂起一个所谓的融媒体中心牌子,而是要真正走融合之路,无论新老媒体,无论广播、电视、报纸、网站、新媒体、移动端,都要真正地合而为一,融为一体,变"你中有我,我中有你"为"你就是我,我就是你",从而化冲击波为力量源,化危机为生机,使县级融媒体中心成为崭新的宣传平台,发挥最大的舆论张力,辐射更广的范围,占领更大的阵地,触及更多的人群,成为信息传播和舆论宣传的生力军。由此,建立县级融媒体中心的初心不能忘却,初衷始终不改,通过全媒体的多点出击和全面开花,成效早日显现,目标最终实现。

第二章 新闻采访

第一节 采访方法概述

采访,即采集寻访,是指有关人员出于大众传播的目的,通过观察、访问等手段,对可能受到广泛关注且鲜为人知的信息的搜集活动。新闻写作的起步阶段就是调查采访,通过采访获得关于报道对象的真实的、丰富的素材。可以说,一则新闻质量的高低与记者采访的水平息息相关。新闻采访是新闻播报工作的基础,对于新闻记者来说,只有灵活地运用新闻采访方法,基于新闻事件本身的事实不断创新、挖掘和观察,才能更好地提高新闻采访的全面性、高效性,从而为新闻播报提供重要的新闻线索和资源,以提升新闻报道的价值。

一、采访工作的基本原则

(一)计划性原则

广播新闻记者在开展新闻采访工作时要遵循计划性原则,计划性原则要求记者在进行采访工作前需要实现准确相应的材料、问题,问题设置时需要结合具体的新闻事件,保证问题设置的合理性。计划工作的开展可以避免采访工作开展中出现混乱,明确采访的目的。准备工作开展中可以对被采访人员的背景进行了解,更好地确定采访的方向。

(二)倾听性原则

倾听性原则指的是广播新闻记者在开展采访工作时需要做好倾听工作,不能只关注自己的表达。倾听被采访人员可以使被采访人员感到自身得到尊重,这样能够使被采访人员更好地配合采访工作。倾听性原则并不是一味地对被采访人员进行纵容,如果被采访人员出现离题的情况,记者需要委婉地提醒被采访人员,保证采访工作的顺利进行。

(三)共情性原则

广播新闻记者在开展采访工作时还需要遵循共情性原则,共情性原则并不是指采访中记者完全遵从被采访人员,而是指采访中记者需要从被采访人员的需求出发,为被采访人员考虑。在必要的情况下可以将自身带入情景中,这样可以确保问题的合理性和有效性,避免向被采访人员提出一些不适合回答的问题。

二、采访人员需具备的职业素养

(一)敏于发现:具有察觉异常的能力

生活中出现了某种有别于以往事物的现象或情况,是形成新闻的必备条件。新闻工作者只有保持高度的敏感性,不断提高洞察能力,才有机会挖掘出有价值的新鲜社会事件。

(二)勤于思考:具有创新思维的能力

采访的过程,就是想主题、想角度、想体裁、想事实、想特色的过程。在采访中,记者应该开动脑筋,做到勤于思考、善于联想、深入分析、抓住要害。有了这些"想"的基础,才能下笔如流水,写出真正有新闻价值的新闻作品。记者在采访中要怎样想,想什么?采访事件新闻,要想问题的针对性、宣传的指导性;采访人物通讯,要想事迹的典型性、情节的感人性;采访一个单位的业绩,要考虑事物发展的变化性、全面性;采访研究性报道,侧重问题的普遍性、给人的启发性。新闻作品要写得具有吸引力、有深度,就离不开创新思维。因此,在面对要报道的材料时,如何发现新的报道点,如何在与被采访者的交流中挖掘出新的采访内容,是新闻工作者需要考虑的问题。

(三)长于沟通:具有与人交流的能力

新闻工作者要善于察言观色,才能提高采访的效率。要善于倾听,拉近与被采访者之间的距离,增进相互间的理解和信任,善于在交谈中通过手势、眼神、表情等合理引导,让被采访者全面、真实地表达自己的观点和看法,才能更好地还原新闻事件。采访中要运用好眼神、表情、手势等体态语言,它有时能传达出比有声语言更为丰富的信息,达到"此时无声胜有声"的效果。如认真倾听的姿势、关注的眼神、善意的微笑等,传达给对方的是肯定的信息,对方得到这种反馈,就会更有兴致地往下说。而没有表情的面庞、怀疑的目光、意义双关的微笑等,则会让对方感到不安。把握好一些微小的细节很容易得到采访对象的心理认可。

三、采访工作的先后步骤

(一)采访前

积极充分地做好采访前的准备工作,是一次成功采访必不可少的过程,也是重要的采访技巧之一。否则很难将采访顺利完成。那么一次成功的采访,需要做哪些准备呢?

1. 平时准备

平时准备是一种厚积薄发的准备。这种准备包含文化、社会、历史、人物等各种知识的储备,也包括对某一新闻事件的持续关注。一旦需要采访当事人,就可以对采访对象、所涉及事件发生的有关方面,做到心中有数,提问有的放矢。

2. 临时准备

采访前有针对性地对有关采访对象的背景、事件、环境、现状、原因、问题等进行了解,是非常必要的。资料准备有助于记者应对采访中遇到的困难,在关键时刻提出精彩的问题。这种准备包括反复酝酿主题,深入了解事件内幕或相关的理论知识,能够帮助记者由外及里地观察和思考问题。不仅可以使采访双方能够有更多的共同语言,而且能让采访对象相互激发,共同将新闻采访引向深入。

3. 细节准备

采访前的细节准备也很重要。比如自己的衣着打扮是否得体,采访用的摄像机、三脚架、电池、录音机、照相机、笔、纸是否可用等等,做到万无一失。

(二) 采访中

1. 环境

良好的对话环境不是指优越的物质环境,而是指方便记者和采访对象进行沟通的氛围。在被采访对象的心目中,记者就是一个陌生人,要使这个陌生人开口说话,吐露心声,记者需要在看似平淡的寒暄或闲谈中,营造出宽松的采访环境,借此探求对方的性格、爱好和思想,巧妙地缩短与对方的距离,帮助记者消除对方的陌生感,让对方很快熟悉自己,适应自己,创造出一种轻松融洽的提问气氛。

2. 提问

某记者去采访泰勒,他问道:"泰勒先生,可否请您解释一下相对论与现代空间时代的关系?"泰勒瞪大眼睛说:"我怎么能解释呢?爱因斯坦用了13年时间才确立了这个公式。"这次采访没有成功的原因,就在于记者提出的问题不够恰当,提得太大。可见,正确提问在采访中有极为重要的地位。那记者在采访中该如何恰当地提问呢?

(1) 巧妙切入主题。

某记者去采访一位警察劳模,见面问了很多,但他总说一句话:"那是应该的。"后来该记者发现这位劳模胳膊上有一个伤痕,经追问知道这是他抓捕疑犯时受伤所致。于是该记者改变了采访计划,就从他胳膊上的伤痕说起,果然收到了很好的效果。切入点是采访对象的兴奋点,大到被采访对象的政治立场、思想观点、情感性格,小到乡土乡音、饮食、服饰习惯,乃至一句话等等。采访要考虑如何切入,也就是采访时话从哪儿说起,问题怎样提出来。巧妙的切入能顺利地了解和掌握所需的新闻材料,寻访到采访的真谛。

(2) 善用提问方法。

提问是采访中最为重要的环节之一，直接决定采访和报道质量。善于提问不仅能从采访对象那里获得最重要的材料、最生动的细节、最真实的思想，从而获得有价值的新闻素材，还能从提问过程中确定较好的新闻主题，形成较好的新闻腹稿，并得到很多的新闻线索。采访的对象不同，由此选择的采访方法也不同。

一是开门见山。

也就是直截了当地提出问题。这种方法适合采访一些领导干部以及专家学者等，他们往往是有知识、有见地的人，跟他们交谈无须绕弯子。当然，这里所说的开门见山，也不是见了面就直接问，在提问之前，简要谈上几句得体的话也是很有讲究的。要注意情感的铺垫。正面提问的开门见山，并非直接生硬地发问。如果在提问前有所铺垫，对方心理上会舒缓一些，也更愿意合作一些。要防止提问过于直白。过于直白的提问，往往显得十分生硬，容易造成采访对象的心理排拒，难以获得有价值的信息和材料，而且还会给人一种笨嘴拙舌的感觉。

如同高明的棋手重视开局，著名记者法拉奇的采访都有一个别致的开场。她曾说："我的秘诀是开门见山，把气氛打开。例如我去问霍梅尼前早就知道他是独裁者，于是我开场就说：你是伊朗的新沙皇……"这种开门见山式的问法，单刀直入，迫使对方做出防御性反应，揭下人物面具，逼视其真实面目。比如采访阿拉法特这个"神秘莫测的人"时，她是这样开始的："人们常常谈论您，然而对您却一无所知……"这句话既陈述了事实，又点出了矛盾。而在采访邓小平时则从邓小平的生日谈起，将严肃话题注入轻松自然的交谈中。这些开场并不是灵机一动的小聪明，而是法拉奇刻苦劳动准备的结晶。在采访前一两个月里，她总是阅读大量的有关材料并作出相应的笔记，尽可能地熟悉与采访有关的国际政治、经济、社会及其他情况，精心设计采访程序。如果对方谈话跑了题，谈的又是一般性的内容，记者仍要耐心倾听。不可随意打断对方的话，或表现出烦躁情绪，以免损伤对方的自尊心和感情，引起对方的不满。此时，记者可以采取多种方式，自然而又有礼貌地把谈话引到正题上来。如果采访对象一再跑题，而且表现出对另一个话题更有兴趣，记者就要考虑自己的采访提纲是否妥当。

二是迂回提问。

所谓"迂回法"，就是指这种提问是从侧面入手的，采用聊天攀谈的形式稍作迂回，然后逐步将谈话引上正题。这种访问一般时间性不太强，谈话也不受特定场合与报道方式的限制。托马斯指出，当说话人使用一种语意模糊的话语，说话人的话语就可能传达某些可能令听话人不愉快的信息。迂回提问是基于谈话过程中减少提问带来的冲突，为了从主持人和嘉宾的交谈中得到想要的答案，但同时也要考虑嘉宾的情绪和话题的敏感度，这就需要采用陈鲁豫迂回提问的策略。这种提问策略逐渐外化成了陈鲁豫个人的鲜明风格，温柔又不失犀利，在《鲁豫有约一日行》中，这种迂回提问的策略发挥着极大的优势。在第二季访谈关之琳时，有这样一段对话：

鲁：外界如果对你有一些误解你会伤心吗？比如外界会觉得关之琳很美，

她是不是很爱钱,是不是虚荣,这样的东西会影响到你吗?

关:不会,因为我的辛苦没人知道,我要养家也不是太多人知道,我根本就是个男生,只是我的外表很温柔。人家说我贪钱,那不可以别人贪我的名气吗?

鲁:但其实一个漂亮的女明星谈恋爱怎样人家都是要说的,如果对方比自己有钱的话别人会说你贪他的钱,那你之前谈比你小也没有名气的人,别人也会有别的说法。

关:对,有时候我觉得很不公平。解释也没用的,人家也不会听啊,所以就活好自己的人生就行了。

鲁:但大家好像始终有一个概念是女明星是应该嫁入豪门的。

关:不一定啊,其实我喜欢艺术家,我发觉我爱上了艺术。

以上的对话,陈鲁豫针对关之琳的"拜金争议"和"小男友传闻"这两个敏感话题进行了迂回提问。在敏感话题以及嘉宾特殊身份等条件限制下,访问者要考量礼貌原则、合作原则、面子理论等原则的运用,兼备委婉语和转述、求证等委婉的提问样式,尽可能地尊重受访者的感受。陈鲁豫则灵活使用了迂回提问的策略和技巧,引导关之琳的谈话欲望和谈话兴趣,巧妙启发,迂回提问,实现逆挽效果。

三是激将刺激。

激将刺激指的是一种激发式的提问,是提出比较尖锐的问题,适当地刺激对方一下,促使对方的心态由"要我说"变为"我要说",从而不能不说,甚至欲罢不能。运用激将法时,记者要考虑自己的身份是否得当,刺激的强度是否适中,还要考虑谈话的气氛怎样。这种提问要让采访对象既受到激发,又感到合乎情理。西方记者大都热衷于采用激发式的方式提问,使得采访对象不得不提供记者所需要的信息。他们提问往往问得尖锐、刁钻、奇特,甚至古怪。某些资产阶级政治家,也爱接待这样的记者。他们通过巧妙地回答记者刁钻刻薄的提问,从而在公众面前显示自己的才能。有的采访对象,心里有很多话,可由于种种原因,却不愿意谈,或者只是说一些言不由衷的话。在这种情况下,记者就要适当采用刺激对方的办法,用比较尖锐的问题激发对方,促使对方谈心里话。

四是抛砖引玉。

所谓"抛砖引玉",是指采用启发诱导的方式,具有针对性地把采访对象掌握的信息引导出来。这种诱导,既可以引导对方的思路,又可以诱发对方的情感。当记者遇到采访对象了解许多信息,却因谦虚不大愿意说,或者由于性格内向不会说,或者要谈的事情需要一番回忆,或者对方想说又不便自己主动说等情况时,都可以采取诱导提问方法。这种提问,可以进一步引导对方明确访问的范围和内容,渐渐打开对方的"话匣子",也可以激活对方的思路,引起对方的联想。由于这种提问的针对性较强,对方会感到无处退让。记者在采访前的准备充分,提问就是由已知求未知,提问就能准确恰当。同时,记者还能讲出一些具体事例,让对方回忆当时的情景或心理活动。这样,谈话的时间可能不长,却能够得到很有价值的材料。有时采访对象本身材料很多,只是每天的工作生活已经成了习惯,觉得没有什么值得谈的。在这种情况下,记者可以讲一些类似的事例,引起对方的联想,从而让对方谈出更多有价值的话。但切忌诱使对方说假话,也要防止对方为迎合记者的口味顺着竿子爬,讲一些捕风捉影的东西,失去他自己原有的价值和立场。

五是恰当验证。

即"插问法",指在谈话过程中,记者及时地抓住对方谈话的某个疑问性提问。有些采访对象在交谈时并不知道哪些材料有价值,哪些材料的价值不大,很可能在谈到有价值的地方会一带而过。这时候,记者只有及时地插问,才能把这种有价值的材料抓到。另外,记者在访问中要善于做必要而适当的插话。特别是话筒前、镜头前采访,这种插话很有必要。比如重复、强调采访对象说的某个重要问题或某句关键性的话;纠正对方的口误;对方没有讲全,需要及时补充的内容;对方没有谈到,需要及时提醒的内容;尚未听清、听懂的话等等。在采访中常常会有些事情或情节、数字、时间把握不准,这时就需要记者在提问中核实求证。如果直截了当地让对方重复回答,既不礼貌也容易引起对方反感,此时可以把需要证实的问题当作已知的问题提出来,引起对方的注意,或暂时先把没听清的问题记住,根据采访的进程、气氛与环境,找合适的机会逐一进行验证。

六是粗细结合。

粗细结合指记者把握事物的矛盾法则,抓住重点,循着某种思路、某种逻辑,连珠炮式地提问。这种提问既要按照事物的内在联系,把基本情况和事实真相了解清楚,又要抓住重点,深入挖掘,达到应有的深度。一般来说,记者对主干事实及其来龙去脉,对触及事物本质的关键性材料,对典型事例和典型细节,对对方谈话中的疑点以及从对方谈话中发现的有价值的新情况、新线索,往往会抓住不放,打破砂锅问到底,直至水落石出。追问,既要问得对方开动脑筋,又要让对方越谈越有兴趣。即使是批评性报道,也要让对方感到追得合情合理。因此,记者态度、语气都要与谈话的气氛协调一致,不要把追问搞成追逼,更不要变成变相"审问"。

在问过"你对中美贸易战有什么看法?""你怎样看待网络暴力?"此类广泛开放的问题后,为了防止泛泛而谈,记者要接上严密的提问,多问几个"比如?""您能举个例子吗?""这是不是像……""这样说是什么意思?"这样的问题。

(3) 增强双向互动。

以《鲁豫有约》为例,传统的人物访谈节目往往角色鲜明,即访问者和受访者。在传统访谈中,主持人自始至终都起着举足轻重的作用,电视访谈职业话语语境确立了主持人的地位和权力。嘉宾是电视访谈中主持人采访和交流的对象,与主持人相比,嘉宾在访谈现场享有的自主权较少,其话语权也受到主持人的牵制。因此就形成了主被动格局,主持人主动发问,嘉宾被动回答。

而在《鲁豫有约一日行》中,由于真人秀式访谈下访谈方式呈现出更生活化的特点,交流更随性,访问者和受访者的角色被泛化,双方相互提问,互动性更强。在这种对话式的人际交往中,主持人的"伴随性信号"起着重要的作用,正如言语交际学家亚当·肯顿所说"说话人确实依赖它们(伴随性信号)来了解听话人是怎样接受自己所说的话"。

陈鲁豫的"伴随性信号"包括倾听、赞同、反问等等,这些"伴随性信号"将"提问"变成"聊天",充分调动了访谈对象谈话的积极性,让谈话内容更加丰富有趣。

(4) 倾听。

倾听,是记者采访中常用的方法。善于倾听的记者,往往能在最短的时间内获得被采访者的信任感,让对方打开话匣子,并在对方的叙述中找到新闻的亮点。采访要听,但对"听"不能平均使用精力,要注意听到突出的问题、新鲜的观点、得力的措施、具有普遍意义的经验或生动感人的事迹等等。

比如在著名记者法拉奇采访南越"总理"阮文绍时,她想获得他对外界评论他是"南越最腐败的人"的意见。当直接问他时,阮文绍矢口否认,法拉奇就将这个问题分解为两个有内在联系的小问题,她先问:"你出身贫穷,对吗?"阮文绍听后,动情地描述了小时候他家庭的艰难处境。得到了肯定的答案后,法拉奇接着问:"今天,您富裕至极,在瑞士、伦敦、巴黎、澳大利亚有银行存款和住房,对吗?"阮文绍虽然否认了,但为了澄清这一"传言",他不得不详细地道出他的"少许家产"。如此一来,阮文绍是否真的如传言中那么腐败,还是如他所言并不奢华,已昭然若揭。

(5) 观察。

观察,就是记者用自己的眼睛采访。采访过程中记者不仅要善于观察采访现场,通过一些细节获取信息,丰富写作内容;同时还要善于观察被采访者的情绪和状态,及时调整话题内容,学会捕捉细节,采访到自己需要的东西。记者的眼睛,要擦得明亮,别人不注意看的,记者要观察;别人看不清的,记者要看透;别人眼帘溜过去的,记者要盯住。

首先,要观察和新闻有关的基本事实;其次,要抓住能够充分反映事件本质的细节。例如,在采访人物时记者如能对采访对象的服饰进行仔细观察,在写稿时通过对采访对象外形的细腻描述,就会传达出他的职业、个性爱好、经济条件、生活环境等各方面的信息,从而使被访人的形象跃然纸上;对被采访者所处的环境、经历以及被采访者的情感变化和心理波动等的细致观察有助于把采访对象写得更好、更活、更深。

(6) 记录。

记录,是记者采访必不可少的环节,在一次采访中,如果只采访不记录后果是不可想象的。记者采访做记录,主要有笔记、心记、录音和录像四种方式。

笔记,即记者采访时将所见所闻所感的真人真事的材料,通过手中的笔,记录在采访本上的记录方式。笔记的内容要选择,笔记的方法要讲究。交谈时笔要简记,侧重于心记,既可多听多想,又不至于影响谈话的气氛。交谈后要追记,侧重于把谈话的情况补充上,以免忘掉。心记,即记者在现场采访时,将所见、所闻的真人真事的材料强记于心,心理学上叫作"有意识记"。在以下情况下最好用心记:采访普通群众,即闲聊;遇到的事实稍纵即逝;受客观条件限制,不便用笔和纸作记录;采访对象不愿接受采访或不允许做文字笔录,如隐性采访等。录音,即用录音机或者录音笔作采访记录。一些重要事件和人物,特别是人物专访常用录音记录,其好处是记录真实、准确,而且可以作为资料和证据,也便于记者腾出手来倾听、观察和思考。录像,是电视或视频采访必须采用的方式。

（7）细节。

在采访中，记者身上的一些细节对采访的成败也很重要，记者的举止、情绪、衣着，甚至怎样记笔记、递话筒等对采访都有影响。现代人的素质都有很大提高，注重自我价值，对媒体不再有以前那样的敬畏感和神秘感，也更懂得在媒体中如何充分发表自己的言论。这就要求记者不能自以为是。盛气凌人、高高在上的记者往往会让采访对象避而远之，不能了解到采访对象的内心。

提问得体，不唐突、不鲁莽、不咄咄逼人，不要不合时宜地提问，也不要太让对方难堪。特别对于一些敏感的、涉及他人隐私的话题，突如其来的提问会让对方措手不及，有个性的采访对象可能会拒绝回答。所以更要尊重采访对象，说出采访内容、范围，在征求对方意见后，再以对方所能接受的方式进行提问。这样才能使采访对象在轻松的心态下接受采访。记者在对方回答问题时要仔细倾听，认真记录，不要随意打断，也不要东张西望、心不在焉、打呵欠或玩手上的笔等。

（三）采访后

记者在采访完成后，要感谢被采访者的配合，整理对话记录，完成新闻写作和制作。

扫码获取资源

 数字资源：电视消息《小西湖里的别样团圆》文稿、视频，扫码获取具体内容。

新闻采访是关于采访提问技巧的学问。美国《塔尔萨论坛报》的记者鲍勃·福尔斯曼说："笔下的功夫不强照样能当一名出色的记者，但不善于进行采访是绝对当不好记者的。"这便是我们常讲的"七分采访三分写作"。

第二节　如何突破采访中的瓶颈

每一位记者都有这样的体会，采访经常会遭到谢绝。遇到拒绝采访的时候，不同的记者采取的应对方法不一样，有的继续猛追，有的曲线救国，有的打退堂鼓，有的不了了之。

事实上，采访遭拒有各种各样的原因。分析其中的缘由，往往能找到解决问题的办法，对症下药，方能药到病除。本节试图从制约采访的几个瓶颈的角度，探讨如何使采访获得最大的成功。

一、瓶颈之一：记者出击的热情程度欠缺

应对措施：最大限度地激发记者的采访潜能。

何谓记者？记者就是记录的人，是事件、人物的采访者和记录者。如果不是记者

自己主动要求记录而是被迫记录,那么,记者的采访能力就会大幅度降低。媒体从业者都知道,并不是所有的采访都是记者自己主动要求前往的,也不是所有的采访都是记者愿意去的,很多情况下,记者是应领导的要求不得不进行采访,也就是被动的采访。在被动的情况下进行的采访,怎么能奢求每一位记者都认真积极地对待呢?

从现有的新闻单位的工作现状来看,很多情况下是制片人、责任编辑、主编或部门主任直接派工,这就难免造成记者工作被动的局面。但目前这种工作机制很难一下子改变,那么我们就必须探寻在这种情况下,记者的采访如何才能深入彻底。

事实上,最大限度地激发记者的采访潜能是解决这一问题的关键。只有记者的积极性和热情被充分地调动起来了,记者变成了采访的主动性力量,才能使记者很好地达到采访的要求。我们这里所说的"主动性力量",并不是简单地就采访者与被采访者的关系而言,而是记者真正以主人翁的姿态出现,想方设法地达到采访目的并真正挖掘出新闻事实和新闻背景的主动采访,而不是被动应付、不是简单问问而已、不是单纯完成任务了事。

那么,如何激发记者的采访热情呢? 一是分派任务的合理性,应当将采访任务分派到那些适合"这种采访任务"的记者手上,因为不同记者的专业、擅长点、内容熟悉程度不同,所以分配采访任务必须要"得当",要根据其特长、口子等因素进行。二是注重节奏。不能将采访任务仅仅集中在极个别人身上,也不能安排的任务过多过急,而要掌握好节奏,让记者有喘息的机会,有修身养性的机会,有不断提高的机会。三是不能简单地布置完任务就结束,而要针对不同的采访要求、不同的采访对象,与记者共同商量采访的内容和方法,做到有的放矢,掌握主动,成竹在胸。四是动用各种力量为记者的采访架桥铺路,开辟方便之门,让记者始终感到自己不是"一个人在战斗",从而为记者采访成功树立坚定的信心。五是采访结束以后,有机会和记者聊聊采访心得体会,充分肯定记者在采访过程中的努力和韧劲,嘉许记者在其中付出的辛勤劳动。

相信任何一位记者,尤其是刚刚出道的记者,在经历了几次这样的过程之后,都会对自己的采访树立其坚定的信念,在感佩领导的同时,想尽一切办法,发挥出最大的聪明才智,努力使采访获得成功。

二、瓶颈之二:记者采访的问话技巧欠妥

应对措施:围绕采访目的设置问题,切合受访对象提出问题。

如果说,布置选题以及激发记者的采访热情主要还是任务布置者的事情,那么,根据具体情况设置不同的问题并恰到好处地提出问题,就是记者自己的事情了。

经常碰到的情况是,面对同种性质的采访对象甚至同种环境下的采访,有的记者能顺利地完成采访,而有的记者却总是难以"拿下"。其中的原因很多,但采访者的问话技巧是一个重要的方面。

关于提问技巧方面的文章已经很多,这里不再重复,但是想强调两点——

一是从采访的任务要求来看,记者采访无疑是要达到采访所要达到的目的要求。因

此，记者预先设置的问题需要紧紧围绕采访目的进行。比如，记者去采访肉价上涨，设置的问题应主要是：

1. 肉价上涨的现状如何？达到了什么状态？与过去相比呈现出什么样的特征？

2. 涨价的原因主要有哪些？最主要的原因是什么？

3. 对于这次涨价，社会各界尤其是老百姓的反应是什么？涨价对百姓生活是否构成了影响？影响程度如何？

4. 政府主管部门对于肉价上涨的态度怎样？政府有没有采取措施和采取了什么措施应对涨价？

5. 这次涨价给我们的畜禽生产、运输、供应、市场管理等方面带来什么样的启示？专家对市场调控和政府应对措施的价值评估和社会认同程度怎样？

关于肉价上涨的问题主要应该是上述几点，但具体到不同的采访对象，应当有不同的问题和提问方法。

二是从有利于受访者回答的角度来看，记者所提的问题应当是采访对象可以回答和能够回答的问题。 面对采访对象，记者不能漫无目的地提问，所提的问题既要围绕主题进行，又要是受访者有能力回答的问题。

有些新记者为了显示自己事先曾经钻研过相关问题，故意提一些"理论程度"看似很高的问题，殊不知这样既有可能吓退受访者，也常常会弄巧成拙、贻笑大方。

还有的记者不从对方的职业和接受能力角度考虑，生搬硬套地或者不加改变地提出预先设定的问题，造成的情况往往不是对方"丈二和尚摸不着头脑"，一下子听不明白，就是对方回答得似是而非，让人听起来云里雾里。如果是报社的记者，自己搞明白了以后，回去重新整理一番还能发表；但如果是电台或者电视台的记者，面对回答思路混乱、答非所问的问题，回去后就没法做成带子或片子播放了。

还有的记者不问青红皂白，连珠炮似的发问，搞得对方没法一一回答，只能简单地用一两句话应付一下。

也有的记者抓不住主题，把握不住问题的核心所在，对一个采访对象提出若干支离破碎的问题，最终连采访者自己也不知道到底想问什么问题。抓不住问题的实质，是年轻记者的一个弱点，这需要经过相当的时间来磨砺。年轻记者不知道如何问出实质性的问题，与老记者有意让采访对象摸不清记者的来意，有着本质的区别。对于年轻记者而言，事先确定问题的重心和中心，对采访对象有一个事先的预测，同时设想好几个而不是太多的采访问题，将会有效避免"乱抓一气"的情况发生。

所以我们强调记者语言的贴近性，与受访者的认知和职业越贴近越好；强调记者问话的亲和力，与受访者越亲近越好；强调记者的引导能力，与受访者越能沟通越好。

很多时候，当记者站在受访者的角度想一想，记者的提问就会让受访者的回答方便许多。从受访者的角度出发设置问题，是达到采访要求的重要方面。

三、瓶颈之三：记者现场的应变能力欠佳

应对措施：提升现场即时捕捉能力。

作为一名记者，仅仅知道问对方什么问题以及怎样问问题，是远远不够的。做一名好记者，还必须具备随机应变的能力，因为哪怕事先设计得再好，现场总是不以个人的意志为转移的，往往会发生许多意想不到的情况。记者虽然作为"无冕之王"，却并不总是能把控事物。优秀的记者，往往能根据具体情况，随机应变，泰然处之，从而获得良好的采访效果。

数字资源：奥运冠军假摔被逮、记者采访遭遇围堵、记者采访遭反锁如何自救，扫码获取具体内容。

千变万化的客观情况，使得记者这个职业富于挑战性，这也是许多人热衷于记者这一职业的原因。那么，记者在现场如何应对各种突如其来的"事变"呢？关键是，记者要培养自己现场的即时捕捉和应变能力。比如，记者来到江苏晴一智慧科技有限公司采访，这家公司还有一个名称叫作江苏晴一交通科技有限公司，它是中国交通运输协会交通绿色发展专业委员会副主任单位；还有一家公司名为江苏晴一文化发展有限公司，其经营范围侧重于太极文化、饮食文化和影视摄制等。记者在现场就要把握住采访的主线，使采访更具针对性，更加精准化。

客观地说，随着社会的发展和人们对记者的警觉性越来越高，记者采访的难度越来越大。记者不能单纯地套用一些"本本"上写好的方法，而是要根据千变万化的实际情况，发挥自己的应变能力和临场处置能力，有针对性地进行采访，才能使采访的效果最大化。

扫码获取资源

四、瓶颈之四：不同情况的采访方法欠妥

应对措施：因地制宜，因人而异，对策各有不同。

了解受访人最易拒绝采访的几种情形，对采访的成功无疑大有帮助。通常情况下，表扬稿的采访比较容易，但以下几种情况就不是轻易能够采访到的了——

一是曝光题材的采访。

谁也不愿意被曝光，这是人之常情，但记者接到的线索却常常是曝光性的，尤其是中国加大新闻舆论监督力度的情况下，这类采访更多。事实上，曝光性题材的采访可以在更大程度上锻炼记者的采访能力。对曝光性题材的采访，在正常手段难以奏效的情况下，可以通过旁敲侧击、迂回往复、曲线救国、穷追猛打、电话录音、暗访等手段达到目的。

需要注意的是，对投诉题材记者不能先入为主，不能认为"谁投诉谁有理"，对被投诉人同样必须以公平公正的心态进行采访，尊重被投诉人的人格尊严，在弄清事实真相后方能公之于众。

二是法制题材的采访。

法制报道，主要是反映同违法犯罪作斗争的各种涉法题材的报道。这种题材本身有着天然的受众群，所以无论是发行量、收听率还是收视率都比较高，但这种题材的采访却往往不是一件易事。如果掌握了技巧，却也未必是多大的难事。经过多年的实践，笔者以为最大的技巧是与司法部门协调好，利用各种案源、联系方式和所能获取的采访地点等便利，使采访获得最大的成功。

此外，记者还要仔细琢磨不同采访对象（犯罪嫌疑人、证人、家属、原告、被告、第三人、被告人、破案人、检察官、法官、律师等等）的不同心理，特别是犯罪嫌疑人、被告人、罪犯在不同时期的不同心理状态，有针对性地发问，击中其内心最柔软、最隐秘的部分，敲开各色人等的口，让其吐露真言。

三是突发事件的采访。

民生新闻的大旗已经高高举起了数年，在民生新闻中占较大成分的是社会突发事件的报道，当然民生新闻不仅是社会新闻。突发事件多发生在公开场合，至少是任何一起突发事件都会或多或少地与公共场所发生关系，例如，火灾、爆炸、救险、洪涝、110出动、120抢救、122勘查事故现场等，都是这样。既然在社会公共场合发生，就具有了公众关注度，同时也给采访留下了空间。受害者、加害人、现场目击者、抢救者、调查人、在场的交警等等，都是可以采访的对象。记者在现场，应当首先将这些人的图像和声音采集下来，等有了一些头绪后，再回味一下自己还需要什么，还有什么没有采访到的人和事。

突发事件采访中经常碰到的一个难题是，现场执法者会阻止记者的采访，声称记者的采访干扰了他们的正常工作。对此，记者完全可以正言相告："您在按照要求工作，我也在按照我的工作程序工作，采访是我的正常工作。""您有权不接受我的采访，但您无权阻止其他人接受采访。""这里是公共场合，您无权阻止我的正常采访。"处理好同司法机关的关系，不是无原则、无休止地让步，有的权利是靠记者自己现场争取来的。当然，记者在现场的采访也要注意不要影响到执法者正常工作的进行。

突破采访瓶颈，达到采访目标，确实不是简简单单就可以说得清楚的，更不是靠几番说教和聆听就能掌握的。提高自己的采访技能，必须靠一次次的实际锻炼，靠记者自己的感悟和坚持不懈的努力。

第三节　实践案例：联合采访——用脚步丈量土地

南京市文化和旅游局宣传管理处组织市广电集团和全市各区级台融媒体中心进行了多次同题材联合采访活动，聚焦乡村街道积极探索现代农业发展新路径，打好"水乡牌"和"文化牌",家门口走上小康致富路的具体举措和客观成效。联合采访活动得到各参与单位的积极响应,记者们用脚步丈量美丽乡村,用热情讴歌小康社会建设成果。

一、联合采访的具体做法和程序

(1) 联合采访不仅将触角伸向南京郊区,足迹更遍及南京周边地区。农村是一片广阔的天地,而社会主义新农村建设正如火如荼、初见成效,广大农村走在全面建成小康社会的路上,不少城里人喜欢上了外出郊游、喜欢上了寄居民宿、喜欢上了青山绿水。在这样的时代背景下,市文旅局组织市级和市属广电媒体,迈开双腿,走出城市,走向农村,来到南京的六合、高淳、江宁以及南京附近的马鞍山,进行同一主题的集中采访,展示新农村的新形象。

(2) 联合采访不仅展示农村的美景美貌,更注重内容的深层开拓。美丽乡村建设成绩斐然,美丽自然景观跃入眼帘,这些当然成为镜头捕捉的对象,但前来联合采访的融媒体中心的记者们并没有满足于眼前的景观描摹,更将镜头深入到当事人的内心深处、深入到基层党建引领、深入到新发展格局,从而使镜头既展示自然美,更展示心灵美;既展示现状,更透视原因;既展现已经取得的成绩,更展望愿景和未来。

(3) 联合采访不仅是记者的采访制作,更有专家对节目的点评分析。每次组织集中采访活动,各家参与热情都十分高涨,不仅市台、各区级台踊跃参加,甚至连常州的溧阳台也积极参与。究其原因,一方面是市局组织有力有序,提供了一个同台竞技的舞台,更主要的是联合采访不仅是各家记者的自行采访和节目制作,更有南京师范大学、南京传媒学院、江苏收听收看中心专家的及时点评和大家在一起的分析研讨,从科学的角度和更高的层次把握节目制作的规律方法,让大家学有所得。

二、联合采访的启示和思考

联合采访受到方方面面的赞誉,不仅因为联合采访本身做得比较完美,更是因为其折射出并切合了国家的宣传要求、时代的书写亮点、传媒的发展之需,由此也引发更深层次的思考。

其一,唱响主旋律,焕发精气神,联合采访是增强"四力"的新举措。早在2016年2月,习近平总书记在新闻舆论工作座谈会上就明确提出"好的新闻报道,要靠好的作风文风来完成,靠好的脚力、眼力、脑力、笔力得来"。2018年8月,习近平总书记在全国宣传思想工作会议上再次强调,宣传思想干部要不断掌握新知识、熟悉新领域、开拓新视野,增强本领能力,加强调查研究,不断增强脚力、眼力、脑力、笔力,努力打造一支政治过硬、本领高强、求实创新、能打胜仗的宣传思想工作队伍。可以说,"四力"要求是总书记从对记者的要求,延伸到了对宣传思想工作队伍的要求,从对舆论报道的要求,上升到了对宣传工作管理的要求。而各级宣传部门也好、广电管理部门也好,都必须自觉践行"四力"、增强"四力"。

对新闻工作者来说,脚力是基础,眼力是关键,脑力是核心,笔力是落点。增强脚力,就是要增强群众思维、实践思维;增强眼力,就是要增强政治思维、战略思维;增强脑力,就是要增强历史思维、辩证思维;增强笔力,就是要增强受众思维、创新思维。四个方面的基本素质,构成了一个紧密联系、相辅相成的有机整体。市局精心设计采访地点、环节、主题,主办方事先踩点、物色受访对象、提供采访便利,都是履行"四力"的具体行动;记者深入基层、深入农村、深入群众、深入新闻现场,获取一手素材,采制出"沾泥土""带露珠""冒热气"的优秀作品,当然就是"四力"的具体体现;专家随同采访、即时评点、指出优劣,更是对节目制作指明了方向、提供了遵循,是脑力的大补、笔力的再造。联合采访,说到底就是践行"四力"的一个抓手,是记者和管理者"真本领"的一次呈现,是"补短板、强弱项"的真实执行,是新闻舆论工作"十八般武艺"的实际演练。

其二,同在竞技圈,共筑同心圆,联合采访在"联合"二字上进行新发掘。联合采访,贵在联合。何以联合,如何联合?一在精心组织,二在积极参与,三在比学赶帮。在精心组织方面,市局颇费心力地设计了联合采访活动的流程。以2020年10月21日高淳集中采访为例,首先确定了"走向我们的小康生活"的报道主题,然后确定了两个采访地点:"全国文明村"固城街道花山村蒋山自然村和"最美田园慢村"也是"全国乡村旅游重点村"东坝街道青山村垄上自然村,通过探寻"产业+生态+文旅"的融合发展之路,特色产业引领致富之路,全力推进新农村建设。活动流程显示,在举行具体的启动仪式之前,还有一个暖场,暖场进行的是"省级非遗"武五猖的表演,以及打莲湘的表演,让人一下子沉浸到传统文化和乡村文化的氛围之中。流程上还特别附上了蒋山村简介和垄上村简介,让人一目了然。在积极参与方面,不但所属媒体全部前来参加联合采访,被采访的高淳区当地也非常积极地安排了各项受访内容。上午采访的是蒋山文化传承(参观保贤局、蒋山书局、何氏宗祠,听取工作人员现场介绍)、美丽乡村建设(村委负责人介绍各项建设成果,村民介绍乡村振兴带来的变迁)、湖滨美景(参观码头、粉黛乱子草基地,听取工作人员关于农旅融合发展带来的变化的汇报)、花草基地(工作人员介绍基地建设、助农增收情况)等,下午采访的是东坝街道青山村垄上村田园慢村发展情况、参观美丽乡村建设、体验民宿等农旅融合产业综合体,可以说素材满满、收获多多。在比学赶帮方面,各家媒体记者聚集一方,面对相同的主题、话题,各自发挥所长,竞相亮出绝技,明里暗里较劲,彰显了专业精神和新闻职业素养,当晚记者完成节目制作并发送至指定电子邮箱,第二天观摩联合采访节目,进行专家点评,各单位组织记者参加观摩会。市局在此基础上又进行评奖,设立了创新奖、最佳拍摄奖、最佳出镜奖、最佳标题奖、最佳策划奖等奖项,表扬好节目,树立新典型。

这样,就在同题材联合采访这样一个同心圆里,展开竞技,展开角逐;又在相互竞争、看谁更胜一筹的竞技场里,相互学习,取长补短,形成同心圆,共同收获成功的喜悦,心心相印,共同成长。

其三,建设新农村,增添暖色调,联合采访开辟文旅融合发展新天地。十九届五中全会审议通过的《中共中央关于制定国民经济和社会发展第十四个五年规划和二〇三五年远景目标的建议》,对二〇三五年目标、"十四五"时期经济社会发展作出了系统谋划和战略部署,《建议》把"推动文化和旅游融合发展""发展红色旅游和乡村旅游"作为健全现代文化产业体系的重要内容。中华文明根植于农耕文明。乡村振兴,既要塑形,也要铸魂,要形成文明乡风、良好家风、淳朴民风,焕发文明新气象。联合采访是扩大南京文化旅游宣传的新举措。南京文化广电的发展和省会城市优势,为同题材采访奠定基础和潜力。南京是文化旅游大市,当前文化旅游成为广大市民的关注点,鲜活丰富的文化旅游资源尤其是不断兴起的乡村慢生活,为联合采访提供源源不断的新闻素材。联合采访每次都挖掘南京各区不同的旅游景点尤其是乡村旅游,通过集中采访,各播出机构协同宣传,放大了宣传效应,对相关新农村建设和旅游景点的宣传起到了很好的效果。

从体制改革的角度看,现在除国家广电总局以外,绝大多数地方将广电局与文化部门合并,或者将广电局与文化、旅游部门合并,事实上,随着互联网的不断演进,现在人们已经自觉不自觉地将广电、文化、旅游等相关行业归并到一起,因此实现文化产业与旅游产业的有机衔接和合并是大势所趋。在这方面,南京市文旅局组织联合采访,是广电资源优势与文旅资源优势充分发挥、文旅融合发展的一次有效尝试和生动实践。从目前各方面的反映来看,都给予了充分的认可、积极的肯定,并赋予了更大的希望。美丽乡村俨然成为一道亮丽的风景线,而记者们也用热情的笔触和暖心的镜头,为广阔的农村增添了一抹温暖的亮色。

其四,既要正能量,也要大流量,联合采访促进融媒建设新格局的形成。《中共中央关于制定国民经济和社会发展第十四个五年规划和二〇三五年远景目标的建议》,把"推进媒体深度融合,实施全媒体传播工程,做强新型主流媒体,建强用好县级融媒体中心""推进智慧广电工程"等作为提升公共文化服务水平的重要方面。融媒体中心怎么建设?智慧广电怎么推进?在这方面,大家都在探索,省广电局也在大力度推进。我们认为,融媒体中心和智慧广电,首先要有技术支撑,但关键还是在人,既要有硬件,又要有软件。这里的软件,既有观念的转型、认识的提升,还有全媒体运用的能力水准、规律把握,以及不同平台传播样式的具体实践。一方面,本着融媒体发展背景下提升广播电视节目制作水准、充分发挥广播电视传播优势的考虑,通过同题材联合采访和分析研讨,有效提升广播电视节目质量,有效锻炼广大记者队伍,提升广电节目采编水平;另一方面,市局还专门提出短视频制作的要求,也就是,要求参与的记者,除了采访当天制作出相关广播电视新闻节目外(新闻节目里也要求尽量多的节目类型,如短消息、长消息、小专题、音配画、现场主持等),每家融媒体中心都要制作出1—2档适合网络传播的短视频,要采用新媒体尤其是移动端的表现手法、手机用户喜欢的接收方式,在语言上、标题上、结构上、画面风格上采用"网络流行色",拒绝生硬、死板的说教文风,倡导短小、欢快、新鲜、活泼、有趣、吸引人的短视频样式,这样的短视频以最快速度采制出来之后,要及时上传到抖音、快手以及其他平台上去进行更大范围的网络传播。目前已经制作出《城市花园漫游》《走向我们的小康生活抖音版》《菊花绽放 稻花飘香》《魅力钱家渡》《印象湖熟》等一批较好的短视频产品。在评奖环节,又专门设立了"宁乡游"短视频优秀奖,作为对短视频制作的一种鼓励和引导。

面对媒体格局、舆论生态、受众对象、传播技术发生的深刻变化,党的十九大报告提出,"要高度重视传播手段建设和创新,提高新闻舆论传播力、引导力、影响力、公信力"。习近平总书记在"1·25"重要讲话中,也再次强调"积极发展各种互动式、服务式、体验式新闻信息服务,实现新闻传播的全方位覆盖、全天候延伸、多领域拓展,推动党的声音直接进入各类用户终端,努力占领新的舆论场"。我们在联合采访中倡导和注重短视频的目的,就是实践开放、多元的传播理念,发展体验式、互动式传播优势,积极转变话语方式,以受众易于接受的思维方式和表达方式讲好故事,增强吸引力、感染力,形成宽领域、多角度的叙事样式,形成线上线下、大屏小屏同向发力的舆论强势,既保证正能量,又带有强流量,并在此基础上,进一步践行新发展理念,促进融媒体中心的转型发展,促进融媒新格局的形成。

第四节 诱导采访思辨

诱导采访并不是简单地引诱对方"上钩",而是有多种含义、多种样式、多种需求。这里对诱导采访作一番比较仔细的探析。

一、诱导采访的概念解析

要解析究竟什么是"诱导采访",我们先来看看与"诱导"有关的词汇是如何表述的。翻开权威性的《辞海》,我们看到"诱导"的解释是"劝诱、引导"。劝诱,事实上就是通过一些方法进行规劝;引导,就是有目的的指引疏导。无论是"劝诱"还是"引导",本身并不是什么表达否定意思的贬义词,而是表达正常意思的中性词。所以对"诱导"这个词并不能一概地认为是贬义词,诱导并不能简单地与"欺骗、引诱"画上等号。

《辞海》上与"诱导"连在一起的还有"诱导作用""诱导系统""诱导效应"等词。诱导作用指"动物胚胎发育过程中,某一部分能影响另一部分,使其朝一定方向分化的作用"。诱导系统指"经诱导产生分解代谢途径中的酶的基因调控系统"。诱导效应指"在有机化合物分子中,由于受电负性不同的取代基团(原子及原子团)的影响,整个分子中成键的电子云密度依取代基团的电负性所决定的方向而偏移的效应"。由此,诱导作用、诱导系统、诱导效应都是与动物胚胎、基因调控等有关的概念,都是生物学上的概念。而生物学上的概念本身并不具备褒贬性质,只是客观地描述生物体发育成长规律的概念名词。

基于《辞海》的"诱导"及其他相关概念,我们来界定一下"诱导采访"的概念。笔者认为,诱导采访是劝诱、引导被采访者按照采访者的要求接受采访,达到既定采访意图的一种方式。对这一概念,我们作如下解析:

诱导采访发生在采访者和被采访者之间,表现为采访者的主动出击、主动引导;

诱导采访的目的和归宿是使被采访者接受采访，采访者达到既定的采访要求，也就是使采访得以实现；

诱导采访的实现手段是诱使、导引，采访者诱导采访的依据是自己预先设定的各项采访要求；

诱导采访是完成或者说是实现采访目的的一种行之有效的方式，但并不因此排斥其他采访方式。

因此，诱导在新闻学上的意义就是，记者在隐性采访过程中把自己设置成为新闻事件的当事人，通过语言、体态等暗示手段，促使新闻事件向更剧烈层次发展的一种行为。在隐性采访中，诱导通常表现为记者乔装改扮成违法行为的一方，以特定的身份接触暗访对象，促使暗访对象现出原形，还事物以本来面目。

二、采访的关联分析

与诱导相关联的词较多，要准确地把握什么是诱导，诱导的适用范围是什么，我们有必要对一些相关词进行分析。

1. 诱导与引导

诱导，最本质的含义之一是引导，也就是采访者通过自己的言行，对被采访者进行必要的指引劝导。所以诱导与引导在"导引"这个层面上存在着交叉。

采访中的引导包括这么几个方面：

一是思维上的引导。记者采访中常常碰到这样的情况：提出的是这个问题，但受访人回答的却不是这个问题，采访这个问题，回答的是其他问题，或者回答的不是记者想要的答案。这时，就存在一个记者引导的问题了，就是要将受访人的思维转到记者所提的问题上。思维上的引导需要着重针对的对象主要有：第一次接受采访的人、不了解相关事项的人、思维模糊思路不清的人、没有怎么见过世面的人、那些有意识规避或回避问题的人等。

二是语言上的引导。有的受访人虽然理解记者提出的问题，但是却因为语言的谬误、差错，或知识的相对匮乏等原因，无法将自己的意思清晰、准确地表达出来，这时就需要采访记者的当面引导，这种引导应当是在记者把握了受访人准确意思的基础上，通过适当的方式、恰当的言辞将受访人的意思梳理、概括、总结出来。甚至，记者有时会直接告诉受访人语言怎么表达，但是切记一定要与受访人的意思相吻合，绝对不能是记者的意思通过别人的嘴巴表达出来。语言上的引导主要针对的对象有：语言表达不准确者，回答问题"废话"太多者，表达过于简练者，由于紧张不能流畅回答问题者，不能切中问题要害回答起来"假大空"者，使用特殊语言（如外语、少数民族语言、哑语等）者。

三是行为上的引导。这里主要是出于电视拍摄的需要考虑。电视较之电台和报纸的最大区别在于，电视是一门行为艺术，是需要通过一幅幅的画面表达情感、体现主题的媒介。电视之所以如此吸引人们的眼球，最大的原因首先是电视有着丰富多彩的画面。但是,这些画面是要通过拍摄进镜头才能够剪辑加工最后搬上荧屏的,所以无论是正常的拍摄还是隐性采访,都需要对所拍摄对象进行必要的行为引导。这种行为引导通常被称为"导演",但这种导演必须基于事实,与被采访对象意思表达相一致才行。

需要指出的是,诱导采访大量表现为记者的引导,也就是对被采访对象思维、语言、行为上的诸多引导。当然,我们同样特别指出的是,诱导采访中的引导,必须是出于挖出事物本来面貌的目的,也就是还原事实本身。诱导绝不是设置陷阱,让被采访者往里面跳,从而使被采访者蒙上不应有的污点,更不是歪曲事物的真相,以假乱真,颠倒黑白。

2. 诱导与诱捕

所谓"诱捕",又称"钓鱼",是指公安机关通过设置陷阱,有意诱使侦查对象出现,并实施抓捕的行为。司法部门对究竟是否可以实施"诱捕"一直存在着争议。2005年11月30日,南京市人民检察院召开在宁记者新闻发布会,公开宣称在假文凭假证件犯罪案件中,通过"诱捕"的方式抓获侦查对象的行为,是一种合法的行为。这就将"诱捕"到底合不合法、怎样实施"诱捕"才算合法的问题公开化、社会化了。此举在南京地区尤其是司法界引起了不小的震动。

其实,早在2004年8月,南京市公检法三家联合会签了一份《关于假文凭、假证件类犯罪案件如何认定的几点意见》,规定对无诉讼意义上被害人的假文凭、假证件类违法犯罪案件可使用"诱捕"侦查手段,但必须是有证据证明侦查对象有明显犯意,严禁用高额利益引诱犯意。深圳、西安等城市也来南京就"诱捕"取经,并经当地政法委确认后加以应用。

对诱捕合法性的认定还可以继续前移。2000年4月6号,最高人民法院召集发布《全国法院审理毒品犯罪案件工作座谈会纪要》,指出:运用特情侦破案件是有效打击毒品犯罪的手段。但是对"犯意引诱"和"数量引诱"导致的毒品犯罪,都应当从轻处罚,一般不应判处死刑立即执行。这说明,为打击毒品犯罪而实施"诱捕"的方式是可以的,但在量刑上必须予以充分的考虑。

我们说,诱导采访是记者履行采访职能时的一种采访方式;诱捕是公安人员履行司法职能的一种抓捕方法。尽管两者实施的主体不一样,两者实施的方式也不尽相同,但是,两者在"导引、引诱"上面具有天然的统一性,也就是在引导对方向着自己希望的方向前行上面,两者的思维和行为模式是一致的。两者的相同点还在于,诱捕是一种执法者的执法过程,诱导采访则是记者依法履行采访权、舆论监督权的一种必不可少的采访方法。

但是必须指出,承认"诱捕"的合法性具有很强的司法意义,说明我们司法理念的一种进步;另一方面,"诱捕"必须在法律规定的范围之内进行,而不能不加限制地使用。同样,诱导采访也不能任意使用,不能扩大使用,不能越权使用。本节"诱导采访的常见情形"和"诱导采访的限制和禁止"将分别指出诱导采访的适用范围和法律禁止范围。

3. 诱导与暗访

谈诱导采访,必然涉及隐性采访(即暗访)。目前已经有不少文章对暗访的含义、范畴等做过论述,但对诱导采访与暗访的关系还未见说明。

由于过去人们习惯于将诱导简单地等同于设置陷阱,说"你在诱导他"往往就是指将本来好好的一个他拉下水、使其上当受骗、使其违法犯罪。其实根据本节开头对《辞海》解释的一段引用以及一些相关分析,我们可以看出,诱导本身并不是什么贬义,而是一种中性概念,也就是说,诱导中既含有引导的"正面"含义,又含有劝诱、引诱的"负面"含义。

就诱导的引导"正面"含义来讲,诱导采访就是将受访人引导到记者的思路上来,并顺利完成记者的采访任务,这时的引导只要"正面"进行就行,不需要"侧面",更不需要"背面"进行,不需要拐弯抹角,不需要曲线救国。

就诱导的劝诱"负面"含义来讲,诱导采访需要通过确当的方式进行,这种方式就是暗访的方式。在冯健等主编的《中国新闻实用大词典》中,"隐性采访"的定义是这样的:"不公开记者身份,或公开记者身份但不道出真实采访意图的采访。"不公开记者的身份或者不公开自己的采访意图,又要能够采访到被采访者,从被采访者嘴里得到采访者想要的东西,就必须采用暗访的方式,也就是说,这本身只有通过暗访才能实现。而在这个实现的过程中,"劝诱"对方使其跟随采访者的思路行进,是唯一可选的方法。事实上,隐瞒自己的身份,隐瞒真实的采访意图,而让对方说出自己想要的内容,本身就是一种劝诱。在这里,暗访是一种实现访问的方式,是就大的采访方式而言;诱导是一种语言交流的方式,是就小一点的面对面说话方式而论。

这时,暗访和诱导一样,是在受访对象毫无戒备的状态下进行的,因此它所获取的新闻内容往往能突破采访环境的封闭性和事实本身的隐蔽性,将真实的"原生态"展示给受众,从而更加接近真实的客观事实。

记者在隐性采访中以乔装改扮的身份出现时,他在暗访对象面前所展示的是另一种社会角色,如果记者不采取与此种角色相应的行为模式,就很难得到暗访对象的信任,采访的目的也难以实现,在这种情况下,"诱导"行为便很难避免。[1]

因此,就诱导的第二层面——劝诱"负面"来看,诱导采访必然、必须借助暗访进行,而此时的暗访说到底也就是诱导采访。

三、诱导采访的常见情形

在我们对诱导采访的相关概念进行了分析比较之后,我们最希望了解也必须要知道的就是:诱导采访到底适用于什么样的情形?或者说,诱导采访一般可以在什么情况下使用?

诱导采访的情形现在散见于各种报刊、电台和电视的栏目和节目之中,更多地表现在记者调查型、揭秘型的报道当中。综合诱导采访的各种情形,可作如下分类:

一是参与式。

所谓参与式报道,是指传媒根据报道需要,派员以特殊的社会角色或公开体验,或

---

[1] 李培林、汤天明:《隐性采访与策略新闻》,《传媒观察》2004年第11期。

隐蔽暗访,或参与报道的活动之中,对需要报道的对象或过程,采取接触、参与等方式进行深刻的体验、感悟或组织,遵循事物发展和新闻报道的普遍规律,以独特的社会身份予以反映的报道方式。[①]

一位身患癌症的29岁山区女音乐教师艾建萍在病床上一直离不开音乐,她非常想见一见她朝思暮想的学生和最喜爱的刘欢、韦唯、殷秀梅、孙悦等几名歌星。《北京晨报》的记者萌发了为艾老师圆梦的想法,并将艾老师和记者的想法告知了医院和这几名歌手,最后,这场只有一个听众的音乐会如期举行。韦唯、殷秀梅、孙悦带着鲜花和歌声如约而来,北京电视台、北京人民广播电台、北京文艺台的记者也闻讯而来。

还有一个发生在东北的故事。一名双目失明的孩子想到北京天安门看升旗仪式,于是,记者、家长以及所有关心这名孩子的人都忙碌起来,有的当司机,有的当解说员,有的当观众,几千人制造了一场"天安门升旗仪式",升旗的地点其实是在孩子医院的附近,只是一切的过程都"表演"得相当逼真。在这一场由记者一手策划、参与、导演的仪式中,记者有力地介入了新闻事件的整个过程,是记者全程诱导的过程。

上述对病床上艾老师和双目失明的孩子的报道,就是两个十分典型的参与式的诱导报道例子。就这两个事件本身,恐怕不会有人说是记者干预事件发展过程、制造新闻,甚至还可能对记者的举动大加赞赏,因为如果没有记者的参与,事件就未必会这样发生,也未必就有这么良好的社会效果,其他人的爱心就很难有这么恰如其分的表达。

但是,在参与式报道中,我们必须要予以重视的是,记者的参与不能"过度"。这里所要把握的"度",我们的理解是这样的:第一,记者的参与必须符合事物运行的规律,是在事物发生发展正常轨道上的一种具体化、形象化、完善化;第二,记者的参与必须征得其中重要当事人的同意,或者和其中的当事人共同进行;第三,记者的参与必须是正义的和善意的。

二是体验式。

体验式,就是记者自己亲临一线、亲自上阵,通过自己的所知、所干、所感,发觉不同的生活方式,体味不同的人生感悟,或者表现一种生活现象、现实状况。

体验式报道可以分为两种情况。一种是记者充当其他行业的人员工作,站在其他行业人员的岗位上,身体力行,感受别人的工作状态、生活状态。比如,《人民日报》开辟的"体验三百六十行"专栏、《大河报》推出的"记者打工"等都属于体验式报道。这类报道中记者扮成某一角色,用自己体会相对敏锐、文笔较好的优势,把被体会者的酸、甜、苦、辣等写出来、拍出来,让这一行业、这一类人为他人所了解。记者对特殊行业、特殊人物的感受,事实上是记者作为社会活动家所作的各种体验和尝试。

体验式报道的另一种情况是针对读者或观众的反映,尤其是针对反映中与百姓生活密切相关的问题,记者实际前往事发现场进行体验报道。比如,对于交通状况拥堵的问题,记者可以实际乘车,考验一下路堵究竟达到何种程度;对于有开发商声称自己的楼盘距某某闹市区只有几分钟的路程,记者也可以从这个楼盘开始,驾车或乘车,看看

---

① 赵振宇:《论参与式报道的主观意识》,《城市党报研究》2003年第1期。

究竟需要多长时间。从现有的报道情况来看,这一类型的体验式报道大多跟交通和时间有关系。

体验式报道的最大特点是,记者是主体,是主角,是事件的当事方,记者以其敏锐的触觉感受着世界,是一种真实感受、真情感受。

三是考查式。

这里所说的考查式,是指记者针对社会上的应急处理机制以及存在的各种承诺,以事件当事人的身份出现,实际检验这种承诺究竟是真是假,究竟完成得怎样。

1998年8月25日,《羊城晚报》头版刊出《本报记者在上海街头报警》的新闻。该文叙述的是该报的一名记者冒充遭抢劫的外地游客,向上海"110"报警。报案后仅2分钟零10秒,便先后有4辆警车呼啸而至。这是记者有意测试上海警方的快速反应能力究竟处于什么样的状态,并且是在得到有关部门的特许后才进行的。

无独有偶。在有关部门的配合下,山西阳泉的几家媒体汇集一地,同时拨打几家医院的急救中心电话,声称某处有危重病人需急救,请派救护车。不明真相的几家医院的救护车先后赶到。这也是通过测试来考察医院急救的反应能力的。

事实上,社会应急处理机制包括了110、119、120、122以及重大食品安全、重大暴力事件、重大疾病控制等社会快速反应和处理的机制。这些应急机制既关系到老百姓的切身利益,也关系到社会的安全和稳定,所以媒体特别关注这样的应急机制到底反应如何、处理效果如何。因此,在适当的时候,利用适当的方式,对这些机制进行必要的检验,应该是可行的,也是老百姓十分关心的。

对社会应急机制的考查,应当注意两点:一是通常要征得必要的许可,要与有关部门进行必要的合作(这里的"有关部门"通常是被考察对象的上级主管部门)。二是不能经常进行,经常进行将会干扰应急机制的正常功能。

由于社会应急处理机制所涉及的相关部门通常有多少时间到达的承诺,所以对社会应急机制的考查其实就是对这些部门承诺的考查。就承诺而言,不但社会应急机制有承诺,很多商家、社会机构也有不少承诺。那么这些对社会公开作出的承诺履行的情况究竟如何,记者以接受承诺的一方的身份出面,就可以反映出真实的状态,同时可以将那些以各种承诺为名欺骗消费者的行为进行曝光,可以借这样的诱导采访实现舆论的监督。这样一种对诚信社会的拷问,是广大人民群众欢迎的一项新闻采访工作。

四是揭露式。

2000年,《扬子晚报》对江苏盐城、宜兴等地野生动物捕猎者的一次大型暗访行动——猎鹰行动。文中这样写道:"我在旅馆用餐时,故意向老板娘吹风:'我们……每天能销出上百只野生动物,这次来主要是想带些野生动物回去……'";见到捕猎头目时,记者又"编了一大套谎话才稳住了他"。正是记者这一系列对暗访对象的诱导使得记者取得了捕猎者的信任,使得一桩野生动物交易逐步走向现实。在这一案例中,记者的目的在于促使捕猎者出现并"现形",我们可以想象,倘若没有记者先前的"故意吹风""编谎话",捕猎者将很难迅速产生对记者的信任。正是记者以当事人身份所采取的一系列行为改变了这一事件本来的发展方向,使得策划新闻得以实现。①

2002年7月4日,中央电视台《焦点访谈》的记者接到了群众的举报,声称山东潍坊存在高考作弊和助考公司。记者在采访过程中,发现并偷拍下了一对母女与助考公司负责人程鹏的联系,以及母女二人此后购买手机的全过程。7月7日8点30分高考开始,记者继续拍下这个熟悉的身影拿着准考证进入考场,坐到自己的位置上。为了弄清这名考生怎样和助考公司接触,记者和监考人员按兵不动,让这名考生开始考试。一场试考完,监考老师果真从这名考生的身上查到了一个手机和收到了助考公司发来的消息。此后,当地公安机关对助考公司的有关涉案人发出了通缉令。此案例在7月9日的《焦点访谈》中播出,激起强烈反响。尽管当时人们对记者采用诱导采访的方法不尽赞同,但现在看起来这样的节目确实起到了激浊扬清的作用,对于净化高考很有裨益。

打开现在的电视,翻开如今的报纸,尤其是南方的报刊、南京的媒体,我们可以看到大量揭露性质的报道,这些报道大多采用了隐性采访和诱导采访的方式。

比如,揭露假文凭假证件中,记者谎称自己要购买一份某某大学的文凭,让文凭贩子去制作,并约定交付的时间和地点;

曝光假发票案件中,记者前往一家饭店吃饭(已经预先知道这家饭店有假发票),饭后自然索要发票,并要求盖上该饭店的章,然后拿到税务部门鉴定真假;

为揭开装饰材料市场上存在的给采购人员回扣的"秘密",记者佯装采购木材,与卖方讨价还价,套出回扣比例;

为揭秘医院药价之高,记者装作病人到医院一探究竟,装作医药代表与医生接洽;

等等。

对上述这些例子,记者在采访过程中,往往不得不采用诱导的方式,否则几乎没有采访成功的可能。而这些现象又是老百姓和政府都痛恨的事情,记者的诱导采访不但不会遭到社会的质疑,相反会赢得全社会的支持和赞许。

从实践中看,揭露式报道可以说与诱导采访有不解之缘。因为揭露就是将生活中那些丑恶的、肮脏的、见不得人的东西揭发出来,大白于天下,公之于众,这样的东西怎么可能要求记者公开自己的身份去采访呢?怎么可能要求记者首先向对方说明"我是来曝光的",然后让对方接受采访呢?更何况,记者的人身安全还因为身份或采访意图的暴露而受到威胁,这种威胁甚至是致命性的。与此同时,前往采访的记者又要将真实的情况掌握到手,甚至要追根求源、完整展现,这就必然要求记者通过诱导的方式,首先解除对方的思想防线,然后按部就班地逐渐揭示事实真相。

"阳光是最好的防腐剂",记者只有用他的如椽之笔,将这些丑陋现象彻底地暴露在光天化日之下,以引起全社会尤其是相关部门的重视,最大限度地发挥舆论监督的作用,才算是完成了历史职责,符合职业道德的一部分,同时也是党和人民所欢迎的。

---

① 李培林、汤天明:《隐性采访与策划新闻》,《传媒观察》2004年第11期。

能够进行揭露式报道的记者一般是政治素质、业务素质都过硬的记者,能够长期从事这种类型报道的记者应该说是记者中的佼佼者。我们为这样的记者喝彩!

四、诱导采访的限制和禁止

在了解了哪些情况可以使用诱导采访之后,还有必要进一步探讨哪些情况是不适用诱导采访的,或者说在什么情况下使用诱导将会出现道德和法律上的冲突。应该说,在社会越来越走向法制化的今天,记者的采访同样必须接受法律的限制,而不能"以邪治邪",以"正义之恶"对待"非正义之恶"。

第一,诱导采访不能陷于"媚俗"。

两名记者带着针孔式摄像机前去暗房一家从事色情活动的洗头房,在包厢内,"嫖客"与三陪女展开对话,"你们有哪些服务""包夜多少钱"之类的对白毫无保留地被呈现于观众面前,而当三陪女手指着记者藏有暗访设备的皮包问"你的包为什么总是对着我"时,记者笑答"你漂亮嘛";就是这些赤裸裸的画面与对话,经过主持人煽情的渲染,带上了更多神秘、刺激的色彩;更有甚者,把未成年卖淫女拉客、三陪女勾引记者等"刺激"性镜头全部播出,新闻媚俗的本质暴露无遗。

某电视台播出的一档法制题材的节目也犯了媚俗的错误。

第二,诱导采访在拷问人们的道德状态的时候应当慎重。

不同的情形下,一个人往往处于不同的道德状态,有时消极有时积极。在同一种情形下,不同人的道德表现也是各不相同的。有电视机构制作播出了这样的节目:闹市区有人忽然生病,躺在路上,此时再看众人的不同反应,有人忙着打求救电话,有人忙着送医院,有人熟视无睹,有人在看热闹。节目播到最后,才告诉观众这是一场测试,病人是假装的。还有同样的例子,有假装有人跳水自杀,看在场人的表现的;有把一堆垃圾丢在路上,看各人处理态度的;有将一支仿制手枪用纸包好,有意落在别人跟前,观察别人打开纸包后的惊讶神态的。

如果说,上述这些主要看人们道德状态或者属于搞笑片的"考查",观众似乎还能接受的话,那么,有些考查人们"道德底线"的节目就要慎之又慎了。比如,向马路上扔钱,然后记者躲在树后,拿起摄像机,将行人对待钱的种种状态实录下来。因为在这样的案例中,很多人会经不住"钱"的诱惑,而将钱拿走;别人将钱拿走,也未必就一定装进自己的腰包,比如送交有关部门。但是如果记者简单地将别人拿钱的镜头不分青红皂白地播放出来,就将直接导致对人名誉的侵犯。

第三,记者的诱导不能"过分"。

记者的介入一旦过度了、过分了,就有可能是记者在左右整个事件的发生、发展方向,就有可能是记者在操纵,要么是记者在制造根本就不会发生的"新闻",要么就陷入了"陷阱取证"的模式中。

例如,记者假扮购买者进行毒品交易,这就属于过度介入。我国法律规定,毒品交易达到50克就可以判处死刑。那么,如果假扮毒品购买者的记者实施了购买行为,能否给其定罪？难道因为是记者暗访就可以网开一面而置法律于不顾吗？或者因为记者诱导别人购买或者贩卖了毒品，就置对方于死地吗？这显然属于应当反对和杜绝的"陷阱取证"法。

2001年，央视两名记者在西安假扮成文物贩子与盗墓贼接触后，亲历盗墓的全过程并购买挖出的文物。第二天，记者报案，盗墓贼被抓。暗访节目《亲历盗墓》播出后，有关专家指出那两名记者的行为涉嫌触犯我国《刑法》第328条"盗掘古文化遗址、古墓葬罪"和第326条规定的"倒卖文物罪"，两名记者虽然出于暴露盗墓真相的目的，也冒着生命的危险，完全不顾个人的安危，但最终却陷入了"是否违法"的尴尬境地。我们对记者这样的敬业精神表示钦佩，但记者这样的做法不值得提倡，这样的节目最好也不要播出。

第四，诱导采访的法律禁止。

1995年最高人民法院在《关于未经对方当事人同意私自录制其谈话取得的资料不能作为证据使用的批复》规定：未经对方同意私自录制的谈话录音资料，不具有合法性，不能作为证据使用。但2002年4月1日实行的《最高人民法院关于民事诉讼证据的若干规定》中规定：在民事诉讼中，有其他证据佐证并以合法手段取得的、无疑点的视听资料或者与视听资料核对无误的复印件，对方当事人提出异议但没有足以反驳的相反证据，人民法院应当确认其证明力。它同时还规定：以侵害他人合法权益或违反法律禁止性规定的方法取得的证据，不能作为认定案件事实的依据。这一新的司法解释是对原来证据的规定的一个飞跃性突破，它在一定程度上使暗拍暗录的取证方式有条件地合法化。这一新的司法解释当然也适用于新闻界的诱导采访。

虽然法律和司法解释对记者采访获取的视听材料作了肯定性的规定，但是，这并不意味着所有诱导采访的素材均是合法有效的。按照法律规定：公安机关检察院立案后行使刑事侦查等具有专属性，其他任何机关、团体和个人均无权行使该权利。严格意义上来说，只有司法部门才有这方面的权利，但是我们的媒体在隐性采访中却屡屡越权，代替行政、法律行事。

同样，根据《反不正当竞争法》，在隐性采访中，记者依法选择以一般民事主体的身份介入事件比较适宜，如扮演消费者、公司雇员。与这一概念相对应的是国家机关工作人员身份（立法、司法、军队工作人员）。也就是说，从事采访的记者一旦在采访中实际扮演了国家机关工作人员的身份，那么就能算是越权了。① 我国《民事诉讼法》规定："涉及商业秘密的案件，当事人申请不公开审理的，可以不公开审理。"新闻媒体也不应采访报道。

此外，人民法院依法独立行使审判权，任何机构、团体和个人不得干涉，对法庭一般不得以暗访的方式干预和影响司法审判（除非是出于揭露司法腐败的情形）。

对法律的明确规定，记者要自觉遵守，记者没有"法外特权"。媒体的"第四权利"不能破坏法律规则。因为，诱导采访不仅仅涉及伦理层面的问题，而且很可能上升到法律的层面。

---

① 齐铁偕：《浅析隐性采访的滥用倾向》，《新闻记者》2006年第2期。

五、诱导采访冲突的解决

看来,诱导采访和道德、法律存在着一定的冲突。那么,解决这些冲突的方法又在哪里呢?我们认为:

第一,法律明确禁止的部分严禁记者触及。

第二,诱导采访和暗访应当控制在一定的范围之内。非重大新闻事件、非与公众利益密切相关、非经领导批准、非公开场合发生、非监督公务行为,一般不允许用暗访的手段。①

第三,记者要善于实现角色的转变。角色冲突是在社会角色的扮演中,在角色之间或角色内部发生了矛盾、对立和抵触,妨碍了角色扮演的顺利进行。角色间的冲突往往是由角色利益上的对立、角色期望的差别以及人们没有按角色规范行事等原因引起的。② 诱导采访中,记者往往要扮演不同的角色,甚至可能要随机应变,记者的转变要快,对不同角色的体味要"深"、感觉要"神"、把握要"慎"。防止在采访中出现不必要的麻烦。

第四,诱导采访中的主动与被动是一个至关重要的分水岭,记者尽量不要主动。有的记者采访卖假发票的情况,主动问"有假发票吗?"暗访"三陪"现象,一进娱乐场所就问,"有小姐吗?"这属于典型的记者主动。如果通过记者的巧妙周旋,让对方发问:"需要假发票吗?""需要小姐吗?"则属于对方主动,记者被动。记者被动的情况下,就不会有诱导违法犯罪行为之嫌,可以避免道德和法律上的困境。

第五,记者实施揭露式采访,最好能够联合相关职能部门,取得职能部门的配合,这样往往事半功倍、相得益彰,还可以对一些丑恶现象和非法行为及时打击、及时处理,同时也可以防止发生人身伤害和其他意外。

第六,诱导采访完成之后,在图片和画面上可以根据具体情况进行必要的处理。如对"线人"、知情人、缉毒民警、未成年人、隐私双方以及其他特殊身份的人员,将他们的图像进行虚化、遮挡或打上马赛克等,对声音也可以进行变调的处理。这样处理的目的是遵守法律规定,尊重当事人的意愿,起到良好的社会效果。

总之,媒体报道的初衷和目的是反映客观事实,而诱导采访是反映客观事实的有效手段,有时甚至是唯一的手段。诱导采访通常在无法或不能公开采访,或者在正常采访无法实现预期目标的特定情况下,才不得已而为之。新闻工作者应当在用尽一切合理的、毫无争议的手段之后,才可考虑是否用相对来说值得研究的手段采制新闻。

---

① 王军:《记者不能冒充"有犯罪嫌疑的人"》,《电视研究》2002 年第 2 期。
② 秦志华:《组织行为形成与发展》,东北财经大学出版社 2013 年版,第 176 页。

第五节　怎样保持新闻的真实性

都说真实是新闻的生命，但各种不真实的"新闻"时常跳跃于我们的眼前。如何才能保持新闻的真实性，这不是一个小命题，更不是三言两语就能说清楚的。要保持新闻真实性，一定要具备"四心"，即用心、耐心、细心、热心。

一、记者深入现场，要用心，以去伪存真

新闻必须真实。而新闻的真实首先来自记者直接前往一线采访。记者从事的工作就是采制和发布新闻，其实所谓"记者"，在其本义上就是"记录的人"，如果人都不到现场，如何"记录"呢？又"记录"什么呢？所以记者深入现场采访是获取真实新闻的第一步，也是最关键、最重要的一步。

记者到达现场之后，又必须用心去采访、用心去记录，不能停留在记录表层，浮躁的采访只能产生"表面文章"。为了获取真实的新闻，记者还必须具备辨别是非的能力，具备打破砂锅问到底的能力，具备掌握采访主动权的能力。

二、对于网络新闻，有耐心，以存疑求真

随着网络的快速发展，网络新闻日益受到受众的喜爱和媒体人的重视，对于传统的媒体来讲，大家纷纷引用网上的新闻、评述、观点，这种现象在全媒体时代日益普遍和流行。但是，作为把关人的媒体从业人员切不可忘记自己肩负的神圣职责，不可忘记自己的筛选职能、校对职能和审核职能，不能不加判断地任意拿来使用。对网络新闻的正确态度应当是，可以用，但一定要耐心细致地求证求真。

2010年12月6日，《中国新闻周刊》官方微博登载了这样一条消息："金庸，1924年3月22日出生，因中脑炎合并胼胝体积水于2010年12月6日19点07分，在香港尖沙咀圣玛利亚医院去世。"这条新闻听起来很真实，有去世的具体医院，还有去世的准确到"分"的具体时间。但事实上，金庸2018年才去世，而整个香港根本就没有一个名称叫作"圣玛利亚"的医院，名称近似的"圣玛丽"医院也不在尖沙咀，而在湾仔。事后不久，该刊副总编辑、新媒体总编辑刘新宇在新浪微博上承认"编辑未作任何核实草率转发"，随后刘总不得不辞去《中国新闻周刊》副总编辑、新媒体总编辑的职务。

这一案例提示我们，网上的很多东西并不都是真实的。现在是"人人是记者"的年代，任何人注册之后都可以在网上发布消息——这些消息可能是真实的，也可能是子虚乌有的，还可能是人为制造的甚至是恶意炮制的，对于这样的消息，一定要多长一个心眼，正式发布或引用的时候一定要慎之又慎，同时做好核实工作。此外，对于网络上的

一些观点尤其是带有情绪的偏激观点,也要注意仔细分辨,不能随意引用和发布,因为媒体有一种"蝴蝶效应"或者叫"放大效应",一家接一家的媒体发布之后,新闻事实或者观点会被逐渐放大甚至无限放大,这是媒体人特别需要注意的地方。正确的观点遭到放大没什么问题,如果是偏激的、错误的、反动的观点,媒体人就不能让其有生存的土壤。这是媒体的政治使命使然。

三、对非记者来稿,要细心,以防假保真

无论是报纸,还是广播、电视,抑或是作为新媒体的网络,各种媒体在运行的过程中,大多使用通讯员的稿件,在有些媒体中,通讯员的稿件甚至成为不可忽略、忽视、或缺的一部分。正因为如此,通讯员的稿件活跃于大报小报、电台电视台、网络平台上。事实上通讯员们也为新闻事业作出了独特的、必要的和可观的贡献。但是,另一方面,我们又不能不看到,很多不真实的稿件或者不完全真实的稿件,往往来源于通讯员。

随着媒体竞争越来越激烈,也随着媒体市场化倾向的日益严重,各媒体除了使用本媒体的记者(所谓"正规记者""在编记者""注册记者""合同记者")以外,还在越来越多地使用非本媒体的人员作为采编人员的一种重要补充。对于这些临时人员的稿件,媒体往往缺乏细心的审核,再加上对收视率、发行量等的片面追求,导致一些稿件的不真实。

一个突出的例子是北京电视台的纸包子事件。2007 年 7 月 8 日晚 7 时,北京电视台生活频道(BTV-7)《透明度》播出"纸做的包子",就是该栏目临时人员訾某一手导演的闹剧。此人 2006 年来到《透明度》,是个 30 岁左右的编导。由于其经常有一些很火爆的题材编发,訾某一度成为该栏目的主力编导之一。于是单位上上下下都放松了对訾某采制节目的限制,甚至经常褒扬有加,加上訾某就是依靠"稿费"生活,这就逐渐使訾某放松了自己的职业道德约束,最终走向了策划炮制假新闻的歧途,自己也被法院以损害商品声誉罪判处有期徒刑 1 年。

四、筑牢思想防线,要热心,以杜绝失真

以上还只是一些技术性的杜绝假新闻的举措,这些举措远不能囊括杜绝假新闻的一切方式方法,而且随着形势的发展,假新闻的产生方式和表现方式也层出不穷,所以要根本铲除产生假新闻的土壤,关键是要从思想上筑牢防线,保持新闻的纯洁不让其"失身",保持新闻的真实不让其"失真"。

那么,如何让每一位新闻从业者的思想深处筑起防假务实的堤坝呢?重要的一条就是要在新闻战线广泛深入地开展"三个代表"重要思想和科学发展观、马克思主义新闻观、职业精神职业道德学习教育活动,即上至中央三教办,下至各区县各媒体的三教办所推行的三项学习教育活动,用马克思主义的新闻观、价值观、人生观来衡量每一个

新闻事件,把对新闻真实性的追求当作自己毕生的事业,尽职尽责地把好新闻的每一个关口,让清冽的新闻甘泉滋养我们的读者、听众、观众。

  同时,我们要意识到,三项教育不是口号,而要有落实的举措;不是说教,而要有自觉的行动;不是教条,而要有生动的创新。尤其是,每一个新闻人都要练就起码的职业敏感,用"新闻眼"来考察一条新闻的可靠性,用"新闻鼻"来嗅出假新闻的味道。比如,被评为"2010年十大假新闻"的《我国70%举报人遭打击报复》《西安已被确定为国家第五个直辖市》《喀什房价两个月就翻番》《一女生在世博排队时遭强奸怀孕》等,这些新闻,只要稍加分析就可以看出其漏洞百出,怎么能让其从我们新闻人的眼皮底下滑溜过去而登上报纸电视呢?在这里,我们要运用辩证唯物主义的世界观和方法论,运用常规思维和发散性思维,运用我们生活中积累的基本知识,尽自己的最大努力和可能,去粗取精,去伪存真。

第三章 稿件撰写

第一节 消息的写作

消息是新闻报道的主要体裁之一,是一种利用最简要的文字和最快的传播手段让公众了解新近发生事实的新闻文体。

尽管消息在新闻体裁中是字数最少的,却"字字珍贵"。相较于新闻评论和专题报道,消息是简明扼要地反映新闻事实,而不是娓娓道来。它体现了新闻真实客观的特点。例如下面一则新闻消息:

4月29日广州新增境外输入确诊病例2例

广州日报讯(全媒体记者伍仞 通讯员穗卫健宣)广州市卫健委昨天通报,4月29日时至24时,广州市新增境外输入确诊病例2例。

截至2021年4月29日24时,累计报告境外输入确诊病例756例、境外输入关联病例28例。累计出院747例,尚在院治疗37例。

截至2021年4月29日24时,累计报告境内确诊病例349例。累计出院348例,累计死亡1例。

2021年4月29日0时至24时,新增境外输入无症状感染者7例。

这里的消息告诉了公众广州市新冠肺炎疫情确诊病例的数据信息,概括了公众最关心的问题,包括:2021年4月29日当天广州市增加了多少确诊病例?截至4月29日广州市累计多少确诊病例?是境内确诊还是境外输入?多少病例已经出院?多少病例死亡?这则新闻消息以列数据的方式准确地、简明扼要地向公众公布信息。

一、消息的类型

(一)事件性消息

事件性消息即记者围绕某一事件展开报道,它包含明确的行为主体、事件发生时间和地点,能够完整地展现一个事件的发生、变化和结局。事件性消息的特点在于内容更加单一、文字更加简洁，集中关注事物的最新变动。

例如，新华社在2021年7月31日发布一则事件性消息：

秘鲁北部发生6.1级地震 多地震感强烈

新华社利马7月30日电（记者郝云甫）秘鲁北部30日发生6.1级地震，多地震感强烈。目前暂无人员伤亡和财产损失的报告。

据秘鲁地球物理研究所消息，地震发生于当地时间30日12时10分（北京时间31日1时10分），震中位于秘鲁北部皮乌拉省苏亚纳地区，震源深度为36公里。

据报道，秘鲁北部地区震感强烈，部分建筑物出现瓦片和墙皮脱落，不少居民跑出居所。秘鲁邻国厄瓜多尔也有震感。秘鲁海军水文与航海局已排除地震引发海啸的可能。

另据美国地质调查局地震信息网消息，此次地震发生在格林尼治时间30日17时10分，震中位于秘鲁苏亚纳以东8公里处（南纬4.917度、西经80.611度），震源深度为33.2公里。

秘鲁位于环太平洋地震带上，是地震多发国家。2007年8月15日，秘鲁伊卡省发生7.5级地震，造成约600人死亡、1200多人受伤。

可以看到，这篇消息的主体是秘鲁北部，事件发生时间在2021年7月30日12时10分（北京时间31日1时10分），地点位于秘鲁北部皮乌拉省苏亚纳地区。事件性消息讲究内容的时效性。它报道的"事"，是环境变化的一部分，所以，它具有广泛的读者群。事件越大，例如战争、地震、洪水等等，读者面越广，关心程度越高，媒体越应着力报道。

由此可见，事件性消息在写作时有以下几点需要注意：

首先，事件性消息要具有完整的新闻要素。新闻要素主要包括何人（Who）、何事（What）、何时（When）、何地（Where）、何因（Why）、何果（How），西方简称为"5W1H"。只有把新闻要素交代清楚，媒体才能发挥好社会环境监测作用，读者才能正确地把握好信息，并做出应对环境变化的社会行动。

其次，事件性消息的事实依据要准确无误。真实是新闻的生命，没有依据的信息内容难以让读者信服，公众甚至还会对媒体的公信力产生信任危机。即便是有准确线索的消息也需要经过媒体记者对事件当事人的多番求证才能确立依据。

再次，事件性消息的事件过程要交代完整。事件的发生、经过和结果都是读者关心的内容，媒体需要从客观的角度跟踪记录事件，不能断章取义、张冠李戴。同时，适时地加入事件的背景材料，方便读者做出清晰的、正确的判断。

（二）非事件性消息

非事件性消息是记者围绕社会问题、社会现象做出的整体的、宏观的报道。它包含各种不同的类型。以传递实用性信息、传授实用方法为主的服务性消息,预测未来事件的预测性消息,综合反映某些新的社会现象、社会问题的综合性消息,以介绍经验为主的经验性消息,以及人物消息等都属于非事件性消息。与事件性消息不同的是,非事件性消息没有明显的行为主体、发生时间点和地点,可以不呈现完整的事件变化。例如下面这篇消息:

中共中央政治局召开会议
分析研究当前经济形势和经济工作
中共中央总书记习近平主持会议

新华社北京2021年7月30日电 中共中央政治局7月30日召开会议,分析研究当前经济形势,部署下半年经济工作。中共中央总书记习近平主持会议。

会议认为,今年以来,在以习近平同志为核心的党中央坚强领导下,我们统筹国内国际两个大局、统筹疫情防控和经济社会发展,有效实施宏观政策,经济持续稳定恢复、稳中向好,科技自立自强积极推进,改革开放力度加大,民生得到有效保障,高质量发展取得新成效,社会大局保持稳定。成功举办庆祝中国共产党成立100周年系列活动,正式宣布全面建成小康社会,踏上向第二个百年奋斗目标进军的新征程。

会议指出,当前全球疫情仍在持续演变,外部环境更趋复杂严峻,国内经济恢复仍然不稳固、不均衡。做好下半年经济工作,要坚持稳中求进工作总基调,完整、准确、全面贯彻新发展理念,深化供给侧结构性改革,加快构建新发展格局,推动高质量发展。要做好宏观政策跨周期调节,保持宏观政策连续性、稳定性、可持续性,统筹做好今明两年宏观政策衔接,保持经济运行在合理区间。积极的财政政策要提升政策效能,兜牢基层"三保"底线,合理把握预算内投资和地方政府债券发行进度,推动今年底明年初形成实物工作量。稳健的货币政策要保持流动性合理充裕,助力中小企业和困难行业持续恢复。要增强宏观政策自主性,保持人民币汇率在合理均衡水平上基本稳定。做好大宗商品保供稳价工作。

会议要求,要挖掘国内市场潜力,支持新能源汽车加快发展,加快贯通县乡村电子商务体系和快递物流配送体系,加快推进"十四五"规划重大工程项目建设,引导企业加大技术改造投资。要强化科技创新和产业链供应链韧性,加强基础研究,推动应用研究,开展补链强链专项行动,加快解决"卡脖子"难题,发展专精特新中小企业。要加大改革攻坚力度,进一步激发市场主体活力。坚持高水平开放,坚定不移推进共建"一带一路"高质量发展。要统筹有序做好碳达峰、碳中和工作,尽快出台2030年前碳达峰行动方案,坚持全国一盘棋,纠正运动式"减碳",先立后破,坚决遏制"两高"项目盲目发展。做好电力迎峰度夏保障工作。要防范化解重点领域风险,落实地方党政主要领导负责的财政金融风险处置机制,完善企业境外上市监管制度。要坚持房子是用来住的、不是用来炒的定位,稳地价、稳房价、稳预期,促进房地产市场平稳健康发展。加快发展租赁住房,落实用地、税收等支持政策。

会议强调,要做好民生保障和安全生产,坚持巩固拓展脱贫攻坚成果与乡村振兴有效衔接,强化高校毕业生就业服务,畅通农民工外出就业渠道,改进对灵活就业人员的劳动者权益保障。推进基本养老保险全国统筹,落实"三孩"生育政策,完善生育、养育、教育等政策配套。抓好秋粮生产,确保口粮安全,稳定生猪生产。要绷紧安全生产和公共安全这根弦,抓细抓实各项防汛救灾措施,确保人民群众生命财产安全。要毫不松懈做好新冠肺炎疫情防控,持续推进疫苗接种工作。做好北京冬奥会、冬残奥会筹办工作。

会议还研究了其他事项。

这篇消息所反映的内容不是某一明确的事件,而是中国当前整个宏观的经济形势,以及部署下半年经济工作,反映的是一个大范围的变化和社会举措,因此,这是一种典型的非事件性消息。

二、消息稿件的构成及撰写规范

一篇结构完整的消息内容应该包括标题、消息头、导语、主体和结尾,只有把这些部分的内容撰写规范才能够将新闻报道细节梳理得井井有条,帮助读者快速地理解信息,掌握信息脉络。纵观那些荣获中国新闻奖的消息作品,它们的内容结构灵活、语言文字生动、主旨深刻,离不开作者扎实的理论素养和实践磨炼。

(一) 消息标题

消息的标题高度概括新闻的主要内容。在撰写稿件时,好的标题能够首先抓住读者的注意力,所谓"题好文一半",可见好的标题对文章的重要性。

消息的标题包含了主题、引题和副题。首先,主题是消息的"眼睛",概括消息最主要的内容,使读者对消息的核心内容一目了然;其次,引题位于主题之前,一般用于交代背景、烘托气氛,起到引出主题的作用;再次,副题又称子题、副标题,副题的位置位于主题之后,起到对主题的补充说明作用。

消息的标题样式包括复合式标题和单一式标题,其中复合式标题又分为完全式标题、主肩式标题、主副式标题;单一式标题又称为主标式标题。

1. 复合式标题

(1) 完全式标题的格式为引题+主题+副题,以第三十届中国新闻奖二等奖消息作品为例:

荣获国家科技进步特等奖的高含硫气田开发技术"墙内开花墙外香"(引题)
普光气田技术输出国外看好国内遇冷(主题)
有关专家称,加快普光气田创新成果转化,可使国内后续开发的
高含硫油气田少走许多弯路(副题)

　　12月27日,由普光气田技术人员一路"护航"的伊拉克米桑油田含硫天然气处理厂投产准备工作就绪,开机试车进入倒计时。这是普光高含硫气田自主创新形成的系列技术首次应用于国外市场。

　　近年,普光气田的成功开发,吸引了不少国外同行的关注。伊拉克、哈萨克斯坦等国家石油公司专家先后到普光气田进行实地考察,对气田的开发运营水平给予高度评价,并抛出希望进一步合作的"橄榄枝"。今年年初,普光气田选派技术骨干组成技术服务团队奔赴伊拉克,承揽米桑油田含硫天然气处理厂投产试车保运项目,合同金额1388万元人民币。

　　2009年,普光气田建成投产。普光气田的成功开发,填补了我国高含硫气田开发技术的空白,使我国成为世界上少有的几个掌握高含硫气田高效开发核心技术的国家之一。2012年,"特大型超深高含硫气田安全高效开发技术及工业化应用"项目荣获国家科技进步奖特等奖。

　　经过7年的生产运营,普光气田先后形成了133项企业标准、3项行业标准,工艺技术更加完善,主要技术指标均达到世界先进水平。

　　然而,已经在国际市场崭露头角的普光技术"样本",却并未如预想的那样在国内高含硫天然气开发市场上"热销"。

　　与普光气田相距不过几十公里的中国石油罗家寨高含硫气田,选择了与美国雪佛龙公司合作,今年年初才宣布投产。该气田投资与普光气田相差无几,建成规模却不到普光气田的一半,投产周期也比普光气田长了6年,开发建设走了不少弯路。两大气田近在咫尺,却在技术合作方面擦肩而过。

　　两年前投产的中国石化元坝气田,尽管复制了普光气田技术,但基本属于中国石化系统内的技术共享,并非市场化推广的结果。

　　"加快普光气田创新成果转化,可使国内后续开发的高含硫油气田少走很多弯路。"中国工程院院士曹耀峰认为,"要使创新技术在更大范围内开花结果,必须打破不同行业、不同企业、不同隶属关系间的行政壁垒,营造出一个知识产权转让、技术输出服务充分市场化的大环境。"

　　目前,全国已探明未动用的高含硫天然气储量已超过1.5万亿立方米,将要投入勘探的潜力区块预测高含硫天然气资源量也不少于万亿立方米。显然,普光气田技术输出大有可为。

　　而从眼下看,这些亟待开发的高含硫天然气资源,与普光气田成熟配套的安全高效开发技术之间,还差一个市场。

(2)主肩式标题的格式为引题+主题,以第二十九届中国新闻奖二等奖消息作品为例：

让千年大运河只留下遗产不留下遗憾（引题）
沧州市区运河两岸 2.8 万亩土地不做商业开发（主题）

本报讯 千年古运河流经沧州市区，形成了一个美丽的湾流，1200 亩土地三面环水，寸土寸金。不光是房地产企业，好多企业都看上了这块宝地。但日前沧州市委、市政府作出决定，包括这里在内的大运河流经市区两岸的 2.8 万亩土地都不搞商业开发。

10 月 20 日，沧州市大运河市区提升改造工程建设指挥部办公室主任张建亭，站在大运河流经市区的黄金地段上告诉记者，两个月前，这里还到处是违建、菜地和鸡场，还有 2600 多座坟头。今年，市里投资 1970 万元，建设了大运河生态修复与环境卫生整治工程展示区，不仅铺了草坪、建设了小景观带，还配套了健身休闲等便民设施，成了沧州市民"老人散步、青年运动、孩子撒欢"的好去处。

如何开发利用这片区域，沧州曾经存在不小争论。如果把这片土地用作商业开发，对沧州财政来说可不是个小数目。但市委、市政府却认为，大运河是一笔宝贵遗产和财富，必须算好政治账、民生账、生态账、发展账，只能留下遗产，不能留下遗憾。作为大运河保护先期工程的 1200 亩环水之地，在工程施工中，3000 棵古树和地形地貌被原地完整保留下来，其余地面铺上草坪。同时，主城区内大运河两岸的 2.8 万亩规划范围土地拟划入城市绿线，不搞任何商业开发。这一保护面积，将占到当前沧州市建成区面积的 1/4 多。

把运河还给市民，更好地满足人民对美好生活的向往，沧州上下形成共识，努力做好"保护好、传承好、利用好"三篇文章。围绕打造中国大运河文化重要的承载地、河北省城市生态休闲走廊示范区的目标，沧州重点开展了大运河生态修复与环境卫生治理、拆迁拆违和河道疏浚等工作，建设"即拆即绿"的过渡性工程，便于市级规划与国家和省级大运河整体规划衔接时及时做出调整。目前，已清除地上附属物 50 万平方米。

在追求经济高质量发展的同时，沧州更加注重生态优先、绿色发展。今年以来，该市围绕建设"生态宜居美丽沧州"目标，实施生态宜居攻坚行动，开展城乡人居环境综合治理，涉及园林绿化、道路畅通等总投资 576 亿元共 133 个城建项目。

（3）主副式标题的格式为主题＋副题，以下则消息为例：

平潭大开发　共筑两岸人民美好家园（主题）
一批促进两岸往来的基础设施项目昨日开工建设（副题）

本报讯 （记者　兰锋　王凤山）平潭距离台湾新竹 68 海里。昨日，在这个祖国大陆离台湾本岛最近的地方，有两个交通基础设施项目开工。通过这两个点,大陆与台湾岛的时空距离将大大缩短,两岸人民共筑美好家园的愿景又近了一步。

一个是福州至平潭铁路。这是规划中的北京至台北铁路在大陆的最末端,未来将从这里通过两岸海底隧道直达台湾。

另一个是海峡高速客滚码头。码头投入营运后,将争取开辟对台高速客滚航线。届时从平潭到基隆3.5个小时,到新竹仅1.5个小时。

作为海西战略的重要突破口,平潭开放开发牵动着方方面面。福建省把推进平潭开放开发作为加快建设海峡西岸经济区的重要抓手,提出要积极探索"共同规划、共同开发、共同管理、共同经营、共同受益"的两岸合作新模式,努力打造两岸人民共同家园。

美好家园需要两岸携手共筑。一年多来,平潭基础设施建设全面推进,开放开发环境不断优化。今年5月,福建经贸代表团赴台发布了推动平潭开放开发十项政策,岛内外各界积极响应。台湾一批重要工商企业、行业团体、高等院校纷纷组团前来考察。台湾远雄集团和世贸集团的"海峡如意城"、台湾协力集团的微电子产业园等项目先后落地开建。平潭还与台湾新竹市政府、新竹观光旅游协会、物流协会等达成了合作意向。台湾四大工程顾问公司共同组成平潭开发投资筹备小组,将在打造平潭智慧岛、信息岛、低碳经济岛等方面进行合作。此外,新加坡金鹰集团等海内外企业也纷至沓来。

昨日,由台湾协力集团等投资57亿元的协力科技产业园同时开工;台湾世新大学、台湾东森集团与福建师范大学等合作的福建海峡学院正式签约。

在开工现场,来自台湾投资方的福建海峡高速客滚航运公司总经理叶华陶表示:"未来平潭—台湾航线的开通,对福建乃至两岸航运来说是一次革命,它将推动两岸交流合作向更高层次迈进。"

"平潭是一片创业热土,等基础设施完善后,这里将成为两岸交流的重要纽带。"协力科技产业园光导体项目总经理陈孟邦说,近来不少台湾朋友打电话向他了解平潭发展情况,并表示了考察投资的浓厚意愿。

就在22日落幕的第六次"陈江会"上,又一批两岸合作协议签署,跨越台湾海峡的交流合作更加热络。平潭这块大陆距离台湾最近的热土,将更加引人注目。人们期待,平潭真正成为两岸人民共同构筑的美好家园。

2. 单一式标题

单一式标题又称为主标式标题,即只出现主题作为消息的标题。单一式标题结构简单、方法灵活,可以使文章一目了然。以第三十届中国新闻奖二等奖消息作品为例:

城乡居民同病同保障

本报讯 我省将打破城乡地域、身份限制,实现城乡居民同病同保障,大病保险待遇稳步提高。5月28日,省政府办公厅公布《安徽省统一城乡居民基本医疗保险和大病保险保障待遇实施方案(试行)》。7月1日起,我省将实施统一的城乡居民基本医疗保险和大病保险制度,城乡居民医保待遇不再有差别。

"城镇居民医保与新农合整合后,门诊待遇局部调整,住院待遇总体持平,大病保险待遇稳步提高。"省医保局有关负责人表示,如门诊待遇方面,常见慢性病、特殊慢性病种,较未整合地区城镇居民医保大幅扩容;大病保险待遇方面,整合后待遇提高,如整合前新农合5万元以内段报销55%,城镇居民医保0元至2万元段报销50%、2万元至10万元段报销60%,整合后5万元以内段统一报销60%。

具体而言,门诊待遇方面,参保人员普通门诊合规费用报销55%,高血压(Ⅱ级、Ⅲ级)等30种常见慢性病门诊合规费用报销60%,白血病等17种特殊慢性病门诊合规费用参照住院待遇报销。

住院待遇方面,医院分"一级及以下""二级和县级""三级(市属)""三级(省属)"和"省外医院"5个类别,起付线分别为200元、500元、700元、1000元和当次住院总费用的20%(低于2000元的按2000元计算,最高不超过1万元),报销比例分别为85%、80%、75%、70%和60%。跨市域、跨省住院起付线会提高,报销比例有所下降。基本医保报销封顶线为20万元至30万元。

大病保险待遇方面,起付线1万元至2万元;起付线以上至5万元以内、5万元至10万元、10万元至20万元和20万元以上费用段,报销比例分别为60%、65%、75%和80%;省内医院大病保险封顶线20万元至30万元,省外医院大病保险封顶线15万元至20万元。

"城乡居民基本医保'并轨',在医疗卫生服务上进一步体现公平。"安徽医科大学公共卫生学院院长、博士生导师江启成表示,在不同的基本医疗保险制度下,城乡居民过去在基本药物目录、报销比例等方面存在差别,医生对不同人群就医用药服务要考虑药物目录、费用负担等因素影响。城乡居民基本医保统一,破解了待遇差距难题,有助于居民公平享有基本医疗保险权益,提高医疗服务效率。

省医保局有关负责人表示,从省级层面统一城乡居民医疗保障待遇,是完善城乡居民医保制度的重要举措,将推动保障更加公平、管理更加规范、医疗资源利用更加高效。

(二)消息头

消息头是消息正文中最前面的部分,例如"本报讯""记者×××报道""新华社北京

7月30日电""本台消息"等等。消息头是消息体裁的外在标志,它的存在有三个作用:首先,如"本报讯""新华社北京7月30日电""记者×××报道"声明了该媒体组织或媒体记者的版权;其次,它的出现注明了消息的来源,表现了消息内容的权威性;再次,有消息头的新闻报道表明了它是消息体裁而不是其他新闻体裁。

文字消息的消息头一般有"××讯"和"××电"。其中"讯"代表记者编辑利用书面或邮寄的形式向报社递交的新闻报道;"电"则代表利用电传、电报和电话等电子方式向报社递交新闻报道。广播电视的消息头"本台消息""本台报道""记者×××报道"则是通过卫星信号、光缆等方式进行消息的接收。

(三) 消息导语

导语是消息的开头部分,可以作为事件报道的高潮或结果部分,是用来点明新闻要点、发挥导读作用的段落,最能够体现消息的新闻价值。导语有多种撰写方式,以下简要论述4种常见导语的撰写技巧。

1. 叙述式导语

叙述式导语即用摘录或综合的方法,把消息中最新鲜、最主要的事实简明扼要地叙述完整,最鲜明的特点就是突出时间、地点、人物、事件等。叙述式导语常用于会议消息、活动开幕式、突发事件等场景。

习近平首次沙场阅兵 号令解放军向世界一流军队进发

新华社内蒙古朱日和7月30日电 7月30日上午,在庆祝中国人民解放军建军90周年阅兵中,中共中央总书记、国家主席、中央军委主席习近平发出新形势下的强军号令——把英雄的人民军队建设成为世界一流军队。

这次以庆祝建军90周年为主题的阅兵,是习近平首次在野战化条件下沙场阅兵,也是解放军整体性、革命性改革重塑后的全新亮相。在朱日和训练基地参加实战化训练的1.2万名官兵,走下训练场、即上阅兵场,以战斗姿态接受检阅。

9时整,检阅式开始。雄壮的阅兵曲中,习近平乘坐野战检阅车,依次检阅地面方队和人员方阵。

"同志们好——""主席好!""同志们辛苦了——""为人民服务!"习近平的亲切问候振奋军心,受阅官兵的响亮回答声震长空。

这次阅兵打破以往礼仪式阅兵惯例,不安排徒步方队和正步行进,不安排军乐团、合唱队,没有群众性观摩,所有装备不作装饰,体现出浓浓的"野味""战味"。

沙场阅兵是解放军贯彻实战要求、聚焦备战打仗的体现。2013年,习近平鲜明提出:"建设一支听党指挥、能打胜仗、作风优良的人民军队,是党在新形势下的强军目标。"习近平对军队反复强调要能打仗、打胜仗。

9时30分,200余名官兵护卫着党旗、国旗、军旗通过检阅台,拉开分列式序幕。17架直升机组成"八一"标识,24架直升机汇成"90"字样飞过天空。陆上作战、信息作战、特种作战、防空反导、海上作战、空中作战、综合保障、反恐维稳、战略打击9个作战群,按作战编组、以空地一体的形式依次通过检阅台,接受检阅。

这次阅兵,600余台(套)受阅装备近一半为首次公开展示,多种新型作战力量登场亮相。今天,解放军已从过去的单一军种发展成为诸军兵种联合、具有一定现代化水平并加快向信息化迈进的强大军队。

10时许,习近平发表重要讲话。他指出,我们比历史上任何时期都更接近中华民族伟大复兴的目标,比历史上任何时期都更需要建设一支强大的人民军队。

习近平号召全军官兵,深入贯彻党的强军思想,坚定不移走中国特色强军之路,努力实现党在新形势下的强军目标,把我们这支英雄的人民军队建设成为世界一流军队。

讲话结束时,全场响起热烈掌声,经久不息。灼灼烈日下,装甲铁阵昂首挺立,蓄势待发。

历经90载风雨征程的解放军,开启了迈向世界一流军队的新征程。

本篇导语只用80个字概括了时间、场合、主体和事件。导语内容紧紧围绕标题,即使读者只读到这里,也能掌握事件概貌。

2. 描写式导语

描写式导语是对新闻消息的主要事实或某一有意义的侧面作简洁朴素而又有特色的描写,以烘托气氛。以下篇第二十八届中国新闻奖获奖作品《收养脑瘫儿14年　环卫工夫妇感动众人》为例,描写式导语常用于人物特写和环境描写等情况。

收养脑瘫儿14年　环卫工夫妇感动众人

宋　雨

那是今年夏天的一天,冯亚宁下班回家,屋子里闷热极了。儿子飞飞坐在床上,先是冲她摆手,接着吃力地喊了一句话,"妈,你累了。"冯亚宁的心颤抖了,愣了老半天,两眼一热,泪就流下来了,"妈不累,妈给你做饭。"

不忍孩子被第二次抛弃

昨天上午,西安南郊郝家村的出租屋里,冯亚宁带着飞飞,在院子里练习走路。

冯亚宁拽着飞飞的手,用同样的步子,小心翼翼走在旁边——因为脑瘫导致肌张力过高、肌肉痉挛,这个14岁的男孩连走路都是刚学会的。

飞飞是捡来的。2003年正月,家住蓝田县安村乡的冯亚宁在家门口不远的地方,捡到一个男婴。"我当时有个女儿,这个男孩白白胖胖,挺讨人喜欢,想着姐弟俩可以做个伴,就抱回了家。"

异常情况出现在飞飞一岁多的时候,"不会翻身,不会爬,每次哭的时候,头都向后仰着。"冯亚宁带飞飞到医院检查,被诊断为脑瘫。

去医院那天,下大雪,冯亚宁在医院院子里号啕大哭。

彼时,丈夫在河南打工,冯亚宁在家种着4亩地,如果留下这个脑瘫的儿子,她得比常人多无数倍的付出,"孩子已经被抛弃过一次了,我怎么忍心再抛弃一次?"

孩子从没离开过视线

那似乎是最困难的时候。飞飞无法独立走路,连穿衣吃饭、大小便都无法独立完成,每次下地干活,冯亚宁手里拉着女儿,背上背着儿子,"谁都看不起我们,说我傻,捡这么一个孩子。我这辈子啥事没干成,但也没做过啥亏心事,我们捡了这孩子,就要好好待他。"

2008年,冯亚宁夫妇一起来西安打工,将飞飞也接了过来。

从北郊到南郊,夫妇俩干过很多份工作,后来成了小寨路街办的环卫工,但飞飞从没有离开过两人视线,"娃的吃喝拉撒睡,都要有人管,所以家里每天都会留一个人,家里的灯每天都会亮着。"

14年过去了,夫妇俩将全部的心血,倾注到了飞飞身上,飞飞也慢慢学会了从1数到10,还能用很含糊的声音,说一些简单的话语。他们的故事,感动了附近的很多人。

"我的大女儿今年20岁,对飞飞这个弟弟很照顾,这让我们很欣慰。"丈夫胡启亮说,今后的路不管多难走,一定会不抛弃不放弃。

这篇案例中,记者没有运用华丽的辞藻,而是通过描写环境、人物对话、人物动作和人物神态来形成鲜明的画面感和镜头感,使人物变得立体化,能够使读者产生身临其境之感。正如日本记者本多胜一所言,"要问到能够描写得如同亲眼见到一般。始终想要理解得如同亲眼见到了一般。……要达到像看电影一样。"

3. 提问式导语

顾名思义,提问式导语即用设问的方法来突出新闻主题和新闻价值,以期引发读者的思考。同时,提问式导语可以给读者留下悬念,吸引读者进一步了解事实真相。以下篇第二十六届中国新闻奖获奖作品《污水处理站建成三年未见一滴水》为例:

怀柔区汤河口镇后安岭村
污水处理站建成三年未见一滴水

本报讯 农村建污水处理站,本是环保的好事。可怀柔区汤河口镇后安岭村村民反映,他们村的污水处理站建成3年多,村民家的污水也排了3年多，污水站里却始终不见处理过的清水排出来。污水到底去了哪儿？

后安岭村是一个建在白河岸边的新村，灰色的二层小楼整齐划一，村子背山面水，景色秀美。污水处理站就在村委会楼前坡下，面积约20平方米，现场只能看到水泥地面和几处井盖、两排排气管。井盖上着锁，锈迹斑斑。

污水站下隔着马路就是白河。路面上有一道新修过的痕迹，村民说，这是修污水站时挖开的，下面埋着排水管，出水口就在河边。

记者找到出水口的位置，发现已经被水泥状的垃圾包住，周围杂草丛生，五六步外的河道里还有一处简易鸡舍。这里显然长时间没有排过水。

后安岭村搬迁上楼后发展民俗接待，全村70多户有近一半办了农家乐。记者走进一家看到，厨房、卫生间都有下水管道。户主说，打入住那天起，污水就直排下水管道了。"肯定都进了污水处理站，不处理那还行！这白河可是饮用水源地。"

村民说污水进了处理站，可处理站里却看不到处理过的清水排出来，那全村的污水都去了哪儿？

"我们村2012年搬迁上楼，污水处理站也是那时候建的，但建完后就没正常用过。"村党支部书记说。为什么建了不用？"处理站里一滴污水也见不到，没污水还怎么处理！"

污水没进处理站去了哪儿？"听说是管线出了问题，应该是漏到地下了吧！建设单位也在查，但管道都封在水泥地下，不好查。"一位村干部说。

一个污水处理站建成三年没处理过污水，村民家的污水是否直排到了地下？水务部门对此是否知情？

"这个项目不是我们做的，但这事儿听说了。"怀柔区水务局相关负责人告诉记者，这个项目是工程质量出了问题，但在京郊农村，建成后长期闲置的污水处理站不在少数。

原来，农村污水处理设施都由上级部门出资建设，建成后交给村里运营维护。"村里没有专业人员，哪儿坏了修不了；二是运行维护需要钱，一些村财力有限，就不愿意用。"这位负责人说。

为解决农村大量污水处理设施闲置问题，去年市里出台政策，鼓励区县政府以政府购买服务的形式，把这些设施交给市排水集团统一管理。今年，怀柔区拨付资金1000万元用于此项工作。

"我们正协调专业机构检修，修好后就移交市排水集团，确保后期能正常运转。"这位负责人说。

希望"专业机构"尽快修好后安岭村污水处理站，不要让白河水源地再喝三年污水。

记者在撰写提问式导语过程中可以边问边答，也可以在导语中设问，在主体或结尾部分解答。本篇案例便是导语设问，主体部分作答。提问式导语的整个设问和解答的过程必须紧紧围绕新闻主题,设问不可过多,否则容易顾此失彼,淡化新闻主题。

4. 结论式导语

结论式导语在撰写导语时便给读者事件结论。在一篇完整的消息中,结论式导语一个明显的特征就是在导语中出现"根据×××调查结果""经有关部门查明"等标志。结论式导语常用于消息的倒金字塔结构中,即先告诉读者结果,再在主体中论述事件过程。

"政府就是借钱也要让孩子们上好学"

安徽阜南 8275 名学生今年"回流"乡镇学校

本报安徽阜南9月17日电 对教育是否满意,人们会用脚投票。根据安徽省阜南县教育局日前摸底的结果,今年阜南县共有8275名农村学生从城区和外地"回流"至该县的乡镇学校。

"春季开学时,有3964人;秋季开学时,有4311人,农村学校普遍出现'回流热'。"阜南县教育局局长陈刚说,这些学生中许多人过去在县城的公办和民办中小学就读,还有一些跟随父母在沿海务工地上学。"回流热"的成因在于当地大力推进义务教育均衡发展,农村办学条件得到改善,教师结构更加优化,家长、学生不愿再"舍近求远"。

因"王家坝精神"而闻名的阜南县是国家扶贫开发重点县。由于历史原因,当地义务教育阶段公办学校基础薄弱,农村学生纷纷前往县城学校或外地学校就读,由此导致公办学校生源流失、老师干劲不足。

"办好农村公办学校,就等于在减轻农民家庭负担,消除贫困。"阜南县苗集镇中心学校校长张鹤算了一笔账,"在县城民办学校就读,一年费用要5000元,如果父母陪读,还要加1万元房租,而到公办学校就读几乎不要钱。"

"今年我们硬件投入660万元,建起15个功能室,硬件水平超过不少县城学校,全镇新招了34名教师,'音体美'占相当大的比重,个个干劲十足。"张鹤说,"这些变化,家长和学生都看在眼里,因而本学期'回流'了136人。"

今年是安徽省义务教育均衡发展的攻坚之年,包括阜南县在内的最后一批申报县(区)通过"国检"后,安徽有望实现义务教育均衡发展全覆盖。

阜南县在安徽省率先成立"义务教育均衡发展投资有限公司",搭建融资贷款平台,解决资金缺口问题;县财政先期拨付资金8000万元,国土部门征收用地2582亩,用于新校建设;为补齐多年师资薄弱的"欠账",今年该县招聘教师1445人,人数是往年的3倍。目前,该县经撤并保留的251所义务教育公办学校标准化达标率为100%。

"学校就应该是一个地区最干净、最漂亮、最神圣的地方。"阜南县县长李云川说,"作为贫困县,我们不能等到经济上来了,再来抓教育,政府就是借钱也要让义务教育先均衡起来,让孩子们上好学。"

（四）消息主体

主体是位于导语之后的部分，也是整篇消息的正文和主干。记者在撰写主体过程中要始终围绕主题，紧扣导语，并对导语中未出现的新闻要素进行适当的补充。主体是多段落组成的，这就要求记者在撰写过程中要段落层次分明、起承转合通顺自然。同时，记者要灵活运用写作方式，合理布置文章结构。

1. 消息主体的结构逻辑

消息篇幅短小，内容精练，受众范围广，所以在写正文前首先要考虑好结构布局。只有结构合理，向读者呈现的文字消息才条例有序，才能扣响主题，发挥新闻价值。

不同题材的消息在逻辑结构安排上会有不同的要求。例如，会议消息和突发新闻消息在结构布局中需要把最重要的部分放在前面，便于读者把握重点。动态消息则需要以事件的时间顺序进行逻辑架构，便于读者了解事实的来龙去脉。下面介绍常见的三种消息主体结构：

（1）纵向结构。

纵向结构即时间结构，即按照事件发生的事件顺序进行布局。它的好处在于可以清晰地反映事件发展的过程与趋势，让读者在短时间内了解事件的前因后果。以下面这则消息为案例：

从受触动到行动　知识改变命运
629 户人的藏乡走出 359 名大学生

本报讯　"这两年，别人想在我们村寨娶走个媳妇都难。"3 月 25 日，记者在阿坝州若尔盖县求吉乡采访时，噶哇村村委会主任仁卓的一句感慨引起了记者的注意。为何难？原来，村里年轻人不少都出门上大学去了。全乡共 629 户人，近 7 年间已有 235 人从大学毕业，还有 124 名大学生在读。

求吉乡地处若尔盖县和甘肃省迭部县交界处，只有 7 个村、21 个自然寨，却是全县走出大学生最多的乡镇。乡党委书记张建荣说，乡里不少学生考进了中央民族大学、四川大学等知名大学，还出了全县第一个留学生。

一个偏远的藏区乡，为啥能培养出这么多大学生？

张建荣介绍，20 世纪末，求吉乡村民组建了潘州物流车队，走南闯北跑运输。眼界打开后，不少村民才发现，由于自己文化程度低，做事受限，于是空前地重视起子女教育问题来。

下黄寨村村民尼美多吉开货车已有 20 年，"我小学二年级都没读完，好多路牌认不到，找路很不方便"。同村的巴千学不认识几个字，跑运输时要记录饭店电话，就在电话本上画个碗和筷子，再记上数字。尼美多吉一家省吃俭用，支持独生女儿罗措考入了阿坝师范学院。巴千学的儿子多吉扎西已大学毕业，正在自己创业搞现代农业。

近年来，对国家和省里的"两免一补""9+3"免费职业教育等政策，求吉乡党委、政府大力宣传，让家家知晓。每年6月1日，乡上召开群众大会，以藏族的最高礼仪，给尊师重教的好家长和爱岗敬业的好老师献上哈达，给品学兼优的好学生发放学习用品。连续多年，求吉乡的入学率、巩固率、升学率均保持在100%。

求吉乡并不富裕，村民们千方百计筹措教育费用，有的不惜卖掉家中全部牦牛。

去年夏天，上黄寨村召开了一次村民会议，议题是：把重视教育列入村规民约。原来，比起邻近的苟哇村、下黄寨村，上黄寨村的大学生较少。村民们商定，凡是有人考上大学，村上给予1000元奖励，每户村民还要各凑一两百元给他们当学费。

社会各界也伸出援手。由退休干部牵头成立的求吉乡教育助学协会，募集爱心资金70余万元，已对全乡所有在校大学生进行了资助。

据初步统计，求吉乡的大学生毕业后，少数去了成都等大城市，约90%的人回到了阿坝州工作，成为教师、医生、公务员、技术员，其中科级干部已近百人，求吉乡成为阿坝州双语干部的一个摇篮。

29岁的更巴措是苟哇村人，她从绵阳师范学院毕业后主动回乡当了一名小学语文老师，"希望帮助更多孩子走出藏寨"。

本篇消息案例中，记者在导语里用列数据的方式告诉读者阿坝州若尔盖县走出了一批批大学生，却没有点明偏远藏区乡能够培养出如此多大学生的原因。于是记者第三段到第九段以时间顺序论述了区民从20世纪末开始对子女教育加强重视，到近年来国家政策对教育的支持，再到去年夏天上黄寨村村民会议把重视教育列入村规民约。该消息中包含明显的时间过渡词语来表现藏乡人不断重视教育问题的过程。

（2）横向结构。

横向结构则是摆脱时间顺序的写作逻辑，围绕消息主题，将同一时空范围的情况有序地、并列地组织起来，反映"面"的变化。横向结构常用于会议消息、经验性消息，以及反映某一时期以来的问题，提出未来计划的消息。如下文：

习近平在中共中央政治局第三十二次集体学习时强调　坚定决心意志埋头苦干实干　确保如期实现建军一百年奋斗目标

八一建军节来临之际，中共中央政治局7月30日下午就坚持党对人民军队绝对领导、奋力实现建军一百年奋斗目标举行第三十二次集体学习。中共中央总书记习近平在主持学习时强调，实现建军一百年奋斗目标，是党中央和中央军委把握强国强军时代要求作出的重大决策，是关系国家安全和发展全局的重大任务，是国防和军队现代化新"三步走"十分紧要的一步。要坚定决心意志，增强紧迫意识，埋头苦干实干，确保如期实现既定目标。

习近平首先代表党中央和中央军委,向全体人民解放军指战员、武警部队官兵、军队文职人员、民兵预备役人员致以节日的祝贺。

国防大学教授肖天亮同志就坚持党对人民军队绝对领导、奋力实现建军一百年奋斗目标作了讲解,并谈了意见和建议。

习近平在主持学习时发表了讲话。他指出,回顾党的百年奋斗历程,坚持党指挥枪、建设自己的人民军队,是党在血与火的斗争中得出的重大结论。在革命、建设、改革各个历史时期,党领导人民军队牢记初心使命,永葆性质宗旨,一路披荆斩棘,取得一个又一个辉煌胜利,为党和人民建立了不朽功勋。坚持党对人民军队绝对领导,朝着党指引的方向奋勇前进,人民军队就能不断发展壮大,党和人民事业就有了坚强力量支撑。

习近平强调,强国必须强军,军强才能国安。党的十八大以来,党中央和中央军委就加快国防和军队现代化作出一系列战略谋划和部署,引领全军开创了强军事业新局面。在全面建设社会主义现代化国家、实现第二个百年奋斗目标的历史进程中,必须把国防和军队建设摆在更加重要的位置,加快建设巩固国防和强大军队。

习近平指出,我军建设"十四五"规划对实现建军一百年奋斗目标作了战略部署。要强化规划权威性和执行力,搞好科学统筹,抓好重点任务,加快工作进度,保证工作质量,推动战略能力加速生成。要坚持以战领建,强化战建统筹,做好军事斗争准备,形成战、建、备一体推进的良好局面。

习近平强调,推进实现建军一百年奋斗目标,是关系我军建设全局的一场深刻变革。要加强创新突破,转变发展理念、创新发展模式、增强发展动能,确保高质量发展。要推进高水平科技自立自强,加快关键核心技术攻关,加快战略性、前沿性、颠覆性技术发展,发挥科技创新对我军建设战略支撑作用。要适应世界军事发展趋势和我军战略能力发展需求,坚持不懈把国防和军队改革向纵深推进。要抓住战略管理这个重点,推进军事管理革命,提高军事系统运行效能和国防资源使用效益。要加强战略谋划,创新思路举措,推动军事人员能力素质、结构布局、开发管理全面转型升级,加快壮大人才队伍。

习近平指出,实现建军一百年奋斗目标,是我军的责任,也是全党全国的责任。中央和国家机关、地方各级党委和政府要强化国防观念,贯彻改革要求,履行好国防建设领域应尽职责。要在经济社会发展布局中充分考虑军事布局需求,在重大基础设施建设中刚性落实国防要求,在战备训练重大工程建设等方面给予有力支持,在家属随军就业、军人子女入学、退役军人安置、优抚政策落实等方面积极排忧解难。(央视新闻客户端 2021—07—31)

这篇消息的主体采用的是典型的横向结构,记录了就坚持党对人民军队绝对领导、奋力实现建军一百年奋斗目标举行第三十二次集体学习,从回顾党对军队做出的一系列战略谋划和部署,到"十四五"规划对实现建军一百年奋斗目标的战略部署,再到从经济社会发展布局中考虑军事布局需求,是一个全景式的结构布局。

同时,需要注意的是,横向结构不是"散沙式""机械式"布局,而是需要在整体中体现轻重缓急,形成合理的、形散而神聚的逻辑布局。

(3)点面结构。

点面结构是指从事物的一个细节点切入,而后深入同类事物或由该事物推到另一事物的总体情况,是一种由点带面或点面结合的过程。它可以包括因果关系和递进关系等逻辑。以下面一篇消息为例:

靠制度创新根治欠薪顽疾
邯郸在全国首创"闭合清欠"

本报讯 近日,邯郸市现代华府项目承建方支付了拖欠刘玉堂等4位农民工的工资12万元。"因为欠薪,公司5月份被实施'闭合清欠',所有业务都停了下来,甚至还有可能被清出建筑市场。"现代华府项目承建方负责人马某说。

马某所说的"闭合清欠",是2014年邯郸在全国首创的一项责任连带监管制度,旨在解决建筑领域农民工工资拖欠问题。企业和个人一旦发生欠薪行为,建设部门将向其关闭一切业务办理大门。欠薪企业和个人还将面临11条惩罚措施——集体约谈、取消评优评先资格、取消优惠扶持政策、停办施工许可相关手续、依法行政处罚、网上记录不良行为、按程序降低或吊销企业资质、降低或吊销相关责任人建筑从业资格、责令工程停工或强制停工、清出省市建筑市场、媒体公开曝光。

建筑领域是拖欠农民工工资的"重灾区",全省建筑领域欠薪涉案人数、金额均占总数的80%以上。邯郸仅中心城区建筑领域农民工就有20多万人,过去上访讨薪常常是农民工的"恼火事"、党委和政府的"头疼事"。

"欠钱的一方在开展业务、享受优惠政策等方面不受约束,因而有恃无恐,对监管部门的三令五申置若罔闻。"邯郸市清欠办郭长印说,必须靠制度创新根治欠薪顽疾,从源头上使企业不敢欠、不能欠。

"闭合清欠"把欠薪问题化解在日常。尽管受经济下行压力大、化解过剩产能任务重、房地产开工减少等影响,邯郸建筑领域资金短缺问题进一步加剧,但农民工却不再为拿不到工资而发愁。今年以来,邯郸共受理拖欠农民工工资案件745起,督促补发农民工工资1.38亿元,涉及1.6万人。

"闭合清欠"动了真格,许多恶意欠薪者受到了惩戒。截至目前,邯郸已对115家恶意欠薪的企业和个人实施"闭合清欠"。其中,9名恶意欠薪的包工头依法受到刑事处罚,7家公司被清出河北建筑市场,31家公司被清出邯郸建筑市场,44名拒不支付工资的包工头被清出建筑业施工队伍。

"闭合清欠"在清"旧欠"的同时,还特别重视防"新欠"。邯郸日前对建筑业承包和劳务分包工程合同实施备案和监管,对全市6000多名包工头进行建档管理和行为跟踪。此举可防患于未然,包工头拿到钱款后变"老赖"的闹剧在邯郸就很难再上演了。

11月19日,记者在邯郸市建设局、人社局等单位看到,尽管已临近年底,却不见有人上访讨薪。"'闭合清欠'注重抓早、抓小,把欠薪问题处理在萌芽状态,今年以来邯郸没有发生一起农民工越级上访讨薪事件。"郭长印说。

这篇消息的主体结构形式便是点面结构,从邯郸市现代华府项目承建方支付了拖欠刘玉堂等4位农民工的工资为切入点,后延伸到邯郸市和河北省的欠薪现象和问题。同时,记者不仅记录了该市欠薪现象和"闭合清欠"的惩戒举措,还针对清"旧欠"、防"新欠"问题采访了邯郸市清欠办、建设局和人社局等单位,形成层层递进的逻辑关系。

2. 消息主体的撰写要求

(1)围绕主题、补充导语。

记者利用主题和导语发挥概括内容与吸引读者作用后,还需要对主体部分进行细致阐释。一方面,仅凭标题和导语难以实现新闻报道的意图;其次,读者只有读完主干才能了解事件全貌,从而做出理性的思考和正确的判断。以下面这则《省政府首次提起环境公益诉讼》为例:

省政府首次提起环境公益诉讼
南京市中级人民法院昨开庭审理

本报讯(杭春燕) 26日,由江苏省人民政府、江苏省环保联合会诉德司达(南京)染料有限公司环境污染责任公益诉讼纠纷一案,在南京市中级人民法院开庭审理。这是省政府首次以赔偿权利人身份提起生态环境公益诉讼。

原告诉称,2013年9月至2014年5月,被告德司达(南京)染料有限公司在明知王占荣无废酸处置资质情况下,多次将废酸以每吨处置费580元的价格交给王占荣处置。王占荣又以每吨处理费150元的价格交给丁卫东处置。丁卫东安排船工将其中2698.1吨废酸倾倒至位于扬州市、泰州市交界处的泰东河、新通扬运河水域,严重污染环境。去年10月,扬州市中级人民法院作出二审判决,认定被告德司达(南京)染料有限公司系主犯,犯污染环境罪,判处罚金人民币2000万元,其余涉案被告均受到相应处理。

原告认为,2000万元罚金属于刑事处罚,依法全部上缴国库,并不包含当地受污染水域生态修复的费用。依据《中华人民共和国侵权责任法》第六十五条规定,还应追究该公司对污染环境造成的损害侵权责任,因而提起本场公益诉讼。

省政府何以成为环境公益诉讼案的原告?原告代理人之一、省环保厅法规处副处长贺震解释说,多年来,在公共生态环境受到损害后,存在着索赔主体不明确等诸多问题,致使公共生态环境损害得不到赔偿,受损的生态环境往往得不到及时有效的修复。党的十八大及十八届三中、四中全会对生态文明建设做出顶层设计和总体部署,要求实行最严格的损害赔偿制度。2015年11月,中共中央办公厅、国务院办公厅印发《生态环境损害赔偿制度改革试点方案》,明确"试点地方省级政府经国务院授权后,作为本行政区域内生态环境损害赔偿权利人,可指定相关部门或机构负责生态环境损害赔偿具体工作"。江苏是7个试点省市之一。

"生态环境损害赔偿属于民事责任追究范畴。"南京市中院环境资源审判庭庭长李兵介绍,对环境违法行为可在进行行政处罚的同时,再追究刑事责任及民事责任。根据江苏科技咨询中心出具的污染环境损害评估技术报告,被告已排放的废酸液的污染修复费用为2428.29万元,原告、被告对此均予以认可,法庭将审查该笔费用是否符合相关法律法规及"公共利益最大化"原则。目前,原告、被告均有调解意愿。法院将择日组织调解,如调解不成,将依法判决。

这篇案例中,导语只说明了时间、地点和事件相关单位,并未对事件的来龙去脉进行详细阐述,于是记者在主体部分通过采访原告获取诉讼原因和诉讼经过,这样"加料"以便于向读者交代事件的结果,帮助读者跟进事实。

(2) 叙述灵活、段落分明。

正如前文所言,消息主干需要合理布局结构形式,选择好恰当的写作结构。实际上,许多消息并非只能选择单一的、机械的结构形式。如果运用得当,复合交叉结构同样可以使消息变得通俗易懂、鲜明生动。

但是不论结构如何变化,客观真实永远是新闻消息第一要义,不能因为不落窠臼而落入新闻失实的境地。

此外,美国新闻学者杰克·海敦讲道,"好的新闻写作是干净而明快的。简短的句子和段落是它的特征。"消息因篇幅小、内容密度大、受众范围广泛,从而提倡精简句式、增加段落数量、减少段落长度,使读者拥有舒适的阅读体验。

(五) 消息结尾

1. 总结式结尾

顾名思义,消息的总结式结尾是对新闻事实、意义和思想进行归纳,形成文章首尾呼应。例如下面一篇新闻消息:

封存公章六十枚　办照仅需一小时

虽然整个仪式只有几分钟,但这却是个历史性的场景! 4月1日,一场特殊的仪式在沈阳市和平区政务审批服务局办事大厅内举行,在办事群众和相关政府职能部门负责人的共同见证下,来自房产、卫生、教育、城建等16个职能部门的 60 枚审批公章被永久封存在一个长方形的箱子里,并被一张封条彻底封存,成为历史。作为全省率先被封存的审批公章,这具有代表意义的 60 枚作废公章,标志着和平区"行政审批多头跑路"的历史宣告终结。

当天下午,在和平区政务审批服务局办事大厅内,透明的长方形箱子里,整齐摆放着刻着教育、房产、卫生等主管部门名号,带着红色印泥痕迹的 60 枚公章,随着一张封条贴上,这些公章彻底"成为过去"。而作为改革的见证,这些公章将被和平区档案局封存。与此同时,和平区政务审批服务局正式启动刻有"沈阳市和平区政务审批服务局"字样的新印章,用这一枚公章取代了过去 16 个部门的 60 枚公章,在省内率先实现了"一枚印章管审批",破解了权力"碎片化"和"公章围城"等问题。

行政审批和公共服务不用再"多头跑路",办事群众感受到的变化最为直接。手捧首张盖有新印章营业执照的朱先生告诉记者,当年申请企业设立,要办营业执照、机构代码证、税务登记证以及企业公章,前后跑了好几个部门,每个部门都要提供一套材料,盖一遍公章,加上中间耽搁的时间,全都办理下来得用半个月。现在办理审批业务,仅用了一个小时,他就顺利拿到了营业执照。

据了解,"60 变 1",看起来仅仅是一个数量上的变化,但对政府来说,它会涉及机构的变化、职责的变化、体制的变化、过程的变化,包括人员的安排、机构之间的配合、内部的协调等方面,应当说是一个前所未有的探索。而公章的减少,不仅仅是老百姓办事的成本降低了,还使得行政审批的流程更加简单,市场活力也得到了激发。

这篇消息的结尾归纳了"60 变 1"对政府机构各个方面的变化,总结了前文主干中"封存六十枚公章"和"不用再'多头跑路'"的意义,围绕标题并与导语形成呼应,体现了它的新闻价值。

2. 背景式结尾

背景式结尾即补充标题、导语和主干中都未出现的材料和新闻要素。它的出现有助于读者掌握事件或事件主体的信息,加深对消息内容的理解。以下面一篇消息为例:

我科学家刷新暗物质探测灵敏度

记者邓晖从清华大学获悉,该校主导的中国暗物质实验合作组利用一种国际首创的高纯锗探测系统,在一定范围内将暗物质直接探测灵敏度提高到目前国际最高水平。研究成果于北京时间 13 日在线发表在国际顶级期刊《物理评论快报》上。

暗物质是指宇宙中那些既不发射光,也不吸收和反射光的物质,更严格地讲,就是不参与电磁相互作用和强相互作用,但依然能够施加引力影响的不可见物质。天文学的众多观测数据和结果表明,暗物质约占整个宇宙物质质量的85%，在物质起源和宇宙演化过程中具有十分重要的地位。

清华大学工程物理系教授岳骞介绍，当前暗物质探测方法大体分为"上天""入地"和"人造暗物质"三类："'上天'指间接探测实验，为减少地球大气层的干扰，通常在太空进行。'入地'指直接探测实验，为减少宇宙线的干扰，通常在地下实验室进行。'人造暗物质'指加速器实验，希望通过普通粒子的对撞来产生暗物质粒子，主要在欧洲核子中心的大型强子对撞机上进行。我们在中国锦屏地下实验室开展的研究属于'入地'。"

中国暗物质实验合作组利用国际上第一个液氮直接浸泡制冷的真空封装点电极高纯锗探测器，在4—5 GeV范围内自旋无关暗物质直接探测灵敏度提高到$8×10^{-42}$ cm^2，达到目前国际最高水平。

"当弥散在整个空间的暗物质粒子偶尔与锗原子发生碰撞后，会导致锗核发生反冲并通过电离过程在探测器内沉积能量。"岳骞介绍，合作组进行的点电极高纯锗探测器实验，就是通过研究反冲核的反冲能量、事例率及其变化等参数来研究暗物质粒子的质量、与靶核的相互作用截面、暗物质分布等性质。

中国暗物质实验研究团队成立于2009年，由清华大学（工程物理系）主导，联合四川大学、南开大学、中国原子能科学研究院、北京师范大学、雅砻江流域水电开发有限公司等多家单位组成，使用点电极高纯锗探测器进行暗物质直接探测研究，计划未来使用吨量级的点电极高纯锗探测器阵列进行暗物质直接探测和无中微子双贝塔衰变的测量。

该结尾即典型的背景式结尾，记者向读者介绍了中国暗物质实验研究团队的基本情况与成立背景。

3. 号召式结尾

该结尾形式是记者针对新闻报道事件的后续结果提出号召，一方面呼吁读者关注事件并提出思考，另一方面号召相关单位对事件做出进一步的举措和处理。前文"提问式导语"部分的案例《怀柔区汤河口镇后安岭村污水处理站建成三年未见一滴水》的结尾即为号召式结尾。

此外，还有描写式结尾、抒情式结尾、对比式结尾等等，在此不一一列举。

三、全媒体环境下不同媒介的消息作品赏析

（一）纸质媒介消息赏析

报纸是最为典型的传统纸质媒介之一。它的内容呈现形式主要以文字为主、以图片为辅。在过去，报纸因便于携带传播而成为人们获取信息的主要途径。由于纸质媒介版面有限，需要新闻工作者对文字进行适当加工处理，以保证新闻内容的新鲜性和新

闻版面的简洁性。

在全媒体背景下,人们获取新闻信息的方式很多,但真实是报纸新闻的核心竞争力,网络中良莠不齐的新闻信息缺陷为报纸新闻留下一席之地。此外,由于报纸新闻需要以文字来表述内容,因此,除了恪守新闻真实,报纸新闻尤其考验新闻工作者的写作功底,在写作期间必须具备足够的写作技巧来吸引读者的阅读兴趣,尤其是故事性、叙述性较强的新闻消息能够使读者沉浸式阅读。以第五届中国新闻奖报纸消息二等奖作品《取下神像挂地图》为例:

取下神像挂地图

东黑河是豫南一个只有100多户人家的小村庄,在县级以上的地图上从来不见踪影。但在当地人觉得最神圣的中堂位置,却有20多户农家取掉神像挂上了各色各样的地图。

东黑河位于河南省上蔡县东北部,地势低洼,村民们因十年九涝一贫如洗,在茅草屋里度日月。不傍城不邻镇,谁要跑一趟五六十里外的县城,都是轰动全村的新闻。东黑河穷,东黑河闭塞,东黑河又很无奈。除了偶然外出看见别处的繁华产生瞬间的梦想,就是在家里挂一幅全神图。每逢春节,一把香火,几个响头,图的是万事如意,生财有望。然而,神仙求遍了,东黑河依然穷得叮当响,过着光嫁姑娘不娶媳妇的苦日子。

当外面的风终于吹来时,东黑河人开始探头探脑地闯世界。1986年春节过后,最远只到过县城、家里从未满过仓的李满仓,带着俩刚成年的儿子,拿着从当民办教师的邻居家借来的一幅河南省地图,徒步北上郑州。凭着庄稼人的吃苦耐劳和诚实守信,3年时间,他们学会了修理钟表家电的全套技术,到沿海贩了一阵手表零件,瞅准农村黑白电视销售的空当,建起了一个覆盖几个地市的家电经销网络。1989年春节,拥有10万元家产的李满仓,在全村第一个用地图换下了自己敬了几十年的全神图。

李满仓这一惊世骇俗的举动,让村里的年轻人彻夜难眠。几天之后,他们不约而同地进行了神像和地图的"交接"仪式。从此,广州、大连、北京、新疆,到处都出现了三五结伴的东黑河人。地图把东黑河与外面的世界拉得越来越近,东黑河人的腿也越来越长。每到农闲季节,80%以上的青壮劳力都会拿着一张地图走出去,做木工,搞建筑。他们用勤劳的双手盖起了一座座钢筋水泥或红砖青瓦的楼房,挣来了儿女的学费,养育了自己的老人。青年木工李列到大连奋斗了几年后,在那里办起了自己的家具商场,被村民们戏称为"东黑河的常驻大使"。36岁的李世英从走村串户替公家收粮,到成立自己的农副产品购销公司,走南闯北,手头总不离一本地图册。生意越做越大,他们家的地图也由县到地区到省次第更换,今年换了第四次,变成全国地图了。在他家的《中国政区图》上,有1/3的省份用铅笔、钢笔、圆珠笔画上了各种记号。他说:"咱也知道啥叫地大物博,东黑河到底在哪里了。凡是图上画过的,我都去过了。总有一天,我会把地图上的所有省市都画上几道。"

年过花甲的李陈氏,尽管没上过学,没学过地理,但她认识地图上的北京、新乡、西安、上海,儿行千里母担忧,她的四个儿子在那些地方打工或工作。看着地图上一片黄绿色包围着的西安,好像儿子就在身边。

东黑河村周围的农民,也开始喜欢地图了。上蔡县新华书店说,1993年,农民从他们那儿买走了17500幅地图。

《取下神像挂地图》刊发于《中国青年报》1994年4月26日一版头条。记者从豫南一个村庄在家中最神圣的中堂位置取下祖宗灵牌和神像、挂上地图的现象入手,深入采访、剖析,角度新颖独特,以小见大,以点带面,以生动鲜活的语言,呈现了改革开放大时代下中国农村发生的深刻变化。

该篇消息作品受到新闻界的点赞。新华社原总编辑南振中先生称赞作者在以小见大的报道中,体现了"超人的认识和分析事物能力。"另有多位新闻学者称此稿"巧选角度,以新取胜","看似波澜不惊,实则自成丘壑",是"一篇新闻经典"。

(二)广播媒介消息赏析

广播的新闻内容呈现方式与报纸差别很大,它是将文字转化为声音后传递给听众。为了提升听众的听觉感受,广播新闻工作者需要将新闻消息的文字进行加工整理,将多余的、无效的部分进行剔除,使需要向听众广播的内容框架变得通俗、凝练。同时,广播一则新闻需要有效控制时长,若篇幅过长会消磨听众的耐心,使听众难以抓住消息重点;若篇幅过短可能会缺失新闻要素,使听众忽略消息重点。

广播新闻消息的写作决定了后期配音的整体风格。因此,广播新闻需要做到先声夺人,将消息中最重要的部分或最具悬念的部分先传达给听众。可以利用倒金字塔结构进行广播新闻写作。针对某一时期内公众热议的社会事件或媒介事件,在广播新闻开头体现出新闻最重要的内容,以达到吸引听众注意力的目的,随后再逐渐在主体里填充新闻要素,补充新闻背景等。以2021年3月1日南京新闻频率《1069正在播报》的一则广播新闻为例:

"辣笔小球"被批捕 新罪名"精准打击"

今天上午,南京检察机关以涉嫌侵害英雄烈士名誉、荣誉罪对犯罪嫌疑人仇某明批准逮捕。这是首次以这一新罪名办理的刑事案件。

犯罪嫌疑人仇某明,微博名"辣笔小球",2月19日在新浪微博上先后发布两条信息,贬低、嘲讽卫国戍边的英雄烈士,造成恶劣社会影响。今天起施行的《中华人民共和国刑法修正案(十一)》第三十五条规定,侵害英雄烈士名誉、荣誉,严重损害卫国戍边英雄烈士的人格尊严,严重损害卫国戍边军人形象,损害社会公共利益,依法应予追诉。南京市建邺区人民检察院依法对犯罪嫌疑人仇某明批准逮捕。

音频:《"辣笔小球"被批捕 新罪名"精准打击"》

之前,类似案件大多以涉嫌寻衅滋事罪办理,而本案采用今天起施行的《中华人民共和国刑法修正案(十一)》明确规定的"侵害英雄烈士名誉、荣誉罪"这一新罪名。江苏镜见兴律师事务所律师袁胜寒:

【录音】

"刑法的修订是把英雄烈士作为一个特殊的客体予以保护。"

以"侵害英雄烈士名誉、荣誉罪"来惩罚相关违法犯罪,就是要以法之名为受侵害的英雄烈士主张权利讨回公道,就是要让违法犯罪者知戒惧、明底线。犯罪嫌疑人仇某明也表达了自己的忏悔之情。

【录音】

"(仇某明忏悔)我这样的行为是一种良知泯灭的行为,我非常地自责,非常地懊悔。"

【新闻背景】

仇某明,男,1982年生,网名白衣渡江、辣笔小球、球夜行等。2021年2月19日,微博管理员发布消息称:"辣笔小球"发布诋毁英烈的时政有害内容,对该账号予以禁言一年处罚。2月20日,南京警方发布通报:仇某明因在微博上发布恶意歪曲事实真相,诋毁贬损5名卫国戍边英雄官兵的违法言论,被警方以涉嫌寻衅滋事罪刑事拘留。2月25日,公安机关以涉嫌寻衅滋事罪提请检察机关批准逮捕。2021年5月31日,江苏省南京市建邺区人民法院依法公开开庭审理被告人仇某明侵害英雄烈士名誉、荣誉案。被告人仇某明犯侵害英雄烈士名誉、荣誉罪,判处有期徒刑八个月。

2021年3月1日,《中华人民共和国刑法修正案(十一)》正式施行,加大了对英雄烈士名誉、荣誉的保护力度,并明确了"侵害英雄烈士名誉、荣誉罪"这一新罪名。当天,南京检察机关通报,对在网上诋毁英雄烈士的微博大V"辣笔小球"以涉嫌这一新罪名批准逮捕,同时决定开展公益诉讼调查工作。据最高检在向全国人大做的报告中披露,这是全国检察机关首次以此罪名办理此类案件。

该条广播新闻的播出时长为1分28秒,通过该广播节目和新闻背景不难发现,记者抓住"第一案"的特点,当天第一时间采访了相关专业人士,简练、准确地介绍了案件的经过和警示,重点介绍"侵害英雄烈士名誉、荣誉罪"出台的背景和意义。尤其难得的是,当天晚上检察机关公布了"辣笔小球"忏悔的视频,记者立即做出反应,将此内容纳入节目,让节目更生动更有说服力。稿件短小精悍,新闻性强,时效性强。从听觉效果看,导语播报为男性声音,正文内容播报由女性进行,中间和最后使用律师和当事人仇某明的声音,显得条分缕析,便于收听。

(三) 电视媒介消息赏析

电视新闻消息结合了声音与图像两种方式,能够让观众切实地感受到新闻现场氛围。这种新闻消息需要结合画面内容和人物采访进行撰写,以保证画面信息、字幕信息和电视解说信息一致起来,增强消息的真实性,提升内容可信度。以第十六届中国新闻奖电视消息类唯一的一等奖作品《地震灾区第一夜》为例：

地震灾区第一夜

【主持人】昨天上午8点49分九江发生里氏5.7级地震，截止到今天上午9点，已监测到发生余震182次，其中震级最大的为5.0级。瑞昌市九江县有40万灾民被转移到室外空旷地外。在最低气温只有八摄氏度的情况下，这么多人的生活状况如何？地震灾后的第一个夜晚，我们的记者在该区进行了跟踪采访。

【电视画内音】(26日晚7:30)发生余震的可能仍然存在，室内活动很不安全，发生余震的可能仍然存在，室内活动很不安全。

【画外音解说】确保不发生新的伤亡是首要任务。地震发生后，瑞昌市四辆巡逻车不间断的广播宣传，50个民兵小分队逐步进行排查，要求所有群众到户外紧急避险。晚上8:30，记者所跟随的排查小分队发现，在桂林街办的一栋楼房内，一名妇女仍然滞留在家中。

【灾民】我不走不走不走，我就在这里待着，我就在这里睡觉，不要紧，不要紧。

【排查队员】这个也是对你的安全负责。

【画外音解说】经过七八分钟的劝说，得知家中的物品能够安全保障，终于同意从家中搬出。晚上九点，九江县人民医院被震裂了的手术室里紧张忙碌，医生护士正在为一名产妇做剖腹产手术。由于受到地震的惊吓，这名产妇出现早产现象，不及时手术，母婴都有生命危险。两个小时后产妇平安地生下一个男孩儿。为了记录这一特殊的时刻，小孩儿起名叫"抗震"。

【画外音解说】在九江抗震救灾应急指挥部，地震专家们正在进行紧张的数据采集和测算。晚上11点，国家地震局专家做出了震警预测。

【国家地震局抗震减灾司司长】根据这个会商的结果和目前已有的资料，我们认为发生更大地震的可能性不大。

【画外音解说】(27日凌晨1点)凌晨1点，武警消防官兵们迅速行动，一场搭建帐篷的大会战也同时展开。街道干部、公安干警、灾区群众积极行动，扛材料、支骨架、盖顶棚，一顶顶帐篷在寒风中迅速矗立。

【灾民】使我们灾民冻不着、淋不着，我们非常感激他们。在受灾以后，有这么多人关心我们，帮助我们，使我们处处感觉到社会主义大家庭这种温暖。

【画外音解说】(27日凌晨3点)凌晨3点，我们遇到了横城街办民政所所长，这是当晚的第三次与他相遇。此刻，他仍在一个帐篷一个帐篷地发矿泉水、方便面。地震发生后，他顾不上自家房子的严重受损，连续十几个小时在几十个灾民安置点来回奔波。在瑞昌电视台发现在路边的临时工作区，尽管广电大楼成为危房，但有关抗震救灾的报道一分钟都没有耽搁。这里灾区最快捷的信息平台。

【瑞昌电视台台长】在这样一个非常时期,我们就应该及时地把一些防灾救灾的知识传递给人民群众,把党的声音、党的温暖及时地传达给人民群众。

【电视画内音】(27日早晨6点)观众朋友早上好,今天是11月27号,欢迎收看《瑞昌早新闻》。昨天主震后又发生了100多次余震,但没有造成新的伤亡。目前,抗震救灾工作正高效有序展开,灾区群众的情绪逐步恢复正常。

《地震灾区第一夜》这篇报道破除了一般灾害性报道的套路,报道中没有出现领导角色,报道焦点对准了灾区百姓。这篇报道以多视角记录了地震之后瑞昌市、九江县第一个晚上的真实状况。这则报道以一晚作为纵向叙事时间,以五个现场作为横向叙述内容,不仅信息、主题表达到位,又体现出记者高度的责任感和很强的业务水平。

这篇报道有针对性地提出发挥主流媒体在重大突发事件中的舆论主导作用,牢牢把握宣传导向,牢固树立政治意识、大局意识、责任意识,从政治的高度认真做好报道,对于树立媒体的"主流、权威、公信力"的形象有很好的促进作用。这篇报道很快被中央电视台等全国十几家媒体采用。

(四)网络媒介消息赏析

网络媒介集合声音、文字、图像形式于一体。以网络媒介为代表的新兴媒体与传统媒体相比,新兴媒体传播的信息更具有交互性、时效性和不确定性。因此,在撰写网络新闻消息时,需要根据网络平台的表现形式和受众需求做出合理调整。例如,在微博平台中,官方媒体在发布消息时通常以标题+文字+图片或标题+文字+短视频的形式,便于用户获取、理解、传播和讨论新闻信息。同时,网络媒介消息可以随时发布、随时修改,文字篇幅可长可短,不受时空限制,这是传统媒体所不具备的优势。以2022年5月14日光明网发布的新闻消息为例:

新冠死亡人数达100万!美国降半旗

12日,美国总统拜登就美国新冠肺炎死亡人数达到100万发表声明。同时,美方一些人仍在指责中方防疫政策。外交部发言人赵立坚在13日的例行记者会上就此作出了回应。

拜登:"悲剧性里程碑"美国累计新冠死亡病例达100万

美国总统拜登12日在白宫网站发表声明说:"今天,我们纪念一个悲剧性里程碑:100万美国人死于新冠。"

5月12日,在美国华盛顿,华盛顿纪念碑周围的美国国旗降半旗悼念新冠逝者。

拜登说,逝去的每条生命都是不可弥补的损失。拜登提出,要对这场大流行继续保持警惕,尽所能拯救生命。他表示,在未来几个月,美国国会拨款资助新冠检测、疫苗、治疗等资源至关重要。

美国全国广播公司新闻台和"世界实时统计数据网站"的统计显示,美国累计新冠死亡病例数已超过100万例。

美国约翰斯·霍普金斯大学发布的疫情最新统计数据显示,截至美国东部时间12日9时20分,美国累计新冠确诊病例达82227408例,累计新冠死亡病例达999009例。

截至目前,美国仍是累计新冠确诊和死亡病例最多的国家。美国国家过敏症和传染病研究所所长安东尼·福奇此前反思说,美国本应是应对新冠大流行准备最充分的国家,却成为受疫情影响最严重的少数几个国家之一。

美国总统拜登12日下令白宫和所有联邦公共建筑物降半旗,以哀悼因感染新冠病毒死亡的百万民众。

白宫冠状病毒应对工作组协调员阿希什·杰哈当天警告,美国仍处于大流行状态,将继续面对不断变异的新冠病毒。

5月12日,美国华盛顿白宫降半旗悼念新冠逝者。

外交部回应"美新冠肺炎死亡人数达100万"

外交部发言人赵立坚在13日的外交部例行记者会上表示,首先我想对这100万不幸逝去的生命表示深切哀悼。美国国家大教堂敲响了1000下钟声,这钟声既是纪念哀悼,也是警醒拷问。疫情面前,资本和人命孰轻孰重?政治优先还是生命优先?到底是谁把人权当口号、是谁才真正以人为本?答案不言自明。

中国政府秉持人民至上、生命至上的理念,始终把人民群众生命安全和身体健康放在首位,坚持"动态清零"总方针,采取科学、精准的防疫措施,努力以最小的代价取得最大的防控效果。尽管任何防控措施都不可避免会对经济社会造成一定影响,但相较于无价的、不可挽回的生命,这些代价是值得的,也是暂时的。只有尽快把疫情蔓延的势头遏制住,才能保障经济的持续健康发展。在中国政府和人民的共同努力下,中国本轮疫情防控已经取得阶段性成效,整体呈现波动下降趋势,各地大力推进有序复工复产。

我也注意到,在美国100万逝去的生命中,有20万是奥密克戎变异毒株流行后感染死亡的。这表明奥密克戎毒株的危险性依然不容小觑,现在放松警惕为时过早。当前全球抗疫仍处于关键时期,中方将继续秉持人类卫生健康共同体理念,在构筑自身免疫防线的同时,为消除全球免疫鸿沟作出更大贡献,同世界各国一道努力,争取早日战胜疫情。

传统新闻记者收集信息需要人工抄录,由于人体自身的局限性,出现误差是在所难免的。并且传统新闻记者鉴别新闻源需要进行实地考察和采访,耗费大量的人力和时间。伴随着网络技术和人工智能的迅猛发展,新闻生产方式打破了时间和空间的局限,尤其是当前的"机器人写作"能够加快数据采集与整理、提升新闻生产效率、减轻新闻工作者的压力。原来需要编辑记者用15—30分钟时间完成的稿件,机器人只需要几秒钟就能完成,让编辑记者从基础数据信息的采写中解放出来,将更多时间用于采写深度分析稿件。

目前，国内有今日头条的 Xiaomingbot、新华社的快笔小新、《南方都市报》的小南、腾讯财经的 Dreamwriter 等，国外有《华盛顿邮报》的 Heliograf、美联社的 Wordsmith 等。"机器人写作"的稿件主要集中在体育和财经行业。因为这两个行业信息密度高、数字密集且瞬息万变，绝大部分媒体报道都是快讯，比如某场赛事的比分进展、运动员状态、股市变化等等。

全媒体时代的到来改变了新闻媒体的生产结构与传播理念，使新闻消息写作迎来了机遇与挑战。一方面全媒体为新闻消息的发布与呈现提供了多维的技术手段和呈现方式，另一方面也为全媒体记者的新闻写作带来了全新的理念与严峻的挑战。这就迫切要求新闻编辑适时调整与升级新闻写作的方向与手段。

第二节 专题的写作

一、新闻专题的内涵、特点和形式

新闻专题是就某一新闻题材所作的深度报道，这种报道比较详尽且有深度，是对新近发生的重大事件的充分报道。时效上，它和消息最为接近，是报道刚刚发生或正在发生的事；内容上，它是消息类新闻简要报道的延伸、扩充，是较为详尽、全面的报道。

新闻专题节目的特点主要有：新闻性——区别于社教类专题的主要特点；专题性——消息类新闻的延伸和拓展；重要性——题材需精选。

常见的专题类电视新闻节目主要有以下几种形式：

一是专题报道，如"两会"专题报道、3·15专题报道等。从题材类型来划分，专题报道主要有典型报道（典型报道研究）、重大新闻事件的现场报道、重大新闻事件的总结性报道。

二是专题新闻调查，如央视《新闻调查》、美国《60分钟》等。对专题新闻调查，美国调查性报道记者编辑协会给出的定义是："一种通过记者个人的新闻作品去揭发一些人或组织希望不为人知的重要事实的报道。"调查性报道必须具备三个基本要素，即：① 调查由报道者，而不是别人来完成；② 报道的主体包含某些对读者或观众而言有一定重要性的事实；③ 其他人正在企图对公众隐瞒这些事实。调查性报道的基本要求是：准备——掌握翔实的材料；采访——展现调查过程；客观——融观点于调查过程中；魅力——观众参与思考；目的——揭示真相；手段——隐性采访；原则——客观公正。

三是连续报道和系列报道。连续报道和系列报道的共同特点是，克服单篇报道的偶发色彩和势单力薄的不足，能在一定时期内形成强大的宣传声势，既可以反映面的广度,又可以跟踪线的深度,还可以把报道和评论结合起来,多层次多视角地解决一个或一类问题。但严格意义上,连续报道和系列报道并不是一回事。连续报道是就一个事件的起因、变化、发展、结果,组织跟踪报道或评论,陆续播出,连续报道是对一个新闻事件的连续性报道。连续报道的对象是不可预知的事件性新闻,以新闻事件自身的发展和时间顺序纵向展开,连续报道的特点突出表现为时效性、连续性、客观性、完整性。系列报道是以一个主题为核心,从不同角度和方面组织多条消息、多篇报道或评论,陆续播出,系列报道在结构上往往表现为并列式的报道。系列报道的对象是可预知的非事件性新闻,是在一定时期内将同一重大新闻主题或典型事物以新闻主题为依据横向展开,系列报道的特点突出表现为针对性、导向性、密集性、平行性。

四是专题访谈,如央视《面对面》、凤凰卫视《锵锵三人行》等。专题访谈节目又可细分为电视专访和谈话节目两大类。电视专访涵盖了人物访问、事件性访问、观念性访问等方面,专访的针对性和确定性较强,话题和人物一定是事先确定好的,专访的内容、专访的提纲、专访的顺序乃至于专访的节目架构都成竹在胸。谈话节目通常表现为新闻性谈话节目,是在主持人主持下,邀请嘉宾和观众,就群众普遍关注的问题,以平等的对话交流的方式,充分表达各自的意见、观点和见解,这类节目在国外又被称为"脱口秀",即 Talkshow 或 Chatshow。谈话类节目可以设定一个主题,围绕某个话题来展开,各抒己见,畅所欲言,也可以不设主题,海阔天空,天马行空,神侃一番。专题访谈节目的成功与否,不仅决定于主持人和制片人本身,还取决于具体的选题、嘉宾的水平、现场的发挥和政治环境等诸多方面。

二、专题写作基本要求

1. 策划要求

首先要明确好主题,找准新闻着眼点,专题策划就是在搜集相关信息的基础上,对信息进行取与舍、梳与理的过程,并进行高层次的创作,实际上是对信息本身的一次再生产和转化。选题策划的着眼点应放在观众对信息的需求和时代要求上。

2. 切入点

小切口,大视野,可以在平凡的新闻信息中找出不平凡的亮点来,在普通的现象中挖掘出深邃的哲理来。采用个性和情节化的故事手法来讲述新闻内容,让故事成为专题节目的开端,这是做专题节目的一个创新尝试,新闻化的故事总是在较短的时间内吸引观众,即使在采制话题类新闻专题时,也尽可能将镜头对准具有代表性的个人,以小见大,以个体代整体,将个人的经历推及自己或者观众身边的人,从而模糊变清晰具体,观众对这类话题也会有更加深刻的认识和认同。

3. 细节和场景

难以捕捉到具有视觉冲击力的镜头,电视画面难以具有可视性。故事性是新闻作品特别是专题报道中吸引观众的最主要元素。细节最能打动人,生动的场景总是让人耳目一新，并印象深刻，因而尽可能把新闻报道做得更富有故事情节性，在讲故事中凸显细节，故事结构起伏跌宕，才能使观众在观看专题节目中产生情感共鸣。

4. 包装制作

要在编辑制作过程中加强对信息的取舍和节目的包装制作。编辑制作是整个传播过程中的一个重要环节，只有编辑制作，才能使节目得以定型，然后传播出去。编辑制作，就是运用设备对新闻信息进行加工处理，关键在于对信息进行构思，进行组合，从而使所采集的信息清晰完整，要表达的内容富有感染力。

三、人物专题写作

新闻专题不仅要用事实说话，还要用形象说话、用人物说话，这样才能创作出较好的新闻专稿。尽管人物通讯、人物专访和人物特写各有侧重，但作为人物专稿，它们都具有文字简洁、内容充实、新闻性突出等共同特点。并特别注重"新度"，也就是题材和视觉的创新，让人耳目一新；"广度"，也就是内容丰富，具有新闻价值的事例众多；"深度"，也就是写作的内涵和感情深厚，富有感染力。

人物专稿的写作最能体现记者本人的风格和特色。

（一）打入受众的思维圈

要写一个人，只告诉受众他说些什么，而不讲他怎样说是不行的。只说这个人是谁，而不讲他是哪一类人，他想成为哪一类人，是不行的。写一个人要说明他惧怕什么，怀念什么，最喜欢什么和最讨厌什么，他曾有过怎样的幻想破灭，还有哪些朦胧的向往。写一个成功者要谈到他往日的失败，写一个人的生平要提到他本人对自己的评价。

当你拿出一份特写的时候，要同时告诉受众事物非同寻常的一面和平平常常的那一面。以小方能见大，以大方能见小。要和受众打成一片，打入受众的思维圈内。

（二）人物专稿的基本写法

（1）从一些侧面反映所写人物的特征，表达某种思想。

这是由人物专稿是新闻的一种体裁这一特点所决定的。这种写法要求在新闻人物构成新闻性的那部分多下笔墨，只写一个侧面或几个侧面，不涉及其他方面。

（2）问答式是记者经常采用的方式之一。

在人物专稿中，人物的对话是必不可少的。通过对话可以反映人物的心态、想法和再现现场气氛。

（3）新闻故事和背景灵活穿插、巧妙结合。

交代人物背景，如他的家庭出身、个人经历以及与人物有关事件的梗概等，对读者更好地了解人物，理解他的想法、做法和性格都是十分必要的

(4) 通过他人之口来描写新闻人物。

人的性格往往是多面的。公众人物在公开场合的表现并不一定是他们真实的性格，或者说不能完全反映他们的真实面貌。作为政治人物、明星，他们在公开场合也许是热情的，富有感召力的，但在私底下也许是沉静的、郁郁寡欢的。别人，特别是他身边的人，对他的看法会使读者感到更真实，因而怀着更大兴趣去关注。因此，通过采访名人身边的人来写新闻人物也是人物专稿的一种方式。

(三) 人物专稿的结构

人物消息基本上还是采用消息的写作方式，即"倒金字塔"。人物专稿则不一定，需要根据主题的要求来安排结构。一般而言，它的结构不外乎纵向式、横向式和纵横结合式这几种。

(1) 纵向式。

它以时间为顺序，展现新闻人物在某个阶段或某个事件中的体验和经历。这种结构线索简单清晰，便于读者了解新闻人物的经历，是人物专稿中经常采用的结构。但这种结构也并非千篇一律的固定模式，像流水账似的记述新闻人物说了什么，做了什么，而是要根据主题的需要，按时间顺序来选择材料，时间顺序也并非一定按新闻顺序，可以根据需要灵活安排

(2) 横向结构。

也就是并列结构。根据主题需要，可以各个不同侧面或故事介绍人物。横向结构可以增加报道的深度，增加人物的立体感。

(3) 横向和纵横结合式。

即按时间顺序和主题侧面两条线索安排材料。时间为"经"，主题侧面为"纬"。

(四) 人物专题片的解说和配音

人物专题片往往将各行各业有代表性或有特点的人物作为反映的对象，以表现一个主题，一种立意。在人物专题片中，解说与画面多呈互补状态——解说词表现人物的内心活动或人物的经历、背景、事件过程等，画面则对人物形象、人物活动、工作环境以及人际关系给予形象化、直观性的展示。

人物专题片的解说词一般是叙述型的，表达极为自然、流畅，语言亲切、自然，较平缓。

人物专题片的表现形式比较灵活多样。人物有以第一人称出现的；也有第一、第三人称交替出现的，时而是叙述者，时而是人物自己的对话；也有的是对话形式；还有男女对播的。

解说者既是叙述者，又是节目中人物的代言人，因此解说者一方面要把握好自己解说的角度，进入人物的视野来说话，另一方面解说还要将叙述者的内心，化为主人公的心态，以 Ta 的口吻述说，表现 Ta 的内心感情，使人听起来亲切、自然。

四、电视专题片的创作

电视专题片是运用现在时或过去时的纪实,对社会生活的某一领域或某一方面,给予集中的、深入的报道,内容较为专一,形式多样,允许采用多种艺术手段表现社会生活,允许创作者直接阐明观点的纪实性影片,它是介乎新闻和电视艺术之间的一种电视文化形态,既要有新闻的真实性,又要具备艺术的审美性。电视专题片从风格上分为纪实性专题片、写意性专题片和写意与写实综合的电视专题片,从文体上分为新闻性专题片、纪实性专题片、科普性专题片与广告性专题片。

扫码获取资源

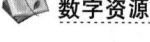**数字资源**:电视专题片《家就是岛 岛就是国》文稿、视频,扫码获取具体内容。

(一)创意策划

专题片不是纯新闻,它不要求时效性,而是追求历史的、文化的和社会的价值;它兼容某些新闻的特性,但与新闻有着本体的不同。它的重要功能就是"对事实和对真实自然的人、人性的高度尊重与揭示",有着顽强的艺术生命力。

如今,专题片已开始拒绝枯燥无味的叙事和极其冗长的镜头,追求"可视性""节奏性""故事性"。这就需要对专题进行全方位的立体的策划和包装。

专题策划首先要精心选材。专题片可涉足的范围极为广泛,包括会议专题,历史题材,民生报道等等。而选题的关键在于它的内涵价值,选材要让受众感觉到它深刻的思想内涵给了自己一个心理切口,使其能动地介入片中,产生情感的共鸣,达到心灵的互动,然后带着思索离开。

其次,策划还要从制片观念上进行调整。真实性是专题片自始至终的追求。通过纪实手法的运用和表现,让人们感受到真实再现的品格,这是一种平民化的意识表现,它平视、客观的特点赋予了专题片感染力和生命力。所以在制片时,应尽可能避免主观性的说教,而要从受众心理的角度给专题片定位,彰显其平民意识。

应当明确一点,制作专题片的初衷不是把一个现成的或编导主观的结论强加给观众,而是让观众在观看的过程中主动思考,能动介入,尽管每个人领略和思考的东西不同,但结论是观众在平等、能动、投入的状态中获得的,绝没有强求的痕迹。

因此在创作时,一定要注意从观念上找准定位。

专题片的策划与包装归根到底要从创作的方式上寻求突破。马克思曾说过:"艺术来源于生活,而高于生活。"没有策划与包装的专题片是黯然无色的,没有加工的素材是平淡无奇的。电视片排斥人为的虚构却不否认创作者的艺术表现,这就需要采编人员深入挖掘电视表现的潜力,整合人才和声画资源,全方位进行包装。

专题片策划首先是一种智力投入,策划的前提是厚积。专题片策划不仅是一两个点子,而是许多个点的集合。它就像是一条贯穿节目始终的智慧线,在节目中承担了思想引擎的作用。专题片策划就是理论对实践的支撑。没有相关知识的积累、人生阅历，不了解电视媒体的特点和优势，是难以胜任的。这就要求专题片的制作人员应当是一个多面手，他具备较高的思想文化素质、艺术审美能力，还要擅长计算机操作。这样才能在节目的定位、创意、制作上进行大胆的尝试与创新。

其次，采访现场是掘取大量素材的地方，声画同步使专题片专题具备了其他媒体无法比拟的魅力，所以应尽量采录原生态的现场资源来突出真实感。比如一个火灾现场，嘈杂的人声、噼啪的爆响、撕心裂肺的呼救，比任何手段都能扣紧观众心弦。再有，音乐是高度形象化的情感符号，音乐语言的运用，是直接表达艺术思想的有效手段。一个鲜明的主题在文字淋漓的表述后，加以音乐的烘托，更会锦上添花。

历史资料和空镜头的运用也是专题节目真实再现的一种手法。比如在采访历史人物的后期制作上，可以通过画中画等技巧把人物放到历史影片中，缩短时间差，使观众仿佛回到了战争年代；在表现贫困学生的理想追求时，只安排他学习的镜头会很平淡，可如果用飞翔的大雁，来寻求一种写意的境界，不仅丰富了作品的表现力，也深化和升华了主题，给观众以想象的空间。

另外，专题片制作软件的强大功能支持，也为片子的制作提供了广阔的创作空间。比如，蒙太奇手法的巧妙运用，各种特技、滤镜、漫画、图表、照片、字幕的恰当使用，使得片子可以精裁细剪，风光无限。

总之，专题片的策划与包装，是一个无限广阔的空间，经过精心策划包装的专题片，就像一座完美的雕塑，立体地呈现在受众面前。但是也应注意，这种艺术表现强调真实自然，它追求异彩纷呈，但不提倡光怪陆离；要求容量和深刻但拒绝烦冗和堆积。它不同于电影、电视剧、文学的表现手法，而像一面镜子反映着真实的人文和环境。

（二）专题拍摄

要制作出一部好的专题片需要很多的条件，比如好的选题、精彩的拍摄、感人的细节、准确的解说、优美的配音、流畅的剪辑等等。下面我们从拍摄的角度探讨一下如何为一部好的专题片获得素材。

1. 注重真实

电视专题片要求"真实地再现真人真事"，真实性是它的本质特性。在专题片的拍摄中，拍摄者应根据事先确定的主线进行取舍，选择一些与主题密切相关的事件，抓住富有揭示意义和价值的镜头，对一些必要的事件进行深入的拍摄，用画面反映拍摄对象的内部世界，表现事物的独特个性。从拍摄角度出发，我们应该注重两个方面的真实，即主观真实和客观真实。

2. 注意细节

所谓细节，是指在电视屏幕上构成人物性格、事件发展、社会情境、自然景观的最小单位。社会情境和人物性格的完整屏幕体现，往往是由许多富有生命力的细节完成的。细节在叙事、写人、描景、状情等各方面都有不凡的表现力。电视专题片的创作，应该调动电视的一切技术和艺术手段,通过富有生命力的细节,竭力渲染情绪,追索生活底蕴;以充满诗情画意的、深沉含蓄的生活细节,来震撼观众的心灵。

拍摄过程中要格外注意以下两个方面:首先要注重选择典型的具有感染力的细节。所谓典型细节,就是最有代表性、最能说明问题本质的细节,典型细节一般有蕴藏力和折射力,具有普遍性和代表性,一经运用,就能使作品的内容更突出、更鲜明、更深刻。其次要围绕主题选择细节。细节刻画是专题片中纪实美的重要体现。一个细节能否运用,先要放在主题背景下加以考察,要选择那些能说明主题、深化主题的细节。

3. 重视过程及偶发事件

电视专题片中最重要、最生动的部分就是事件的过程,没有过程,就没有了魅力。观众想要看到的是一个完整的过程而不只是一个简单的结果,事件类专题片对整个过程的展示就更加重要。拍摄过程可以从以下几个方面着手:

一是对拍摄的内容要十分熟悉,对拍摄什么,如何去拍摄,拍摄者在开机前一定要做到心中有数,只有这样才能向观众交代清楚你所要表现的东西,才能够让观众看得清、看得懂。

二是对过程的拍摄要打好提前量,拍过程的关键是要赶在事情发生之前,而不要等事情发生过了再去拍。拍摄时要做到提前开机,延后关机,特殊情况不关机。

三是对过程的展现要条理清楚,拍摄时要交代好因果关系,对事件的讲述要条理清楚、符合逻辑,要让观众能够看得懂。

四是合理使用长镜头,长镜头是现代电视纪实的一种拍摄方法,它是指在一个统一的时空里不间断地展现一个完整的动作或事件。长镜头记录的是现实生活的原形,平实质朴,让观众有一种生活的亲近和参与感;长镜头保持了时间和空间上的连续,在这一过程中,人物的行为、动作、交流能形成一定的环境氛围,能够展示人物的生存状态。由于镜头不断,所以长镜头有比较强的真实感;同时延续时间较长,因此能够比较完整地记录生活的原生态。因此,在拍摄过程中合理地使用长镜头,对专题片的创作有很大的帮助。

五是在保证过程完整的情况下要力求简洁,我们强调拍摄过程并不是说无论什么素材都去拍摄,应当在保证全面的情况下最大限度地减少拍摄的时间,这样既省时、省力又节约成本,同时也为后期的工作减轻了不小的压力。

(三) 镜头运用

不管是什么影视节目,都是由一系列的镜头按照一定的顺序组接起来的。这些镜头持续下去,使观众能从视频中看出一个完整的统一体。

1. 镜头的组接必须适合观众的思想方式和影视呈现规律

镜头的组接要符合生活的逻辑、思想的逻辑。不符合逻辑观众就看不懂。做影视节目要表达的主题与中心思想必定要明确。即思维逻辑选用哪些镜头,怎样将它组合在一路。

2. 景别的变动要采用"按部就班"方式

拍摄一个场面的时候,"景"生长不宜过度激烈,否则就不容易连接起来。同时,拍摄角度变动不宜大,否则拍出的镜头也不容易组接。风景由远景、全景向近景、特写过渡,用来呈现由低沉到高昂向上的情绪和剧情的成长。

3. 镜头组接中的拍摄偏向

拍摄必须重视拍摄的总方向,主体物在进出画面时,从轴线一侧拍,否则两个画面接在一起主体物就要"撞车"。拍摄画面要特别注意是否有"跳轴"景象。

4. 镜头组接要遵循"动从动""静接静"规律

如果两个画面中的主体活动是不连贯的或它中间有停顿时,那么这两个镜头的组接,必须在前一个画面主体做完一个完整举动停下来后,接上一个从静止到起头的举动镜头,这就是静接静。如果一个固定镜头要接一个摇镜头,则摇镜头开端要有起幅;一个摇镜头接一个固定镜头,那么摇镜头要有"落幅",否则画面就会给人一种跳动的视觉感。为了不凡效果,也有静接动或动接静的镜头。

(四) 片头制作

1. 声画结合

声画结合分为:画面、解说词相辅相成和画面、音乐互为烘托。

画面、解说词相辅相成:解说词配合画面的开头方式,也是比较常见的一种,此类片头一般适用于经济、文化、生活等类型的专题片。

画面、音乐互为烘托:画面配合音乐的开头方式,也是常见的片头表现形式,音乐作为伴奏,突出画面,更能吸引观众的注意力。

2. 播音主持描述

播音员在镜头前直接描述新闻,提出问题,由于此类专题风格比较严肃平稳,因此此类片子一般用于新闻类专题片。也有一些公司用这种方法推销自己的商品。

3. 开门见山

最简单实用的方法,直接展示片名,熟练的影视后期技术,用几个精彩画面直接展示片名,效果更佳。

4. 名言警句点题

名言警句往往会给人们耳目一新的效果,此类片子更新颖且寓意深刻。

(五) 配音要求

不同内容、类型、风格的电视专题片配解说词,在韵味、情调、吐字用声、表达方法上都存在不少差异,可形成不同的表达样式。每部片子的解说词,要求配音员在解说配音时既要遵从一般创作规律又不能拘泥于一般理论,要表现出极大的灵活性和创作个性。

1. 政论片

政论片往往将政治、经济、军事、文化等领域中的某一现象、某一观点、某一热点作为探讨的内容,其中不少属于重大题材,所记录的往往是重要事件、人物或重大节日。

政论片有明确的观点与见解,画面多为相应内容的形象展示。这类片子中解说词的作用大多重于画面语言,解说是主导,主要是议论,形成"议论型"的解说样式。

解说庄严、厚重、有内在力度,政论与纪实结合,哲理与激情交融。观众在观看这类节目时,对语言的注意大于对图像的注意。离开解说词,画面就显得杂乱无章。在解说这类节目时,不应压制声音和感情,不要怕喧宾夺主。有的政论性专题片因为特殊的风格又需要相对平实、舒缓、客观的解说,需要在具体实践中灵活把握。

2. 风情片

风情片的解说词往往把某一地域的风土人情、名胜、古迹或风光美景等予以展示,以满足人们猎奇、欣赏与拓宽视野的需求,兼有欣赏性和知识性。

风情片以展现景物的画面语言为主,解说语大多处于辅助地位。有人称风情片的表达样式为"抒描型",即很多时候以描绘、抒情为主。它的语言亲切、甜美、柔和、真挚、有兴味,咬字柔长,节奏轻快、舒缓。解说语言应有兴致、有情趣,要切合画面和音乐细致地描绘,真挚地抒情,体现对自然、对生灵由衷的关爱与珍惜,形成浑然一体的意境美和整体和谐的诗意美。

3. 科教片

科教片包括科技、卫生、文体、生活等各个领域的知识与教育。

这类专题片往往将各种需要讲解、表现的事物和需要阐明的道理清楚地展现出来,画面与解说也是互补性的。

科教片解说词以讲解说明为主,因而它的表达样式为"讲解型"。

4. 历史专题片

电视的专题,因为有画面的同步,要求配音员根据不同的情景交融,控制语速,控制情感,既不能像讲故事,也不能像播新闻。历史性的专题片,要求有历史的厚重,但不是简单地回忆过去,更多的是借鉴过去的精神,鼓舞当下的人们,唤醒人们的良知,所以,基调在回顾的部分不能太高,要稳,要有回忆感。

五、广播专题节目

长期以来,广播专题节目以其传播的快捷性,听众的广泛性,听觉的传真性,收听的便携性,听众的参与性等优势一直让广大听众朋友接受和喜爱,这对广播专题的采写和制作也提出了越来越高的要求。新闻专题报道关注新闻事实背后的真相,进行新闻事实延伸出来的解释性分析。广播媒体的深度专题报道在发挥舆论监督和引导职能的同时也提升了自身的竞争优势。

广播节目是用声音来吸引听众的。对广播专题来说,采访对象的确定和节目的前期采访,非常重要。从新闻传播的立意准备到对新闻事实的策划,以及通过探索广播的口语化传播,同期声和现场声的多角度变换等,努力使广播专题新闻报道实现更好的传播效果。节目的制作不仅要完美融合声音和音乐素材,做好主题策划,还要掌握话筒的使用方法,为后期的制作提供好的原始音源。在专题制作中,还应该按具体情况适时调整调音台及其周边设备,把握好每一环节的质量,这样才有可能得到理想的节目效果。

近年来,随着广播新闻事业的迅猛发展,新闻传播活动的内容越来越广泛,信息的载体越来越多样,广播新闻专稿体裁样式日渐增多,广播专题节目也在朝着多层次的方向发展,表现手段和播出方式越来越多样化。广播专题节目的形态发生了改变,传统的广播专题节目渐渐淡出,运用纪录片创作理念、创作规律和创作手法,以突出新闻现场纪实为核心架构的音响纪录片渐露头角。这种改变不仅是音响纪录手法的变化,更是创作理念的转变。

当今,大众传播媒体都非常重视通过创新,造就内容和形式"富于变化""新鲜奇特"的效果。媒体纷纷采取各种手段博人眼球,而故事化手段是其中的一种利器。在国外,"故事化"的手段很早就被运用到节目中,尤其在新闻节目中。对故事化叙述的重视实质上是对人的重视,即尊重受众的信息接受习惯,用受众最便于接受的形式讲述新闻。

六、企业专题片

一部好的专题片让企业的宣传绘声绘色,更直观,更有欣赏性,更能让人容易接受。无论是在展会,还是招商会、洽谈、竞标、汇报等各种场合中,都能见到企业专题片的身影。因为,一部制作精良的企业专题片,可以让销售人员省去很多不必要的口舌,更能向客户展现一个企业的综合形象和实力。一部制作精良的专题片,不仅能让企业与同行之间有着明显的层次区分,更能让企业在本行业中的形象愈加突出,让企业展现出自身的实力和个性魅力。企业专题片的内容多样化,可以根据企业量身定制,一般可以涵盖企业文化、企业发展经历、企业创办人介绍、企业排名、企业资金与实力、企业发展方向、团队风采、未来展望、企业荣誉、企业的用人理念等。

(一)企业专题片的要求

1. 开篇要有神

在开篇中丰满地展现企业的"神",给人一目了然的形象,才能使专题片快速吸引观众的眼球,才能让观众在接下来的时间里有兴趣、饱含热情地去欣赏企业的专题片。

2. 全篇要有魂

企业专题片的名称要统领整个专题,因为它是整个专题的魂,更是对企业整体的一句总结。企业专题片名称的撰写要遵循以下几个原则:

（1）专题名称必须要体现客户企业的行业地位和高度。
（2）专题名称必须要凝聚企业的文化内涵。
（3）专题名称必须要简短精悍，容易记忆。
（4）专题名称必须要与各个篇章的小标题相呼应。
（5）专题名称所体现的内容必须能渗透到整篇专题里去。

3. 结尾要恢宏

当客户观赏到最后的时候，也是观众最强记忆点的所在，因为人们在观看到结尾的时候会更加集中注意力。专题片不能虎头蛇尾，如果虎头蛇尾，则不能体现一个企业的整体实力，企业形象也会大打折扣。结尾是体现一个企业高瞻远瞩，展现企业恢宏未来的篇章，更是一个企业凝聚人心、振奋人心的篇章，只有开篇、结尾恢宏大气，鼓动人心，整篇专题的激情才能够调动起来。

4. 整体布局要气势磅礴

企业形象专题片要求大气。专题的整体布局要气势磅礴。其主要体现在要有大格局、大气度上，如何做到这一点，这就要见策划人的功底了。

大格局，首先策划人要胸中有物，要高瞻远瞩，站在客户行业的最高点来策划客户的形象专题片。大气度，就是要策划人在撰写客户专题的时候，一定要体现客户企业的行业地位。即使在行业内不是"整体第一"，也要策划出企业拥有行业"部分第一"的气度和高度。

5. 整体风格必须具有行业特色和企业特色

风格不仅是策划人写作的风格，企业专题也必须要具有企业本身的特色和所属行业的特色。

6. 层次分明，起承转合要自然

专题片层次分明，可以使整个专题片形成更多的记忆点，能够让专题片更流畅，更具有欣赏性。

整个专题要分篇章，每个篇章一个小标题。分篇章的原则就是不能破坏专题的整体格局，要契合专题名称。每个篇章之间要有过渡语句，这样使每个段落之间的起承转合更合理。

（二）文案（脚本）的写作

企业专题片文案（脚本）在写作前，必须首先分析研究相关资料，明确专题片定位，确定专题片主题。在主题的统帅下，构思广告形象，确定表现形式和技巧。企业专题片文案的写作，必须运用蒙太奇思维，用镜头进行叙事。语言要具有直观性、形象性，容易化为视觉形象。

以镜头段落为序，运用语言文字描绘出一个个广告画面，必须时时考虑时间的限制。因为企业专题片是以秒为计算单位的，每个画面的叙述都要有时间概念。镜头不能太多,必须在有限的时间内,传播出所要传达的内容。

企业专题片是以视觉形象为主,通过视听结合来传播信息内容的,因此企业专题片文案(脚本)的写作必须做到声音与画面的和谐,即广告解说词与电视画面的"声画对位"。

企业专题片文案(脚本)的写作,应充分运用感性诉求方式,调动受众的参与意识,引导受众产生正面的"连带效应"。为达此目的,脚本必须写得生动、形象,以情感人,以情动人,具有艺术感染力。这是企业专题片成功的基础和关键。

企业专题片解说词,也称广告词或广告语。它的构思与设计,将决定企业专题片的成败。

脚本的制作一定要强调艺术性,写出符合艺术规律且与电视画面相配合的解说词。假如本公司人员没有这方面的才能,一定不要勉强,要敢于向领导谏言,不惜重金请专业的写手代笔。要知道,脚本是重中之重。

(三) 设备的选用和镜头的拍摄

设备是专题片成功的关键。最好使用专业的、带有大广角的摄像机进行拍摄,这样拍出来的画面信息包含量很大。如果没有大广角,使用普通的专业摄像机也很不错,小高清等摄像机也能达到同样效果。不到万不得已,不要采用家用DV或手机进行拍摄。

企业专题片制作的基础就是日常积累的视频素材,在其基础上再进行相关镜头的补拍。补拍的镜头一定要注意艺术性。如果服务的企业没有摄像专业人员留下来的资料,那就要按照脚本,一个镜头一个镜头拍,十分钟左右的脚本往往得按一个月左右的时间拍,后期制作留出一个星期左右。拍摄和制作,要做出精品都是很费时间的。

设备除摄像机外,还有后期制作使用的设备,最好能用专业非编,如果条件所限,没有专业非编,组装一台能够进行音视频剪辑、速度较快、性能优良的个人电脑也会比较好地完成这项工作。

(四) 后期制作

(1) 专题片制作设计目标。企业专题片制作可以全面地展示企业形象、技术实力、传达企业文化以及生动形象地表现主导产品功能特点。

(2) 专题片制作内容。公司科技研发与品牌战略、人才经营与企业文化、公司业绩与诚信服务、展望未来再创辉煌等都是可以表现的内容,要体现公司现代化科技型企业的本质、产品特征、符合公司总体VI形象、产品动画专业美观大方。专题片配乐符合企业文化,反应新时代企业上进、创新、拼搏的精神,语言可以采用中英文版等。

(3) 专题片制作的过程。开发多媒体光盘软件系统需要企业与制作人高度配合,并需要多方面技术人才才能完成整个制作过程,其中包含文案策划、平面美术设计、程序开发、FLASH动画、三维动画、配音及音效编辑、多媒体合成等技术。这可以交给专业公司进行进一步的包装和制作。

第三节 实践案例：新闻专题中如何设置悬念

悬念，通常又被称为"扣子"，是指在文稿中作者有意设置的让人疑惑和难解之处，目的是引起受众的注意，吸引受众带着问题一直看（听）下去。

悬念的设置，不仅为报刊上的文章所使用，在广播、电影和电视节目中也经常得到运用。由于报纸是文字和图像的艺术，电台是声音的艺术，电影和电视则是声音、图像和文字的综合艺术，因此它们对悬念设置的要求及方法也不尽相同。就电视节目尤其是专题节目而言，悬念的设置相当重要，它是吸引观众眼球的一大法宝。一个节目最终得以播出，必须经过策划、采访、撰稿、编辑、主持、播音等多种环节，悬念设置得好不好在最后的成片中会得到检验。

一、从设置的位置看，悬念藏于四个相位

在电视产生之初，或者在电视刚刚普及的时候，人们被花花绿绿的荧屏画面所吸引，陌生感与新奇感冲淡了对电视节目的深层次要求。但如今，随着电视的普及，人们对电视节目的质量，包括节目的内容和表现形式的要求越来越高了。毕竟，遥控器掌握在观众的手里。在这种情况下，如何在节目中设置悬念，使观众"锁定"某个频道，就成为一个需要研究和把握的问题了。由于电视在制作中，总要先出稿，后成片，因此，悬念的设置首先在文稿中显现出来。那么，作为节目制作基础的电视文稿，在哪些情况下和哪些地方可以设置悬念呢？依笔者所见，悬念通常可以在四个地方进行设置。

1. 标题中设置，埋下伏笔

请看这样一道电视标题：《交警"救下"一杀人逃犯》。看到这个题目，观众肯定一下子就被吸引住了：警察从来就是抓坏蛋的，怎么会"救"逃犯，而且还是"救下"一个杀人逃犯呢？于是，观众必然迫切要求把这个节目看下去。原来，有一个杀害了医院院长后逃到南京的罪犯，准备在南京长江大桥上跳江自杀。一名交警刚好巡逻至此，上前一把抱住，后经深入调查得知此人系一杀人逃犯。悬念得到了解答，这个新闻稿的标题也被认为是再恰当不过的了。

2. 主持词设置，引人入胜

电视的一大特点是有主持人。主持人出像与观众进行交流，具有极强的亲和力。主持人说的话（也就是主持词）大多是事前写好的。因此，在主持词中安排一些悬念，能有效地吸引观众的注意力。主持词一般不宜过分张扬，要自然亲切，娓娓道来，忽然于某处戛然而止，"此时无声胜有声"。例如：

"观众朋友们,您好! 欢迎您收看今天的节目。在咱们这座城市,很少有人不知道'集合村'这个地方的,它的特殊之处在于,这里曾一度被称为'红灯区'。今天我们就向大写介绍一个发生在'集合村'的令人瞠目结舌又令人发指的案例:一位母亲介绍自己的亲生女儿出去卖淫。"

3. 行文中设置,渐入佳境

主持词之后,进入正文,同样也适宜埋设悬念。例如,有一篇电视文稿的主持词说,某地有一对夫妻相信鬼神,竟将自己的亲生女儿活活烧死,记者闻讯赶往现场采访。紧接着这样写道:

　　由于犯罪嫌疑人吴××系女犯,按规定被羁押在市看守所。检察院的同志带着开好了的提押票,和记者一起马不停蹄地来到市看守所,不想在这里却遇到了麻烦——记者的采访请求遭到了拒绝。

观众在听这段解说词时不免疑惑:父母因为迷信竟会烧死自己的女儿? 人们特别想知道这起骇人听闻的事件的来龙去脉,想了解这对夫妻怎么会如此心狠手辣。可作者却不急于告知原委。偏偏抖出一个采访遭拒的包袱,于是观众自然产生第二个疑问:看守所拒绝采访,难道真有什么理由不成? 这就增强了看完这个节目的兴趣。

值得指出的是:文中设置悬念,并非仅仅指的是文稿开头或故事刚刚展开时设置悬念。在故事一步步发展的过程中,均可根据需要设置一些悬念,从而达到一直将观众牢牢吸引住的效果。

4. 文稿末设置,余味无穷

电视节目有多种结束方式,比如可以这样结束:"××到底怎么样了呢? 请您明天接着收看!"这种疑问句加祈使句(请求式)的结束形式,可以称之为悬念式结尾。这种结构形式,与古时评书说到精彩处忽然来一句"欲知后事如何,且听下回分解"颇为相似,能有效地吊起受众的胃口。

电视的悬念式结尾一般用于三种情况:一是用于一连数日的连续报道,即对某一重大事件或与老百姓生活密切相关的事件的连续数日的深度报道。二是用于专题报道,虽然这个专题在一天的一个专栏内全部播出,但由于其涉及的方面广,需要按一定的顺序将其剖开,段落之间用解说词或画面串联,这时段落末尾就可采用悬念式。三是用于投诉节目,特别是用于表示记者深追下去的决心的时候。

需要注意的是,悬念式结尾并非任何时候任何情况下都可使用。如果滥用将可能让人感到记者在故弄玄虚、卖弄关子。

二、从设定方法看,悬念设置有多种方式

怎样设置悬念呢? 笔者从实践中总结出四种常用的方法。

1. 设问——步步为营法

打仗要一步一步地前行,一个碉堡一个碉堡地攻克;写文章要一段一段地写,一个问题一个问题地阐述。在问题与问题或者段落与段落之间,用设问的方式自然过渡,则不但层次分明,而且上下贯通、一气呵成,既使文稿如行云流水,又将作者的意图加以展现,节目的主题得以一步步揭示。设问的方法更多地体现在解说中。试体会:

(同期声)犯罪嫌疑人　张××:我账上的钱已经占了工程款的十分之一,数字是巨大的,也是可怕的。弄那么多的钱摆在那儿,我自己看着也心惊肉跳。

(解说)既然不义之财使自己"心惊肉跳",那为什么还要弄那么多的钱摆在那儿呢?

(同期声)犯罪嫌疑人　张××:我当时有些麻木了。

(解说)捞不义之财捞到了"麻木"的程度,足以说明张××对金钱的贪婪已经到了无以复加的地步了。那么,导致张××贪污公款达到"麻木不仁"状态的思想根源又在哪儿呢?

(张××写的《悔过书》摘录)深挖我犯罪的思想根源,是"钱迷心窍,贪赃枉法"。

2. 提问——刨根究底法

电视的一大优势是可以通过记者的提问和被采访者的回答,尽情展示双方的表情、心理和事件的发展过程。就电视文稿而言,不可忽略对采访提问的运用,特别是那些刨根究底式精彩纷呈的提问要广泛采用。这样,不仅能凸显记者的个性和水准,更重要的是可以把事情说深说透,并能紧紧地抓住观众。

请看下面的一段对话:

民工:我们已经有两年时间没有拿到工钱了。
记者:那是因为什么呢?
民工:我们的老板总是不给我们钱。
记者转身问民工的老板:你为什么不给他们工钱呢?
老板:不是我不给,是我的老板不给我钱。你叫我怎么办?
记者:你的老板不给你钱,又是出于什么原因?
老板:他说他没钱。
记者:你应该积极地跟你的老板去要呀!
老板:要过几次,但他不给。我跟他是老乡,也不好意思抹下脸面。

这一段对话,记者打破砂锅问到底,追根求源,每一个问题似乎都被对方的回答所化解,但紧随其后,记者又抛出另一个问题,如此这般,悬念接连不断。随着一问一答的深入,节目的主题"民工工资讨要之艰难"被活脱脱地烘托出来。

3. 引领——层层剥笋法

在现代社会里,人们通常不喜欢拖沓冗长的报道,但往往又希望深入了解事情的原委和真相。电视专题片怎样在相对确定的时间范围内,将事情的来龙去脉讲述清楚,同时又抓住观众,就成为一个需要认真对待和研究的问题。笔者认为,环环相扣、层层剥笋之法是一个行之有效的方法。

所谓层层剥笋,就是将事件或问题一点一点地分解,一层一层地剥开,最后达到揭示实质的效果。举例如下:

有观众投诉,房屋产权证数年都未办下来。问题出在哪儿呢?在采访过程中,房产局讲,只有国有土地上的房屋才能办产权证,集体土地上的不予办理。要办产权证,首先要将集体土地转为国有土地。土地局讲,集体土地要转为国有土地,必须要有规划局的红线批文。规划局讲,红线只能按照政府批准的建设项目划出,未画红线的部分是开发商的自发所为。通过将事情的原委层层剥开,真相也就自然清楚了:原来开发商及其主管部门为了某种目的,擅自将国有土地上的居民迁至集体土地上,结果使住户既上不了户口,又拿不到房屋产权证和土地使用权证。

4. 渲染——加重设置法

电视之所以好看,首先因为它是形、声、字、图兼备的艺术载体。形、声、字、图等诸多要素的结合,可以同时刺激人体的多种感官。电视文稿要有意识地综合运用这些表现手段和艺术形式,给观众以巨大的感染力和吸引力。这就是加重设置法。

电视文稿的加重设置法通常有两种方式:一是通过文字稿中转折、层递、承接等表达方式的运用,进行意义上的加重,以引发悬念。如:

> 一家三口,每月经济收入才七八百元,扣除房租二百元,日常生活可以说是相当艰难。然而,就是这样的情况下,母女俩居然还吸食毒品……

加重设置的第二种方式是在电视文稿中注明与之相适应的画面,并选用适当的出图方式,使声与形互为呼应,相得益彰。如:

> 每天凌晨,当小鸟开始鸣叫的时候,这位90岁的老太太就得从树木掩映的厕所里起身了。[画面:老人家艰难起身的慢镜头]

老太太住厕所?每天凌晨要从厕所里起身?种种疑问,加上年逾九旬的老人艰难起身的慢镜头,强有力地刺激着观众的神经,悬念急剧产生——这到底是怎么回事?

事实上,设置悬念,关键是要重视题材的选取。因为具有典型性的题材本身,就蕴含着许多的悬念,用敏锐的"新闻眼"去捕捉这类新闻事实,抓住了这样的题材,去粗存精地进行处理,也就在无形中设置了一个又一个悬念。

第四节 评论的写作

半月谈:《根治丰县极端个案背后的现实之痛 到了该痛下狠手的时候》

新闻评论是一种借助大众传媒平台,针对新近发生的新闻事实发表意见性信息的论说形式。新中国成立以来,新闻评论主要以报纸上的政论文为主。随着全媒体时代的到来,新闻评论的范围已经不仅仅局限于报纸上的社论、时评了。为了适应广播、电视、手机等多种媒介的传播特点,同时也为了满足受众全新的阅读、观看习惯,新闻评论的内容和样式开始变得更加多样化。要想撰写出符合不同平台要求、符合不同媒介形式的新闻评论稿件,我们首先需要充分理解评论写作形式和内容的转变。

一、新闻评论写作形式和内容的转变

1. 评论写作不再是单一单向的观点输出,而是多极多向的观点互动

在移动终端兴起之前,评论写作一直都是单一单向的模式。当新闻事件发生之后,先由评论员撰写稿件,然后发表在报刊之中,或者制作成广播或电视节目,播放给观众。这些评论作品基本上都是向大众进行单向的观点输出,带有强烈的宣教语气。而随着新媒体的出现与普及,电脑、手机、社交媒体,都对民众进行了"赋权",社会公众的选择性关注与认知被放大,公众自主发表言论、自由开展讨论的公共言论平台进一步扩大,话语传播影响力不断提升。越来越多的公众成为意见性信息的传播者和社会公共事务的参与者。普通民众开始利用微博、微信等新兴媒体进行自己的意见表达。同时,传统媒体也开始拥抱新媒体,尝试通过新媒体的渠道进行发声,使自己的新闻评论能够不在舆论场中失去地位。评论写作不应该是单向单一的观点输出,而是能够跨越不同平台、包容多元视角的观点互动。

2. 评论写作的形式变得更加多样,稿件长短和语言风格都需要灵活多变

长期以来,中国的新闻评论十分重视思想宣传的作用,传统媒体中的新闻评论多以政治性和思想性的风格为主。这些评论形式较为固定和单一,语言也有着明显程式化的特点,往往难以激发受众兴趣。在全媒体时代,评论写作的形式不再局限于传统的时评和政论,语言风格也出现了转变。一方面新的媒介形式促使着评论形式的转变,比如微博平台的崛起使得新闻评论不再是过往的长篇大论,一百字左右的简评受到了用户的广泛欢迎。而抖音、快手等短视频平台的兴起也使得新闻评论可以以短视频的形式广为流传,这就要求新闻评论的稿件长度和内容能够符合不同媒介形式的要求。另一方面,媒介技术的赋权已经使得原来由官方传统主流媒体所垄断的意见表达的渠道开

始多元化。这种被解放的话语权唤起了所有人的评论欲望,也激发了全民评论的潜力。而"草根"崛起,也开始通过时尚的语言进行率性表达,这种多元化而又贴近日常的评论方式显现出强大的意见中心的特征,也在重构着新闻评论的话语体系。新闻评论的话语需要更加符合大众话语体系,更加符合互联网的话语方式。在评论写作时,需要使用生动鲜活的话语风格,吸引受众的注意力。

3. 评论写作不仅需要考虑到文字本身,更需要考虑到文字与画面、视频以及不同平台特点的匹配和协调

随着媒介融合趋势的加强,不同媒介形式交织在一起,深刻地改变了媒介评论的表现方式和内容。新闻评论的撰写不再是纯粹的文字工作,同时还需要考虑文字与其他媒介形式的结合。在公众号平台上,文字需要与图片相结合,形成图文并茂的新闻评论;在短视频平台上,文字需要与视频内容结合,形成更有吸引力的短视频评论;在B站等年轻化社群中,文字有时还需要与音乐、动漫等内容相结合,形成全新的评论形式。如今,各大主流媒体平台早已形成由报纸、电视、微信、微博、App等各种媒体组成的矩阵,一条新闻评论必然会被投放至各个平台。然而不同的媒体平台有着不同的受众,这些受众也有着不同的阅读、收看习惯。因此,新闻工作者在撰写新闻评论时,显然不能像过往一样,只考虑到报纸、电视等正式媒体的话语形式。新闻工作者需要充分理解不同平台的特点,并针对这些特点使用符合其风格的语言,撰写出符合其受众喜好的文字。这就要求新闻工作者具有更高的媒介素养,同时具有更强的跨媒介叙事能力。

二、新闻评论写作的方法和策略

就目前来看,很多传统媒体的新闻评论工作者,对于全媒体时代评论工作的转变理解并不深刻。一方面,部分评论工作者依然在用传统新闻评论的思维方式、语言风格撰写评论稿件,与互联网文化完全脱节,不能够很好地吸引大众的兴趣和关注。另一方面,一些评论工作者曲解了全媒体时代新闻评论的方向,认为流量和爆点才是新闻评论追求的目的。这就导致新闻评论碎片化和娱乐化的倾向严重,丢掉了其原本引导社会舆论、匡正社会风气的重要作用。因此,我们需要指出目前评论写作中存在的一些问题,从多方面厘清全媒体时代评论写作的方法和策略。

(一)评论选题方面

众所周知,选题是评论写作的基础和前提,它确定了新闻评论所要论述的事实、问题或者范围,也基本决定了评论的价值高低。评论选题是评论思考、写作的起点,决定着评论写作的方向。如果新闻评论不能够选择一个合适的选题,那么即使之后的写作和论证工作做得再好,也无法产出一篇具有价值的评论文稿。甚至,有时负面的或者错误的选题会影响文稿的收录发表以及评论节目的正常播出。因此在决定评论选题的时

候,新闻评论工作者就必须十分慎重。而全媒体时代,新闻评论工作者在选择评论的议题时需要注意这样两个问题。

1. 选择符合媒体特点、受众定位的议题

在信息过载的时代,新闻评论的选题要比以往更复杂。每天都有大量的新闻事件在发生,也有大量的新闻事件值得被评论,没有任何一家媒体机构能够做到面面俱到,将国内外的大小事务都进行评论。同时,很多选题可能在这个媒体平台上合适,但是换到另一个平台就不合适。并不是因为它们没有价值,而是因为它们与媒体的自身定位以及目标受众不能契合。例如,发表在南京地方媒体龙虎网"中山新语"网络评论专栏中的评论文章《久久为功,迎来南京创新"沸点"》,这篇文章的议题是南京的城市发展策略。这是一个很好的选题,但是如果《河南日报》的新闻评论者选择这一议题进行写作,显然就不符合《河南日报》的媒体定位。再比如,沸腾网发布的《吴亦凡事件,以极端方式反映了娱乐圈病症》,选择了当下广泛讨论的吴亦凡事件进行讨论,这样的议题选择适合大部分娱乐性、社会性的媒体机构,但显然不适合中国长安网这样的官方性政治媒体。虽然全媒体时代很多媒体都在拓展新闻评论业务的范围,但是基于受众的多元化要求以及媒体自身定位的考量,各大媒体还是会制定专业的选题策略,明确相应的选题范围,从而实现差异化的竞争。如新华社、长安网等官方媒体,一般倾向于选择重大政治议题和民众热议的社会议题,撰写长评或者社论,进行深度的评论。像腾讯新闻、澎湃新闻、凤凰财经等商业媒体一般则会根据自己的特点,选取符合平台主题的娱乐议题、社会议题、经济议题,撰写评论文稿或者制作评论节目。一些地方日报社、电视台、相对较小的政府媒体,会将精力放在地方性重要事件或者当地社会议题上,而一些自媒体平台则会选择当下的热点事件作为评论选题。因此,在进行评论议题选择的时候,新闻评论工作者首先需要根据媒体的自身定位和受众特点,制定具有差异性的选题策略。

2. 选择真正有价值的议题

中国人民大学新闻学院马少华曾经说过:"选题就是人们在选择要评论的事的时候的价值判断……选题的价值判断尺度,要比新闻报道的价值判断尺度还要严格。"选题的价值决定着评论的质量,需要每个评论者慎之又慎。在万物互联的时代,新闻事件报道的数量已经出现了爆炸式的增长。在纷繁复杂的新闻海洋中,评论者的心中需要有一杆标尺,精准地挑选出其中真正有价值的新闻事件进行评论。判断议题价值主要取决于这样几个标准。首先是重要性。对于当下发生的重大事件,比如全国两会、奥运会等国内外大事,或者关系到民生、社会的政治决策,新闻评论者一定要十分关注。这样的议题关注度很高,影响广泛,关乎社会发展和人民利益,十分适合作为新闻评论的选题。其次是显著性。对于近期发生的舆论热点事件,比如明星天价片酬、杭州杀妻案等等,这些事件未必重大,却是社会关注的焦点问题,具有显著的社会影响力,会引发广泛的社会讨论。因此评论工作者需要注意这些选题,通过新闻评论进行舆论引导。接着是争议性。对于引发广泛争议的事件和举措,如衡水高中生演讲、开放生育政策等,新闻评论工作者需要重视这类选题。因为,争议性代表着不确定性,社会需要新闻媒体提供意见性信息来消除人们思想中的不确定性。然后是普遍性。有一些议题具有较强的普遍性,在人们日常生活中经常发生,如医患纠纷的事件、无偿加班的新闻等等。这些议题与人们的生活联系紧密,很容易引发人们的情感共鸣,因此也适合作为新闻评论的选题。最后是周期性。一些关于周期性的节假日、纪念日的选题也是新闻评论的重要内容,如国庆节、抗美援朝纪念日等等。针对这类选题,每年各大媒体都会在相应的时间段推出大量的评论节目,因此不可忽略。以上这些选题标准,只要能够具备其中一个,就可以作为评论的对象。有时候,一个事件同时具有几个属性,那这样的事件就更有评论的价值。比如明星代孕事件,就兼具显著性和争议性。比如国家实施的房产税政策改革,就兼具重要性、争议性和普遍性。新闻评论工作者一定要有清晰的价值判断能力,将精力投入到这些真正有价值的选题中,从而撰写出高质量的新闻评论文章。

(二) 评论的立意方面

如果说选题是新闻评论的基础,那么立意则是新闻评论的核心。选题决定了写什么,而立意则决定了怎么写。在选题确定之后,立意往往能够决定评论的质量高低和精彩与否。由于每一时间段的热点议题是有限的,成百上千家的媒体会集中选择这些热点议题,这就导致了不同媒体在选题上的"撞车"。要想在相似题材的新闻评论中脱颖而出,就需要在立意上下功夫、做文章。那么如何才能选好新闻评论的立意呢?

1. 新闻评论的立意要做到鲜明且理性

所谓的立意鲜明,就是要明确地表达出你支持什么,反对什么。新闻评论有着引导舆论的重要作用,所以它需要向受众输出确定性的想法。这就要求在确定立意的时候首先要有一个明确的观点。如果观点不够鲜明,就会导致受众思想上存在疑惑。新闻评论立意不明确的原因主要有两个。一是新闻评论者对于新闻事件的认识和理解不够到位,不能得出明确的结论。针对这一问题,评论者需要提高自己的专业知识和认知水平,认真思考、钻研自己将要进行评论的议题。正如日本时评作者中西辉所指出的,新闻工作需要经历一段时间的"煎熬",才能通过思考得出正确的结论。如果没有长足的思考就胡乱动笔,自然就是在"以其昏昏使人昭昭"。二是新闻评论作者已经得出了确定性的结论,但是害怕被公共舆论指责"偏激"或者"片面",不敢鲜明地表达出自己的观点,只能选取一个两头讨好的中庸观点。在互联网上,当一个热点新闻事件发生之后,网民会迅速地分化为不同的观点阵营,对其他阵营的观点进行抨击。有时候,一篇新闻评论的观点和立意如果不能符合一些网民的预期,可能会招致这部分人的批评甚至是谩骂。这就会导致一些评论工作者希望用一种看似辩证,实则模棱两可的观点来避免批评。例如,在国家是否应该管制课外培训班的议题下,如果新闻评论选择了既可以管控也可以不管控的观点,这样的观点就是不够明确的。虽然看似合理,但是并没有任何价值,更不能够给人带来任何启发性的作用或者情感上的共鸣。在众声喧哗的时代,新闻评论工作者要敢于表达出自己的观点。

当然立意鲜明的前提就是这个立意是理性的。所谓理性,包含两个方面,一是立意一定要符合法律法规和道德原则,二是立意不能够偏激。任何新闻评论的观点和立意都是要遵循社会公序良俗、符合国家法规的,否则评论不仅没有任何价值,甚至还会造成极为恶劣的社会影响。新闻评论工作者一定要有正确的价值判断,在确定立意的时候,要充分考虑到作品可能对于社会产生的影响。而立意不能够偏激,主要是指在确定立意的时候,要用综合的、辩证的眼光看问题,不能单纯地为了标新立异或者发泄负面情绪,也不能过于片面化和绝对化。例如,在评论拉动经济增长是否应靠发展房地产的时候,无论是从支持的角度立意,还是从反对的角度立意,只要观点合理、理由充分都是可以的。但是万万不可从抨击社会和讽刺国家的角度立意,这样的立意是偏激的,容易造成群体极化事件,给社会带来严重的负面影响。

2. 新闻评论的立意需要新颖而深刻

在观点鲜明和理性的基础上,新闻评论的立意还需要做到新颖而有深度。《人民日报》评论员陈家兴曾说:"所谓某个角度好,某个角度一般,其实并非从这个角度看事物的本身就有什么优劣之分,而是说,有的角度常见,不说也明白,有的角度新鲜,一般人想不到,是意料之外的。大家自然而然都能想得到的角度,硬是要写下去,可能就是人云亦云,人尽皆知的道理,而一般人不易观察到的角度,往往就比较能够吸引人。"这里的角度就是指新闻评论的立意。全媒体时代,全渠道的媒体平台已经覆盖了人们的日常生活,通过移动终端,人们会接收到大量的新闻评论内容的推送。在这些推送中,很多评论作品都在重复别人的观点,同质化的现象十分严重。这不免让人产生审美疲劳。没有人会在老套陈旧的评论作品上浪费时间,也没有人会对反复出现的观点感兴趣,只有观点让人眼前一亮的作品才能给人留下深刻印象。因此,新闻评论一定不能亦步亦趋、人云亦云,要在新闻评论的立意上追求新颖别致。立意新颖主要体现为这样两点:一是切入视角新颖。对于一个宏大的新闻事件,可以从小角度切入,大中见微。而对于个体事件,则可以考虑采用以小见大的方法,从国家和社会层面剖析事件发生的原因和影响。当然,也可以寻找别人没有考虑的视角,或者尝试从法律、社会学、心理学等相对专业化的角度切入,确定评论的立意。二是思想观念新。一方面,针对传统的问题,可以尝试打破常规的思想观念,提出自己的全新见解。另一方面,也可以从最新的时代主流价值观和精神理念着手,传递时代新思想、新理念,促进社会发展进步。

做到立意新颖的同时,也要保证立意具有一定的深度。一篇优秀的评论,其立意应当能够一针见血地揭示问题的本质,以深刻的思想性引发人们的思考。新闻报道的任务是将客观的事实摆在人们面前,以反映现实生活中的某种变化,而新闻评论的任务是将潜藏在这些事实背后的规律揭示出来。由此可见,新闻评论的立意必须建立在对大量事实调查研究的基础之上,对微观的、零散的事实进行分析和整合,再进行提炼和升华,从而拨开层层迷雾,挖掘出表象背后的本质。以小学生研究癌症获奖事件为例,普通人乍一看可能会认为小学生能够获得科研奖项,是一件值得称赞的事情。而新华社的评论《小学生研究癌症获奖? 中小学生科研造假同样要严打?》则深入挖掘了这一事件背后学术造假的风气,从教育公平与起跑线焦虑的角度进行评论,立意深刻而给人以启发。新闻评论应当如同"匕首"和"投枪",讲究的是一种力度,力求达到一种良好的传播效果,使优良的东西得到弘扬,使有争议的东西逐渐明晰,使负面的东西得到改善并沿着正常的轨道来运行。新闻评论必须作用于现实,才能拥有长盛不衰的生命力。因此,评论的立意如果不能做到思想深刻、揭示本质的话,新闻评论就无法增进人们对于现实生活的理解。要想做到立意上的深刻,就需要作者本身具有强大的新闻素养,能够在常见的现象中提炼出与众不同又意义重大的观点。这与评论者丰富的阅历和敏锐的观察力密不可分。

(三)评论的标题方面

当前各大媒体都创建了自己的品牌评论专栏,也创办了大量新闻评论节目。这些专栏和节目每天为受众推送大量的新闻评论作品,但是能吸引读者的作品并不多。20世纪70年代,诺贝尔经济学奖得主赫伯特·西蒙曾指出,"信息的丰富性会导致注意力的贫乏",全媒体时代的信息过剩使得注意力成为稀缺资源。谁能够第一时间把握住用户的注意力,谁就能快速实现流量变现,实现舆论引导。因此,评论标题作为用户第一眼看到的内容,具有很重要的意义,必须受到新闻评论工作者的重视。在拟写新闻标题的时候,需要注意这样几点。

1. 标题要简明扼要

新媒体传播情景下,用户希望用更少的时间获取更多的信息,往往会在数秒之内决定是否点开推送进行阅读,只有言简意赅的标题才能够帮助用户快速把握新闻评论想要表达的内容,如果标题太长则会让用户失去阅读的耐心。因此评论的标题尽量控制在4—16字以内,不要超过三个短句。

2. 标题要有设计感

所谓设计感,就是指在设置的过程中尽可能使标题具有相应的趣味性和吸引力。在这个过程中,可以使用排比、对仗、设问等文学技巧,增强标题的可读性,也可以巧用网络热词、成语俗语,贴近读者。

3. 标题要杜绝"标题党"

如今随着互联网生态的变迁,互联网的传播核心逻辑已经实现了从流量至上到内容至上的转变。在自媒体野蛮生长的时候,大量"标题党"充斥人们的眼球,挑动着人们的神经。这些"标题党"往往会使用一些低俗、恶俗、情色词汇来博得人们的注意,甚至会为了吸引流量拟定一个与文章内容几乎没有什么关联的标题。这些恶劣的做法严重扰乱了互联网生态,使用户产生了厌恶情绪。作为新闻评论者一定要有最基本的职业素养和职业道德,在拟定标题的时候,一定要做到文题相符,拒绝恶劣的"标题党"行为。

(四)评论的内容方面

有了好的选题和立意作为前提,就需要认真打磨评论的主体部分,也就是评论的内容。传统媒体新闻评论内容往往有着较为严格的规范,随着新媒体的崛起,新闻评论内容的写作方式变得更加多样化,在形式和结构上都变得更加灵活。但这并不代表评论的写作就不需要相应的规范。全媒体时代,新闻评论的内容创作更需要精心设计,好好打磨。

1. 在评论的篇幅和结构上,要针对平台特点进行精心设计

在纸媒时代,考虑到报纸的版面有限,评论者会尽量将评论的字数控制在一千字到两千左右,这样既符合版面的要求,又能够较为深入地阐明自己的想法。而随着门户网站、微信、微博等一系列新媒体平台的崛起,人们的阅读习惯发生了较大的改变,碎片化的阅读正在成为不可逆转的趋势。而短视频的走红,则将互联网用户带入了短视频时代,人们更倾向于通过观看短视频来获取信息。面对人们阅读习惯的转变,新闻评论的篇幅和结构也出现了较大的改变。在微博平台上,一两百字的短评受到了读者的广泛欢迎;在微信公众号上,图文结合、一句一段的评论文章成为常见的文章结构;在短视频平台上,一分钟左右、数百字以内的简评也吸引了大量用户的关注。以央视新闻在微博上推出的《主播说联播》为例,该系列的评论以视频简评的形式,针对国内外新闻事件进行评论。其文稿不过短短一两百字,却能做到言简意赅、鞭辟入里。在全媒体时代,篇幅并不是文章质量高低的决定性因素。只要能够针对不同的平台和不同的受众,精心设计文章的内容和结构,自然可以写出精彩的评论。因此,新闻评论工作者一定要注意不同平台的文章特点。在《人民日报》的头版头条,采用一句一段、图文交融的形式撰写一篇一两百字的简评显然是不合时宜的。同样在微博上发表数千字的长篇大论,不配上任何图表和视频内容,自然也很难吸引用户读到最后。不同平台有不同平台的传播特点,不同平台的受众也有不同的阅读习惯。在传统的官方媒体上,长篇的、有深度的评论和社论依然是必不可少的。而面对微博、抖音等娱乐性较强的平台,就需要注意调整文章的篇幅,并要注意文章的结构不能过于复杂,这样才有利于评论作品的传播。

2. 在评论的写作过程中,要做到逻辑清晰,情理结合

正如媒介生态学学者所认为的,新的媒介方式的出现会深刻地影响人们的思维方式。以短视频为代表的新媒体虽然极大地提高了人们信息接受的速度,但一定程度上,过于碎片化的阅读方式也削弱了人们深度思考的能力。融媒时代信息量暴增,人们更愿意接触不用主动思考的碎片化信息,相应地,网络言论发布者更愿意将主要精力注于情绪、立场和观点的直接表达,而非严密的逻辑推论。这使得新闻评论注重逻辑思辨的传统受到了冲击。新闻评论碎片化和娱乐化,会导致新闻评论传递主流价值、弘扬时代精神、凝聚群众力量的社会作用被弱化。而缺少逻辑思辨、过于情绪化的内容甚至会诱发群体极化事件。著名评论员梁宏达曾建议评论作者要"背后有事实,眼底有乾坤,胸中有正气,笔端有温暖。不冲动、不盲从,用冷静的理性温暖世界"。优秀的新闻评论一定是以事实为基础,在理性的思辨中,表达出评论者的情感倾向。以《人民日报》微信公众号《人民锐见》栏目的评论《尊重消费者,特斯拉该补上这一课》为例,这篇文章采用

竖式结构，由特斯拉安阳车主维权事件出发，整合了多个与特斯拉有关的问题事件，最后上升到所有企业都应该尊重消费者的层面。这种由表及里，层层深入的分析体现出了作者强大的材料整合能力和逻辑思维能力，给人强烈的启发性。同时作者文章中并没有一味地抨击特斯拉或者消费者的所作所为，而是基于客观公正的事实，表达出对于双方的情感态度，最后提出富有建设性的意见——"车顶不是对峙的角斗场，舆论场不是互搏的擂台赛。如何避免每一次维权滑向极端，需要消费者、相关企业、监管部门反思，遇事找法、解决问题用法、化解矛盾靠法才是题中之义。读懂维权事件的舆情真意，不断优化客户体验，建立畅通的投诉处理渠道，积极处理消费者反映的问题，把尊重消费者变成实实在在的行动，这不仅是对特斯拉的期待，更是对所有企业的期待"。这样的文字做到了逻辑清晰，情理结合，值得新闻评论者学习。如今，互联网媒体野蛮生长的时代早已过去，各大媒体的经营策略已经开始从流量至上转向内容深耕，用户也开始青睐高质量的新闻评论作品。所以，在未来，高质量的新闻评论将成为稀缺产品。面对这样的转变，新闻评论工作者要尽力提升自己的逻辑思维能力和表达能力，积极地追求"铁肩担道义，妙手著文章"的职业理想，以优质的新闻评论，引领社会风气，弘扬时代精神。

3. 在评论的语言表达上，要实现话语风格的转变

早期的新闻评论节目，无论是广播还是电视，由于其话语内容均来自纸媒，其话语风格往往措辞严谨，宣教意味浓厚。这样的话语风格有着强烈的"传播者本位意识"，其"宣讲式"的观点表述及"告知式"的论点表达，使得作为接收端的受众只能被动地接受传播者所要表达的意识形态观念，从而产生一种"受把控"的感觉。新媒体的发展改变了传统的传播逻辑，媒介的传播理念逐渐由以传播者为中心转向以受众为中心转变，而新闻传播的话语范式也逐渐从共性传播转变为个性传播。技术赋权使得大众在新闻传播过程中的话语地位凸显，过往精英化、宣讲式的话语范式已经被大众化、日常化的话语风格所取代。新闻评论者要充分理解这样的转变，并在撰写新闻稿件的时候，有意识地采用更加接地气的话语风格。以传统官方媒体的代表央视新闻为例，在短视频的浪潮中，央视积极追求新闻评论话语风格的转变，推出了《主播说联播》的短视频评论节目。该节目评论文稿的话语风格往往贴近受众，轻松幽默，常常使用网络流行语和"梗文化"，很多时候还会采纳网友的观点和意见。在调控猪肉价格的议题上，《主播说联播》评论道："让'二师兄'稳当点，不仅要保障生猪走出猪圈供应市场，更要走出大涨大跌的怪圈，大家的餐桌才会更稳。"其中巧妙地运用"二师兄"这样的梗文化，给人以轻松幽默的感觉，十分接地气。由此可见，在全媒体时代，主流媒体正在积极尝试话语风格的转变，采用贴近受众话语习惯，贴近网络话语体系的方式进行表达。这不仅提升了评论的可读性，也让网友有了对新闻评论作品进行二次传播的积极性。在微信、微博、抖音等平台上，很多官方媒体的评论作品都成为爆款，受到了无数的点赞和转发。因此，新闻评论者需要注重这种话语风格的转变。

当然，新闻评论工作者不仅需要理解新闻评论写作的思维和方法，还需要不断提升

自己，修炼好内功。全媒体时代对于新闻评论工作者的专业要求比以往更高，新闻评论工作者既要有出色的文字能力，还需要提高媒介素养，掌握媒介技术。一篇好的评论，是评论者学识、逻辑、思维、专业素养、表达能力的综合体现。所以，希望评论工作者能够在学习方法之余，做好课外知识补充和媒介技术学习的工作。

第四章 重大主题报道

第一节 开辟重大主题报道的新路径

主题报道,不仅体现在日常的重大时政报道之中,而且越来越多地体现为视频直播。重大主题的直播,一方面可能容易造成重大主题的"报道风险",另一方面又是对媒体人的一种锻炼和考验。

联合推出大型主题直播

在全媒体语境下,人们不但可以看到传统媒体的广播电视直播,还可以看到各色各样的网络直播和手机直播。可以说,直播已深深地融入了我们的日常生活,我们与直播同在,我们与直播同行。从直播的内容来看,除了一些突发事件直播、民生事件直播以外,还有一大类属于主题报道的直播,也就是围绕着某一重大主题,精心策划、精心准备、精心采制的直播。主题报道,尤其是重大主题报道,因其涉及党和国家的重大方针政策、涉及重大历史庆祝主题、涉及当前社会经济的重大事项而受到上上下下的特别关注,而对于重大主题报道的直播,因为是直接面对受众的直播,所以更是需要高屋建瓴、精心设计、运筹帷幄、尽量可控。

那么,面对诸侯纷争、群雄逐鹿的直播市场,主流媒体的重大主题直播该何去何从?主流媒体怎样才能杀出重围,凸显重大主题直播的优势和分量呢?

一、开辟疆土,探索发展路径

主流媒体既是主流,就必须始终站在历史的制高点上,展现当代的特色,引领时代的发展。历史的车轮总是碾压地前行,浩浩荡荡,不可阻挡。主流媒体只有适应形势需求,应对发展困境,不断取得突破,才能永葆本色。在主题报道的直播上,主流媒体同样需要不断解决新问题,创造新模式,赢得新发展。当新的传播平台开始出现时,主流媒体应当敢为人先,抢占阵地;当新的传播手段开始使用时,主流媒体应当大胆尝鲜,主动运用;当主流媒体的已有领地遭遇侵袭时,主流媒体一方面应当"吾日三省吾身",正视新媒体、拥抱新媒体,另一方面,要时不我待、只争朝夕,不断开辟新战场,探求发展新路径。

对于重大主题直播来说,如何切实提高地方主流媒体的传播力、引导力、影响力、公信力,充分发挥地方主流媒体主力军、主阵地作用,就是一个需要认真研究审视的重要问题。江苏13个城市台联合推出的大型直播节目《风起东方》,是一个重大主题报道的成功范例。此次直播依托2018年11月刚刚成立的江苏城市广电联盟,由南京台发起,是各方在资源共享、互助合作、融合传播方面的一次创新实践。这次直播彰显出的传播手法、覆盖人群、宣传气势均创先例。主演播室设在南京台的1600平方米全媒体演播室,20多米长的电子大屏尽显芳华,全省其余12个市级台精心装饰的演播室与主演播室分别连线,分时段讲述各市的精彩华章。

每个省、每个市,经常会有一些比较重大的节庆活动。重大节庆活动往往也是主题报道的重点。

各台在开疆拓土、寻求发展路径的过程中,需要加强联合的力度,需要合纵连横。合纵连横,是战国时期纵横家所宣扬并推行的外交和军事政策,苏秦当年游说土地南北相连的六国诸侯,联合起来西向抗秦。今日我们强调合纵连横,就是要在城市台普遍不那么景气的情况下,联合起来,抱作一团,尤其是地域邻近的城市台、同一省份的城市台、性质气质相似的城市台,拉手并肩,聚合群力,共谋发展。

二、选准节点,切合主题氛围

主题报道经常会有,但主题报道是否适用于使用直播的方式,则是需要进一步考量的。对于重大主题直播来说,选准时间节点、选准直播时机很重要。其中,重要历史事件的整年纪念日,是重大主题直播的最佳时机之一。改革开放40周年、新中国成立70周年、中国共产党成立100周年这样的年份,就是主题报道直播的年份,而这些年份中与该事件直接相关的日子,就是主题报道直播的最佳时间。

1978年12月18日,中国共产党十一届三中全会在北京召开,全会重新确立了解放思想、实事求是的思想路线,开启了我国改革开放的历史新时期。40年之后,2018年12月18日,从上午9点到下午6点,江苏13个城市电视台《风起东方》直播,交出一份答卷,全景式地展现江苏40年来的改革风貌。

红旗插上"总统府"

2019年是新中国成立70周年。70年前,作为国民党首都南京的解放,是全中国解放最重要的一个步骤和环节。南京的解放,是新中国成立的前奏。1949年4月23日,中国人民解放军渡过长江,直捣国民党政府所在地南京,一举攻进总统府,国民党的青天白日旗被人民军队的红旗取代。2019年4月23日,南京台等选取了这一具有纪念意义的时间节点,进行重大主题直播,取名《红旗插上"总统府"》。值得一提的是,2019年4月23日还是中国人民海军成立70周年的日子,《红旗插上"总统府"》直播节目特别表现了人民海军在泰州的诞生以及如今的威武雄姿。直播中,70年的时代变迁,城市发展的日新月异,新时代的"长江之歌"以及高质量发展的"新渡江战役",风姿卓越,精彩尽现。

我们所讲的节点,除了事件发生的时间节点外,还包括事件发生的空间节点。1949年人民解放军占领南京的渡江战役,西起湖口,东至江阴,《红旗插上"总统府"》联合了东西两端的城市台——江西省九江台(湖口属于九江)和江苏省江阴台,以及沿江千里岸线的节点城市合肥、芜湖、泰州、铜陵、镇江、扬州所在的各城市台,共同打造。

三、精细打磨,注重谋篇布局

艺术的感染力来源于深耕细挖,来源于精打细磨,来源于周密布局。当我们确定了运用直播手段来呈现主题报道之后,我们需要思考怎样才能将直播做好、做实、做到位。

首先是直播的主题问题。不仅要考虑到主题报道本身的需要,还要结合到哪些台做直播、有什么可以利用的资源、目前的宣传口径是什么等方面的问题,然后围绕主题进行准确定位。做《风起东方》,是为了与改革开放40周年相呼应,但因为是江苏省的所有城市台一起来做,所以既要考虑到江苏的整体特征,又要考虑到江苏13个城市各自的特点。40年来,在江苏这方逾10万平方千米的土地上,13个设区城市一直是中国改革开放的排头兵,担负着为全国发展探路的角色。改革开放之初,江苏成为乡镇企业的发祥地,形成闻名全国的"苏南模式";世纪之交,江苏抢抓全球制造业向发展中国家转移机遇,实现了开放型经济的突飞猛进;迈入新世纪,江苏依靠创新驱动,抢抓"一带一路"、长江经济带、长三角一体化的战略机遇,跃上了经济全球化的潮头浪尖。《风起东方》逐篇讲述,记录下一个个令人惊叹的"江苏奇迹"。

《风起东方》
重要篇章一览

其次是直播的谋篇布局问题,也就是直播的篇章结构问题。江苏是个水系相连的大省,长江、运河经纬交织,湖泊、湿地星罗棋布,大洋、大海千里逶迤,还有老家门前屋后的水田阡陌、池塘小溪,可以说是文脉绵延、水韵悠长、千姿百态、融汇万物。江苏大地,有吴韵汉风的积淀,有鱼米之乡的富饶。改革开放40年,一代代的江苏人,以海纳百川的胸怀、水滴石穿的韧劲、奔腾不息的力量,在这片土地上书写着勇立潮头的灿烂篇章。9小时的直播节目,如何将13个城市串联成一个整体呢?节目巧妙地按照长江、运河、海洋的顺序依次介绍,以水系分布来串联起整档节目,首先是沿江八个市中的苏州、无锡、常州、泰州、镇江,接着是沿大运河的扬州、淮安、宿迁、徐州,然后是沿海的连云港、盐城、南通,最后以省政府所在地南京收尾。源远流长、厚德载物、奔腾激荡,一幅幅改革开放的江苏画卷,徐徐展开,跃然荧屏。

再次是各种表现手法的运用。电视手段的多样化,使得视频更好看,也更有冲击力。

《风起东方》直播,将江苏省13个设区城市台的力量有机整合,通过主演播室与分演播室的衔接勾连、一个主持人对各台主持人的分别呼应、每个城市入场出场方式的基本统一、演播室室内室外的有效链接、访谈与插片的交叉运用、虚拟场景的前置构图、最重要时政信息的及时吸收等多种方式的有效运用,使得本次涉及改革开放40周年这一重大主题直播报道生动精彩,不失为一次值得推介的创新之举。

《红旗插上"总统府"》直播,充分运用AR、VR、航拍等人工智能技术,让受众身临其境地感受到了人民解放军当年打过长江的艰辛,目睹如今长江经济带"共抓大保护,不搞大开发"的最新风貌,特别展现了"合肥:打造国际化物流大通道""铜陵:保护绿色生态廊道""江阴:推动长江经济带高质量发展""扬州:聚焦沿江绿色发展""南京:12.5米深水航道贯通"等重大项目和改革举措,让居民的生活更美好,让祖国的未来更繁荣。

最后是主题的提炼和升华。仅仅停留在"表现"的层次是远远不够的,还要有一定程度的"提升",从而实现经验的提炼和理性的升华,带给受众一定的启迪和思考。

《风起东方》直播一开始,主持人在主演播室从40年前中国改革开放大幕开启说起,说到江苏的总体性成就,并连线各市电视台演播室。四十年风云激荡,四十年劈波斩浪,四十年砥砺前行,四十年硕果满堂。直播结束前再度回到主演播室,连线13城市电视台演播室,共同祝贺40年取得的巨大成就,共同祝福自己的城市日新月异,共同祝愿强富美高新江苏早日建成,祝愿高质量发展篇章更快铺就。最后还引用习近平总书记2019年12月18日上午在纪念改革开放40周年大会上的讲话中"改革开放是关键一招"的表述,再次强调习近平总书记2014年在江苏调研时"建设强富美高新江苏"的要求,这样的结构安排,不但形成前后呼应之势,更让本档节目有了更高的站位、更鲜明的色彩、更明确的导向。此次直播具有较强的典型意义,反映改革开放以来特别是党的十八大以来,江苏各市最突出的改革成就,包括本市的经济发展、城市建设、民生福祉、生态文明、乡村振兴、营商环境等方面内容,折射出改革开放"改变中国,影响世界"的重大主题。

《红旗插上"总统府"》邀请到了国防大学政治学院教授何怀远少将,何教授不但介绍了当年解放军突破长江天险的动人华章,还总结出"勇于争先的使命担当精神""不怕牺牲的奉献精神""解放全中国的爱国精神"这些"渡江精神"的精髓要义,更解读了"渡江精神"对当代的启示意义。

四、融合传播,运用各种端口

全媒体时代,需要全媒体传播。电视的单打独斗时代已经过去,重大主题的直播需要嫁接多种传播手段、更多传播平台、更多传播端口,实现真正意义上的融合传播,才能发挥出直播的最大化效应,使直播触达最大量的人群。

那么,有哪些端口可以利用呢?从目前的移动发展状态来看,除了原有的电视端以外,可以利用的端口还有:电视台自办的网络电视台可以进行视频直播,手机电视台可以进行视频直播,手机App可以进行相应的直播,广播网可以进行同步声音直播,第三方直播平台(如其他媒体的直播平台、商业直播平台、政府直播平台等)可以进行直播;除上述直播渠道外,还可以动用各个微信公众号、官方微博等进行及时推送,从而形成合力,形成传播的螺旋效应和蝴蝶效应。

《风起东方》9个小时连续不断的直播节目,不但在江苏13个设区的市级台新闻频道同时播出,还在各地的电台、网络直播平台上线,南京台的移动App"牛咔视频"、苏州电视台手机版、无锡台"智慧无锡"等进行同步直播,央视新闻移动网、今日头条等也进行网络现场直播,使节目的触达人群有效增加,直播覆盖人群达到8000万。南京市政府的"南京发布",南京台自己的"南京广播电视台""NBS传媒前沿""直播南京"等众多微信公众号和微博进行了及时宣推。

第二节　两会报道中的导向把控与手段创新

全国两会每年都有,但意义非同寻常,各家主流媒体都会对全国两会给予不同程度的关注和报道,全方位立体式关注盛会,全媒体矩阵式报道大会盛况,通过电视、广播、网络和各种终端,通过消息、记者出像、南京与北京连线等多种方式,全面展现代表委员的风采,全力解读政府报告、发布相关新闻、寻找发展路径、激发建设信心。

两会报道中最需要把握的一个关系是导向的把握和报道手段的创新。导向把控与手段创新看似一对矛盾,实则是相互依存的关系,是对立的统一。导向把控是第一位的,但全媒体时代,手段创新丝毫不能忽视;手段创新是新闻报道的规律使然,但必须首先确保导向的正确;导向出现偏差,再多的创新也等于零,甚至走向反面;手段不创新,宣传没效果,再正确的导向也无法传递出去。两会报道相对于其他新闻报道来说,似乎更加高大上,甚至高冷,所以更加需要讲求报道的角度、报道的技巧、报道的手段、报道的路径,以及报道的技术应用。

一、导向为帅,两会报道见证新闻舆论工作的职责和使命

2016年2月19日,习近平总书记到人民日报社、新华社、央视三家媒体视察后,主持召开了党的新闻舆论工作座谈会,并发表讲话,提出了新的时代条件下党的新闻舆论工作的职责和使命:高举旗帜、引领导向,围绕中心、服务大局,团结人民、鼓舞士气,成风化人、凝心聚力,澄清谬误、明辨是非,连接中外、沟通世界。2·19讲话中的48字"职责使命论"成为媒体人学习的重要方面。人民日报社社长杨振武在其《把握好政治家办报的时代要求》一文中认为:"党性原则是根本,马克思主义新闻观是灵魂,正确舆论导向是生命,正面宣传为主是基本方针",都必须牢牢坚持。

在所有衡量新闻的指标当中,导向问题是最大的问题,是不可须臾疏忽的问题,也是政治立场和思想意识问题,是党性和人民性的统一问题。如果说,其他问题是将、是兵,那么,导向就是帅。导向是最重要的指挥棒。导向一错,满盘皆输。新闻报道,莫不若此,两会报道,更是如此。

早在全国两会召开之前,广电集团领导数次召集有关人员开会,议定报道计划,筛选报道选题,确定报道人选。而各频道各频率更是做好迎接两会的铺垫性报道、会议期间的配合性报道和会后的延伸性报道,着力营造庄重、喜庆、热烈的浓厚氛围,提高全国两会的宣传效果。整个报道过程中,突出宣传全国人大和政协召开的盛况;充分报道全国两会的主要安排、政府工作报告以及下一步工作部署,积极反映代表、委员建言献策的政治热情和风采。

二、手段为格,两会报道必须不断更新宣传报道的技术和路径

如果把整个媒体传播格局比喻成一张巨大的棋盘的话,那么,报道的手段和方式就是宣传报道的一个个"格子",手段是通向受众、为用户所接受的"格"。吸引更多的人来收听收看两会是广电从业者的职责和要求,也是对广电人能力和水平的一种考量。

习近平总书记在党的新闻舆论工作座谈会上特别指出,随着形势发展,党的新闻舆论工作必须创新理念、内容、体裁、形式、方法、手段、业态、体制、机制,增强针对性和实效性。要推动融合发展,主动借助新媒体传播优势。要抓住时机、把握节奏、讲究策略,从时度效着力,体现时度效要求。

在 2016 年全国两会报道中,央视除电视报道之外,还特别注重加强统筹协调,全方位推进新媒体报道,将电视报道手段和新媒体技术紧密融合,全力构建两会报道新媒体矩阵,打造"智慧融媒体"。286 名上会记者"变身"全媒体记者,积极向新媒体供稿。主打"一V一云一平台",通过V视频、云直播、央视新闻两会互动平台,首次实现 24 小时立体多维直播两会,首次试验性使用全球记者即时发稿平台。还在两会主会场和发布会现场设置多路云镜头,呈现立体多维的两会云直播。通过央视新闻微信公众号进入云直播平台,可以实现跨屏实时互动,并且可以及时讨论两会热点话题。智慧融媒体,不但是报道手段的推陈出新,也是抓住年轻受众群的客观需要,是与时俱进的必然选择。两会报道,是央视智慧融媒体的一次集中演练和展示。

两会报道是年年都要进行的"老项目",较之往年,广电报道需要不断创新手段,形成亮点。

在电视报道方面,一是可以突出对代表、委员的专访。二是特别强化"两会声音",两会是人大代表和政协委员的舞台,也是代表委员们向人民群众展示自己治理方略的一个很好的平台,充分让代表委员"发声"。三是新推一些与两会相关的子栏目。四是充分发挥不同记者的特色和优势,在现场进行生动活泼的采访和播报,趣味性、生动性、探秘性兼具。

在广播报道方面,一是对重要新闻除了快速播出外,还可以实行滚动式播出,不仅是在新闻频率,还在其他频率;不仅是在早晨,还在其他时段,进行反复式报道、渐进式报道,从而构筑出一个全天候的两会传播格局。二是可以与电视节目、网络传播联动,从而使得两会信息传播更加立体化和多媒体化。

两会云上见

在网络报道方面,一是增加网络媒体的发稿量,除了采用本台记者的稿子以外,专题网站还大量转载了两会新闻中心、新华网和人民网等权威媒体对两会的报道。二是新媒体对两会持续重点关注,生动地反映了记者在第一现场的亲身体验。三是通过新闻海报、H5、视频号、MCN 网红主播打卡等方式多维度播报,也可以直接通过"云上见"的方式报道两会。

处理好导向把控和手段创新的关系,是一种意识,是一种能力,更是一次次的实践。并且,在媒体大融合的今天,在传播格局大变动的时代,传统媒体在确保导向正确的前

提下,如何实现更有效的传播、如何触达更多的受众、如何深入年轻人的心田,确实有很多问题值得探索、有很多课题值得研究。

第三节 实践案例:《思想的力量》的大众化创新路径

《思想的力量》是南京广电集团在南京市委宣传部指导下推出的一档年度大型理论宣讲节目,这档理论节目从2019年开始每年播出一季,三年来已经制作并播出了三季。作为一档市级台采制的节目,《思想的力量》在宣传部的指导下,在理论节目的大众化传播路径上进行了积极的探索尝试和一定程度的创新拓展,开辟了城市广电集团理论宣讲的新天地。

视频:《思想的力量》第三季第一集《扬帆起航新征程》

一、"伴随式"学习,感悟新思想的博大精深

习近平新时代中国特色社会主义思想,是当代中国的马克思主义、二十一世纪的马克思主义,是中华文化和中国精神的时代精华,实现了马克思主义中国化新的飞跃。党的十九届六中全会把习近平新时代中国特色社会主义思想的核心内容进一步概括为"十个明确",并确立习近平同志党中央的核心、全党的核心地位,确立习近平新时代中国特色社会主义思想的指导地位,这反映了全党全军全国各族人民的共同心愿。习近平新时代中国特色社会主义思想,是全国上下和各级媒体需要不断学习和宣传的当代马克思主义,同时,这一新思想又是在实践中不断丰富、深化和完善的思想体系,所以媒体新思想的宣传宣讲,是一个"伴随式"的过程,亦即随着新思想的不断丰富和完善,节目的内容也随之不断地拓展、采编制作的方式和能力也随之不断地丰满和提升。《思想的力量》正是在这种"伴随式"学习和宣讲的过程中,让受众感悟到新思想的博大精深。

2019年10月23—27日,南京广电集团新闻综合频道在转播《新闻联播》之后,连续5天播出大型理论宣讲节目《思想的力量》第一季(5集),每集时长约30分钟,分别从"新时代 新思想 新实践""以人民为中心""深入理解新发展理念""'永葆青春'的秘诀""构建人类命运共同体"等五个方面,对新中国成立70年来中国共产党带领全国各族人民在政治、经济、文化等各方面取得的巨大成就,进行生动讲述和精彩演绎,推动习近平新时代中国特色社会主义思想进一步深入人心、落地生根。

2020年8月22日至9月26日,《思想的力量》第二季(6集)播出,每集30分钟,节目聚焦党的十九届四中全会,从"党的领导 中国之治""人民至上 为民服务""经济稳增 大国复兴""文化自信 中国智慧""共治共享 同心圆梦""绿水青山 美好生活"六个方面,深入阐释习近平新时代中国特色社会主义思想的丰富内涵,充分展现南京以习近平新时代中国特色社会主义思想指导经济社会发展的生动实践。

《思想的力量》第三季(8集)于2021年6月3日开始首播,并于2021年9月23—

26日、10月18—21日复播两次。第一集《扬帆启航新征程》,从整体上介绍十九届五中全会精神,揭示五中全会的重大意义。第二集《共圆全面小康梦》,展示"十三五"全面小康建设决定性成果,展望"十四五"规划。第三集《把握战略新机遇》,重点介绍当前和今后一个时期,我国发展面临的内外环境,在危机中育先机、于变局中开新局。第四集《把握新发展阶段》,准确把握进入新发展阶段的理论依据、历史依据、现实依据,深刻认识新发展阶段的新特征新要求。第五集《贯彻新发展理念》,把握新发展阶段、贯彻新发展理念、构建新发展格局,回答我国进入什么样的发展阶段、实现什么样的发展、如何实现发展的重大命题。第六集《服务新发展格局》,核心是加快构建以国内大循环为主体、国内国际双循环相互促进的新发展格局。第七集《培育壮大新动能》,主要内容是坚持创新在现代化建设全局中的核心地位,把科技自立自强作为国家发展的战略支撑。第八集《铸就文化强国梦》,重点解读2035年建成文化强国的战略目标。通过这样一种"总—分"的结构模式,将新征程、全面小康、战略机遇、新发展阶段、新发展理念、新发展格局、发展动能、文化强国等内容有机串联起来,宛如贯串在一起的珍珠,颗颗珠玑都分外珍贵和耀眼。

《思想的力量》第一季5集,第二季6集,第三季8集,从其数量和内容来看,《思想的力量》本身也在不断地深化,越来越丰润,而这种"渐进式＋伴随式"对党的大会、对党的路线方针、对新思想的解读,同样让受众的认识越来越深、越来越广、越来越实。

二、"走进式"纪实,体验新实践的现实力量

党的创新理论如何入脑入心?这不是简简单单就能做到的事情,不仅要有耐心,更要有方法。对于传媒来说,运用一系列、多样化、集成化、富有感染力的传播方式方法是提升传播效能的必由之路。《思想的力量》以"直面时代课题,展示思想力量"为栏目宣传语,注重理论与实践结合,通过外景主持人和东南大学马克思主义学院年轻的专家团队队员一起深入一线,走进科研院所、工矿企业、田间地头,用习近平新时代中国特色社会主义思想指导下的南京实践成果,现场剖析新思想的具体运用,展现党的创新理论迸发出的强大思想力量。这种"走进式"纪实,不但让受众一起走进现实,而且让新闻宣传和理论宣讲更加真实、更具力量。

《思想的力量》第二季中,外景主持人施晓丹以极具代入感的"VLOG"方式走进美丽乡村、社区现场,探访习近平新时代中国特色社会主义思想指导下的南京基层实践和现实成效。第二集节目播出的是《人民至上　为民服务》,那么"人民当家作主"这一制度体系究竟从何而来?有何含义?又将如何完善?除了专家解读和专家演讲,节目还通过施晓丹探访南京人大历史陈列室、栖霞区马群街道蛇盘社区"聚思会",共同感受居民参与社区管理的热情。

《思想的力量》第三季聚焦党的十九届五中全会通过的《中共中央关于制定国民经济和社会发展第十四个五年规划和二〇三五年远景目标的建议》和习近平同志视察江苏重要讲话指示精神,创新性采用"思想号"理论宣讲大篷车的形式,深入实际进行"行

进式"探访,站在两个一百年的交汇点上,解读新思想,开启新征程,启迪心智,启发思索。第一集是《扬帆启航新征程》,第一站来到中车南京浦镇车辆有限公司,六列高铁开到现场,在高铁中间搭建宣讲舞台,这不但显示了磅礴的气势,也正应和了《思想的力量》第三季乘坐思想号理论大篷车探寻"启航新征程、绘就新蓝图"的主题,具有极大的代入感和强烈的时代感。中国南车在党的领导下经历了从屈辱、抗争走向振兴、发展、强大的历程,和谐号高铁正是国家振兴强大的一个鲜明例证。

《思想的力量》中的许多插片,也具有"走进式"纪实的功能。这些插片,很多是记者走进街头巷尾、田间地头、工矿企业的采访,或者与市民、员工的闲聊,这样的对话配以现实的画面,给人强烈的真实感和感染力,也让人们在现实面前更容易感受到思想理论的力量和光辉。

三、"沉浸式"演讲,开辟广电传媒的崭新天地

和一般的理论宣讲节目不同,《思想的力量》创新理论宣讲形式,每一集都有各自不同又印记鲜明的宣讲方式,尤其是通过"沉浸式"演讲的方式,通过新颖别致的招数,给观众以更强烈的震撼和感召。

《思想的力量》第一季以"大数据抓取+TED形式演讲+现场互动"的形式,通过权威的理论梳理、接地气的选题策划以及年轻态的话语体系,生动阐释、广泛传播习近平新时代中国特色社会主义思想。在节目策划、选题框架、宣讲内容、嘉宾选择上,节目组与高校智库合作,邀请中国社科院马克思主义研究院原党委书记侯惠勤、江苏省委党校常务副校长桑学成、江苏省社科联副主席叶南客、东南大学马克思主义学院院长袁久红等多位专家学者,对理论与实践内容进行权威解读和分类解析;邀请集智慧与颜值于一体的主讲嘉宾、中共南京市委党校副教授李菁怡,用带有温度的讲述诠释最鲜活的理论。为扩大节目影响力尤其是对年轻受众的影响力,栏目组还特地从抖音平台挑选了拥有百万粉丝量的"网红"主持人张英担纲主持,张英的年轻、漂亮、亲和力确实给栏目增色不少。

《思想的力量》第二季,采取"AR 演播室+TED 演讲+在线观众互动+VLOG 探访"的理论宣讲形式,生动阐释习近平新时代中国特色社会主义思想。尤其是别出心裁地使用了增强现实的新技术,嘉宾的演讲是在 AR 演播厅中进行的,演讲嘉宾的出入场方式以及节目中的部分场景,是通过电脑制作直接在电视屏幕上展现的。第一集节目中,宣讲人通过 AR 演播厅带领观众瞬间穿越到了武汉方舱医院,通过时间长廊追溯新中国发展的各个阶段,这种"时间长廊+沉浸式体验"的方式让节目在保持主题高度的同时更具可看性。因为疫情,《思想的力量》第二季在录制过程中,还增加了在线观众问答,从而让节目话题更接地气,也让受众与电视屏幕之间的距离拉得更近。

《思想的力量》第三季每集时长虽然只有短短的一刻钟,但整集看下来,并无单调之感,也无说教之嫌。每集的基本格式是:先导片—主播探访—主持人出场—主题演讲—现场互动问答—VCR 短片—主题演讲—5G 连线互动问答—主持人收场—片尾拉滚。

这样的结构形态颇具亮点。先导片是宣传片，也就是本集的导视，道出本集播出的重点，常常用疑问句的方式勾起观众收看的兴趣。主播探访则是一个以前没有的章节，节目主持人走进即将举行理论宣讲的地方，以小切口的方式介入，将一幕幕通常难得一见的画面、场景或故事展现在观众面前，采访该地域比较权威和有说服力的人士，讲过去、说现在、话未来，并与本集主题有机衔接。主播探访之后，是主持人上场。主持人走上"思想号"大篷车电子大屏的现场舞台，直接引出今天的话题，并引荐主讲人南京师范大学马克思主义学院副教授王磊登台。在接下来的 2—3 个主讲环节，王磊副教授从不同的角度、分不同的方面，进行主题宣讲。宣讲中穿插 1—2 个事先拍摄并制作好的短片，短片的内容与所讲的内容相吻合。主讲环节中，还穿插了 2 次互动问答，既包括主讲者与现场观众的互动，又特意安排了 5G 网络连线的互动问答，所提的问题则体现了不同角色的不同侧重点。主持人收场既是一个概括式的小结，也是一个理性的提高和视角的延展。在片尾拉滚阶段，特地加入了学习心得的环节，将 3—4 个人的简短采访和拉滚同时播出，既增加了信息量，又避免了画面的单调，还给人一种余味无穷的感觉。这样的结构，使观众在观看的过程中，常有新鲜之感，并沉浸其中，时间飞快流逝。这也体现了编导的良苦用心。

四、"全景式"呈现，彰显跨屏传播的融合效果

身处全媒体时代，广播电视节目要最大限度地彰显宣传效果，必须通过全平台融合传播的手段才能达到。尤其是对于重大主题宣传，更需要"全景式""轻质化"表达，才能更加贴合现代青年人的视听需求，贴合全媒体传播的时代需求。

一是增设 AI 主播。第一季节目中，名为"牛博士"的 AI 主播模拟广电集团现有主持人，综合不同主持风格，重点播出一些数据、资讯，不但给人耳目一新之感，而且便于识别和记忆。

二是植入虚拟抠字。第三季每一集中都采用了"主讲人＋虚拟抠字"的双视窗表达方式，主讲人在画面左侧，抠字在画面右侧。如第一集《扬帆启航新征程》中多次出现右侧虚拟抠字"我们的目标很宏伟，但也很朴素，归根结底就是让全体中国人都过上更好的日子。——习近平""我们党的百年历史，就是一部践行党的初心使命的历史，就是一部党与人民心连心、同呼吸、共命运的历史。——习近平"，第八集《铸就文化强国梦》中虚拟抠字有"文化自信是一个国家、一个民族发展中更基本、更深沉、更持久的力量。——习近平"等。

三是多维度处理视频。季播节目《思想的力量》对节目完整视频进行多方式处理，如浓缩版、碎片化、短视频、幕后花絮、精彩语录、表情包等，加大向第三方渠道的推送，促进广大受众坚持不懈地用习近平新时代中国特色社会主义思想指导实践、推动工作。

四是全平台传播内容。《思想的力量》的每一季节目，都打通了涵盖广播、电视、新媒体的全媒体传播渠道，在官方微博微信账号、微信公众号等平台同步推出移动端视频，在"学习强国"学习平台、央视频、抖音、快手、B 站等第三方渠道也同步推送，融合传

播放大了节目效应,有力推动党的创新理论从不同视角、多个层面"飞入寻常百姓家"。

当然,《思想的力量》三季节目也有美中不足的地方,比如策划痕迹比较明显、现场网络互动显得生硬、主讲人语言生动性不够等。理论宣讲节目的大众化创新路径是一个需要不断探索、不断求新、不断开拓的过程,《思想的力量》在这方面有很好的做法和成功的经验,但还可以在许多方面进一步发力,如:在主题选择上,可以进一步解读党的百年奋斗重大成就和历史经验,解读"两个确立""两个维护"的重大意义和实践要求,解读如何走好新的赶考之路等;在节目样式上,可以进一步将理论节目的电视宣讲与高校"大思政课"有机交融,实现理论宣讲在室内室外、线上线下的有机贯通,实现专家解读与面对面互动式宣讲的有机结合;在节目目标上,进一步实现显性灌输与隐性教育、上接天线与下接地气、情感共鸣与思想认同、解疑释惑与凝聚共识的共通共鸣,从而使理论宣讲节目进一步提档升级、出彩出新。

第五章　突发事件报道

第一节　媒体报道突发事件的速度和角度

如今突发事件很多。汶川大地震、玉树地震、甘肃特大泥石流、郑州地铁大水等各种自然灾害,非典、禽流感、新冠肺炎等公共卫生事件,马航飞机坠落、美国森林大火、朝韩交火、俄乌冲突等事件,充斥于我们的眼球和耳膜。对各种突发事件,人们也总是在第一时间口口相传或通过手机短信、互联网络传播出去。"在当今媒体时代特别是网络时代,所有网民都是'记者',他们随时随地都可以把自己得到的信息放上网。因此无论在理论还是在技术上,封堵媒体和网络都是错误的。"[①]面对突发事件,躲是躲不过的,藏是藏不了的,堵是堵不住的,与其藏着掖着,不如将事实真相告知媒体和大众;与其靠堵,不如靠疏。媒体在突发事件发生之后扮演什么样的角色,其立足点和报道的角度值得探究。

一、速度抢先　占据高位

突发公共事件分为自然灾害、事故灾难、公共卫生事件、社会安全事件四类。无论是哪一类突发事件,一旦发生,媒体必须在第一时间加以反应。现在处在一个全新的多媒体时代。在这样的时代,各种信息汇集,各种信息也通过越来越多的媒介得以传播。除传统的报纸、广播、电视以外,互联网、手机、楼宇电视、移动电视、5G等都在加入传媒的行列之中,而互联网和手机电话、手机视频似乎更加抢得先机,其发展速度之快,影响之大,常常令传统媒体瞠目结舌。由是观之,互联网时代,信息的传播非常快捷,抢抓时效是决定媒体竞争力的根本所在。

以2010年11月23日的朝韩交火事件为例。北京时间当天13:34,朝韩两国在韩国西部的延坪岛发生炮击。这件事最早见于韩国YTN电视台的报道。这篇报道很快被中国的媒体引用。在中国,我们最先见到有关这次炮击事件的报道是在14:09:56,新华网发出的一条快讯:据韩国YTN电视台和韩联社报道,韩国西部延坪岛海域23日14时30分左右,受到20余发炮弹袭击。事发之后,中国新华网连续发出了多起"快讯"。

[①] 叶皓:《突发事件中的政府新闻学》,《人民日报》2010年8月12日。

这让人们第一时间得知了最新的事态发展。而朝鲜对这件事的报道则明显滞后，15：08，人民网以"韩方已起飞F-16战机并向朝方回击数十发炮弹"为题，进一步报道："朝鲜方面目前尚未对此做出表态。"因为一直没有朝鲜方面的消息，直到16：44，环球网援引韩联社消息："朝鲜亚运会代表团表示，不会因为延坪岛发生炮击事件而退出亚运会。"这里我们没有看到朝鲜当局的表态和对此次事件的陈述，却见到美国、日本、俄罗斯、中国以及联合国的各种表态。由此，我们可以看出，不同国家的表态都是建立在韩国媒体的报道基础之上的，而交战双方之一的朝鲜却长时间"失语"，这里充分体现了现代传媒的重要价值。

突发事件发生后，信息得不到公开，究其原因，往往在于一些官员认为这会给其工作业绩抹黑，同时背后的利益纠葛和责任追究，更是让一些官员担惊受怕。而事件发生之后，许多责任人未受到严肃处理，也让更多的官员有了侥幸心理。观念决定信念，思路决定出路。面对发展突飞猛进的当今社会，面对生生不息的公众需求，面对全面开花的信息时代，识时务，知大局，顺形势，才能始终立于不败之地，才算真正意义上的"俊杰"。跟信息化的社会作对，就是跟自己过不去；跟变化了的形式抗衡，就是把自己逼进死胡同；开明开放的社会，呼唤开明开放的意识，呼唤开明开放的做法，呼唤开明开放的管理者和领导者。

二、角度取巧　彰显精妙

面对突发事件，媒体抢先报道，这是无可厚非的，也是媒体人的本能所致。西方媒体认为：灾难事故是报道的绝好题材之一。中国的媒体和新闻理论界虽然未必这样认为，但事实上每逢重大灾难事故，中国的媒体至少是事发地的媒体也是一窝蜂地前往报道。比如在南京7·28爆炸事件中，先后有60多家媒体（其中有15家境外媒体）、140多位记者来到南京进行报道。而更为重大的事件，比如玉树地震、南方大水、甘肃特大泥石流这样的重大事件，前往采访的媒体记者就更多了。但是，如果单纯追求快，不问青红皂白地把突发事件描述一番，很容易被当地政府部门认为是"添乱"。所以，仅仅快是不够的，还要求报道得"巧"。

那么，如何消除政府的担心，一方面让政府愿意接受媒体的采访，同时媒体又不给政府添乱，从而使政府和媒体之间形成良性互动的关系呢？笔者在报道实践中体会到需要抓住几"巧"：一是在以最快速度派出记者前往突发事件现场的同时，要逐级向上汇报，尤其是与主管部门及时沟通，从而争取到"顶头上司"的支持；二是主动领会上级部门的用意，在确保事件真实报道的同时，贯彻领导意图，不仅表现事件本身，还要表现党和政府、社会各界、当事各方的态度、做法和积极姿态，促使事件向好的方面转变；三是功夫在诗外，平时要做好不同突发事件报道的相关预案，一旦事件发生立即启动预案，从而打一场有准备之战，不要因为到时手忙脚乱而顾此失彼、连连失误。

在南京7·28爆炸中，由于开始时许多人不明真相，网络上出现大量事故现场照片误贴事件；由于事发现场有的领导直呼"哪个叫你们直播的"，以致网上立即开始了对此人的人肉搜索,制造了轰动一时的"直播门"事件;中国首善陈光标将事故受伤 100 多人,口误说成死亡 100 多人,导致许多人指责有关方面"不说实话";有人在网上恶意将死亡人数说成 259 人,以致究竟死亡多少一时闹得沸沸扬扬。南京市政府及时召开三场新闻发布会,才击碎流言,以正视听,还事实以本来面目。

三、道德为绳　友善担当

每逢重大事件尤其是身边的重大事件或者社会关注度很高的重大事件发生后,公众总是希望在第一时间里了解事实真相,知道事件原委,自己可以做些什么,同时需要注意什么,并进一步查明原因、总结经验、吸取教训。媒体恰恰在这些方面起到了"公器"的作用,是满足公众知情权的最直接最重要也是最通常的一种工具。但问题也往往就此产生:因为快,媒体报道得支离破碎;因为快,出现以讹传讹;因为快,媒体被别有用心的人利用;因为快,对事故原因的分析过于草率;因为快,使责任人受到了不当的处理。

所以,媒体在突发事件发生时,怎么做新闻,怎么发消息,怎么转引报道,就显得特别重要,甚至会左右事件的发展方向。我以为,面对突发事件,媒体需要按照自己的道德准则行事,媒体需要有一套自己的报道标准和报道原则。绝对不能因为需要争抢时间,就不顾原先的道德标准、擅自报道、胡乱报道、道听途说地报道、甚至歪曲报道。在这里,记者的从业准则、职业道德和行业标准起着重要的作用。

突发事件发生的时候,是最能体现一个记者报道能力的时候,也是最能体现一个记者职业水准的时候,更是考验一个记者道德良知的时候。快,当然是记者的第一追求,但绝对不是唯一追求。事实上,因为片面追求快而出现虚假新闻的情况并不鲜见。记者必须以既快又好地报道突发事件作为自己的目标追求,要能够友善担当,以和为贵,要在突发事件报道中体现品位与修养,突出人文关怀和人性的光辉。

其一,面对突发事件,媒体要变曝光为客观报道,变追究责任为善意提醒。

我们看到,有些媒体,尤其是一些被人们称之为"小报"的媒体,对一些突发事件总喜欢大肆炒作,甚至捕风捉影、无中生有,以至于通过媒体的放大效应,使得突发事件变得更加复杂更加棘手。就采访者而言,有些记者比较擅长揭露型报道,对于一些丑恶的社会现象总是不遗余力地加以报道、披露,对于一些突发事件也是喜形于色,以为又抓住了什么值得大写特写的事件,拼命鼓噪。确实,在鱼龙混杂的世界里,这样的媒体不是没有,这样的记者也不是没有。因而从媒体从业的角度说,媒体以及记者,面对突发事件,是单纯炒作还是出于公心地客观报道,这涉及一个媒体的立场和报道的角度问题。

就立场而言,毕竟在中国,媒体首先是党和政府的喉舌。作为党和政府给付工资薪酬的媒体,媒体除了担负起新闻事件的报道责任、公正公平公开的社会责任以外,还应该自觉地为党和政府分忧,为党和政府解难。由于我们党的宗旨是为人民服务,我们的政府是人民政府,因而党和政府与人民群众的根本利益是一致的。中国的任何一家媒体，都应该自觉将自己的行为与党、政府、人民群众的利益保持一致，在这方面，党报党台尤需如此。当然，媒体也要保持一定的独立性，不能单纯成为当地政府的传声筒和复印机，对党和政府中存在的问题，包括在突发事件中存在的问题，拥有监督权和批评权。

就角度而言，同一个事件选取的报道角度不同，结果和影响也就不同。对于突发事件，不同的媒体报道可以有不同的角度，同一家媒体在事件不同发展阶段也可以有不同的观察角度，这是正常的，也是应该的（否则，所有报道千篇一律，又有谁看？）。但是，媒体一定不能选择给事件添乱的角度，一定不能选择乱报一气的角度，一定不能选择虚假不实的角度。媒体的正确态度应该是：真诚与政府合作，在报道事件客观状态的同时，更多关注政府如何处理事件、事件中的当事人如何应对事件、事件进行之中有什么需要注意的方面、出现什么感人至深的事迹和细节、外界的爱心援助和及时抢救等方面，从而引导事件向良性方向发展，这不但是政府的需要，也是事件本身的需要，是事件当事人和社会热心人的需要，是社会良知的需要。拼命张扬事件的恐怖、惨烈和不适当地揭露其中存在的问题，不但于事无补，而且缺乏人性和起码的道德，为正直的新闻人所不齿。

在突发事件的报道中，一线采访的记者承担着首先把关的职责，而媒体的版面主任、栏目制片人承担着最后也是最重要的审核职责。对突发事件，媒体派出的前往报道的记者以及报道的审核负责人，都应当是具有一定政治意识、新闻素质和从业经验的人员，我们希望这样的人员真正负起责来，把握新闻的每一个关口，使新闻向善，使新闻阳光，使新闻既有可看性，又有导向性。而对于工作失职导致严重后果的记者和把关人，必须予以严肃处理。

其二，面对突发事件，媒体的着力点，应当放在有利于事件的解决上。

面对突发事件，对媒体而言，不要首先追究事故责任。媒体的基准，应该是帮忙而不是添乱。媒体尤其是主流媒体要体谅政府和当事人的难处，在获得信息、按照新闻规律办事的同时还要兼顾各方正当需求，促成事件的稳妥解决。

突发事件是谁也不愿意看到的，但突发事件又不可避免。发生了突发事件，无论是政府，还是媒体，其根本的着力点，应当是立足于事件的迅速而正确的处理上。一是有利于事件的快速处理。突发事件，因其突发而往往让人措手不及，这时最大的事情就是最快地到达现场，最快地疏散人员，最快地抢救伤员，最快地拿出处理措施。媒体应该在政府的应急反应上多做文章。二是有利于事件的有效处理。对于突发事件，当地政府到底做了什么，有什么举措，这些举措是否得力有效，还有什么需要注意的地方，对政府采取的措施还有什么善意的提醒，外界有什么爱心表达，这些都是值得媒体高度关注的新闻话题。三是有利于事件的妥善处理和最终解决。事件发生一段时间后，会有一些更深层次的问题浮出水面，比如，政府如何安置事发地人员？当事人还有什么正当的诉求？导致这起事件发生的原因有哪些？有什么值得汲取的教训？媒体在后续报道中需要积极而慎重，消息来源需要权威而可靠。

媒体的重要功能之一是预警功能。广播、电视、报刊、通信、信息网络、警报器、宣传车或组织人员逐户通知等方式，可以使更多人"接收"到预警信息，从而能够及早做好相关的应对、准备工作。四川汶川大地震和甘肃舟曲泥石流之后形成的多处堰塞湖,媒体及时作了预警,就起了很好的作用,避免了更大灾难的发生。一次次灾难事故的报道以及对事故的反思,可以对以后类似的事件起到很好的警示作用。

数字资源:《山东矿难连线》《台湾列车脱轨》视频,扫码获取具体内容。

第二节　危机事件中的政府官员与媒体角色关系的探讨

先来看一个具体案例:

2011年7月23日晚上20:30左右,甬温线永嘉站至温州南站间,北京南至福州D301次列车与杭州至福州南D3115次列车发生追尾事故。截至7月29日,事故已造成40人死亡(有数名外籍人士),200多人受伤。

7月24日夜,"7·23"动车事故首场新闻发布会在温州水心宾馆举行,当铁道部新闻发言人王勇平走进电视画面的那一刻,千里之外的清华大学新闻与传播学院教授史安斌愣了一下。王勇平是首期中国新闻发言人培训班的学生,史安斌则是主讲教师。出乎史安斌教授的预料,王勇平"穿着T恤衫就上去了",而史安斌教授在班里多次强调召开发布会的时候"一定要穿正装"。

开场白,王勇平的第一句话是问记者:"你们让我站着说呢?还是坐着说呢?"宛如王勇平是一个受到审判的对象。

而当记者追问铁道部在短时间内根据生命探测仪上发出的"生命已无迹象",将火车头掩埋之后,却从其中搜救出一个活着的孩子小伊伊,铁道部对此怎么解释时,王勇平不是从对生命的尊重角度出发,而是想当然并信口开河地发出一句"这只能说是生命的奇迹"的猛料,于是,这一句"奇迹"的用语以及"不管你信不信,反正我信了"的话语,最终在网络中成为人们造句、编段子的原材料。

8月16日铁道部表示,铁道部新闻发言人王勇平因"7·23"甬温线特别重大铁路交通事故首次新闻发布会上言辞不当被停职,将赴波兰华沙担任铁路合作组织中方委员。

在停职消息公布的同时,记者和王勇平在电话中有过一次简短的对话。电话那头疲惫的声音称,"我不想再和媒体接触了,我只想过安定的生活"。

应该说,这则案例给我们的启示是多方面的。王勇平的诸多不当言行不但成为人们的一个笑柄和饭后的谈资,更为重要的是,王勇平作为一个受过专业训练的新闻发言人,居然无论是衣着、开场白、还是与记者的对话都存在着严重的问题,更不要说通过他来树立政府的形象了。相反,因为他的不当言辞,铁道部的形象可以说是毁于一旦。

由此,我们似乎不能不探讨这样的问题:危机事件中,政府官员与媒体记者应当各自担任什么样的角色?他们相互之间应当建立一种怎样的关系?

《辞海》是这样解释"危机"的:"危机是一种紧急状态",而《现代汉语词典》对危机的解释是:危险的祸根或严重的困难的关头。通常意义上,危机事件被解读为社会上各种突发事件。中国的转型期,是突发事件的高发期,SARS病毒、禽流感、山西矿难、山东火车相撞、2008年初春暴雪、四川汶川大地震以及甲流、黑龙江矿难、2011年的温州7·23撞车事故……在这一起起突发公共事件、突发卫生事件、突发自然灾害等重大突发事件发生后,媒体担当了重要的角色。

一、危机事件中,媒体角色与政府官员角色的异同

近年来,我们已经经历和正在经历的重大突发事件可以说比比皆是。媒体及时公开信息,引导舆论。尤其是这几年,突发事件都被传统媒体或网络媒体披露,有的事件在媒体的监督下,得到了处置。所以,从媒体对若干重大突发事件的报道来看,媒体报道日益回归新闻的本质要求,媒体的进步有目共睹。

官员是一个单元政府或部门的代表,危机事件来临后,他们的任务就是要处置好危机事件,同时还要及时公开危机事件真相。本来,政府官员与记者,都是代表着政府的利益,人民的利益,所以,他们的终极方向是一致的。但具体到实际工作中,就某一官员来说,常常会发生角色错位。尤其是危机事件突发之际,媒体角色和政府官员的角色常常不完全统一。

就党性原则而言,记者的社会角色可以有多种表述,比如记者是喉舌,记者是党和政府以及人民的代言人,记者是把关人等等,不论是什么表述,我国的媒体记者必须在他的报道活动中体现出党性原则和社会责任感,不仅要代表党和国家的利益,同时还要反映人民的心声。当突发事件来临时,媒体记者应该以最快的速度公开信息,但此时官员们往往采取的是"捂""堵"的态度,作为正常采访履行者的记者却常常遭遇政府官员拒绝接受采访,这种尴尬在危机事件中尤其突出。政府中的某些官员常常担当的一些不当角色有如下几种:角色一:主观上不愿意说;角色二:行动上不主动说;角色三:时间上不及时说;角色四:内容上不真实说;角色五:态度上不好好说。因此记者在采访时常常会吃闭门羹。

1994年,吉林市银都夜总会发生火灾,殃及在同一建筑物内的吉林市博物馆,烧毁建筑面积6800平方米,不仅造成直接财产损失671万多元,而且将无法用金钱计算的7000余件馆藏文物和黑龙江在该馆巡展的1具7000多万年以前的恐龙化石烧毁,还有2人被烧死。事故发生后,吉林市政府对外封锁消息,对记者的采访一律拒绝。但是中央电视台的《焦点访谈》依然做了一档节目《惜哉文化》,这档节目播出后,引起强烈反响。

让我们来看看中央电视台《焦点访谈》记者赵微在采访吉林市副市长时的一段对话：

记者问：银都夜总会营业的时候有没有经过消防部门的批准？或者验收？它的消防手续是否齐全？

吉林市副市长陈福：我无可奉告。我不能回答你。我知道，但我不能告诉你。

记者：那么这个夜总会曾经被消防部门通报整改，有这个事吗？

吉林市副市长陈福：我无可奉告。

记者：您这也不愿意回答？

吉林市副市长陈福：无可奉告。

一个副市长，怎么一直在说"无可奉告"呢？这个官员的媒介素养太差了。当危机事件来临，不仅要做，而且还要说，做是指立即采取措施，处置危机，说是指做到信息公开。当然，说要讲究技巧。当媒体来了，首先想到的是如何正确面对，在法律层面和公务员职责层面完成信息公开的任务。所以，正确的做法是官员积极配合媒体记者做好报道。

二、政府官员不当角色的原因及其不良后果

吉林市副市长陈福的几个"无可奉告"折射出了不少官员的普遍心态：多一事不如少一事。从而使自己自觉不自觉地扮演不接受采访的角色。导致这些错误角色的原因当然是多方面的，但有几个关键点：一是错误的媒体观。部分官员的潜意识里总认为媒体是来找事找碴的，以为媒体就是没事找事、有意放大事实、唯恐天下不乱的代名词。二是虚假的政绩观。总以为自己在位期间不能出事，一出事就是自己的事，出了事就会影响到政绩，所以就大事化小、小事化了。三是落后的群众观。总以为自己高高在上，与普通群众有距离，群众和记者找上门来的事情不会是好事。正是由于这些错误观念的影响，以及我国长期形成的文化因素的影响，不少官员面对记者不敢开口、不愿开口，甚至推三阻四、阻挠记者的正常采访。

问题的关键是，当政官员不接受媒体的正当采访，常常使得事件走向意愿的反面。2003年8月22日，南京市邓府巷一户人家由于拆迁问题与南京市玄武拆迁办工作人员发生冲突，点燃汽油，造成6名工作人员重伤，一人重伤，当事人死亡。此事发生后，有关方面采取的是不公开态度，企图屏蔽信息，后来由于网络和外地媒体的介入，迅速掀起一场轩然大波，成为各媒体拷问政府拆迁政策与手段的一个导火索。同样是一起因为拆迁而导致的自焚事件，由于处置及时，就取得了比较好的正面效果。2005年9月20日上午，南京栖霞区行政执法局对在五福家园经济适用房旁违章搭建的、严重影响居民生活的养猪场依法进行拆除。从泗阳县来宁违章搭建养猪场并出租的杜某将事

先准备的汽油带到现场,打开瓶盖,手持打火机,阻挠拆违。在现场的执法队员和民警对其进行耐心劝说、教育并制止时,杜某点燃汽油爆燃,导致4名执法人员烧伤,肇事者及其妻也烧伤。事件发生后,南京市委宣传部第一时间向媒体发布信息,并对这起事件进行了定性,媒体没有了炒作的空间。

美国公关之父提出了一个舆论概念,叫"晶化舆论",含义是强化公众原有的意见或者让公众原来不够清晰的认识变得明朗化。这是很有道理的。重大事件发生时,往往小道消息不胫而走,各种真真假假的信息满天飞,而且会引发"口水效应"。在网络越来越发达的今天,对任何一起重大突发事件,单纯依靠堵的方式,已经无济于事、于事无补,相反常常因为不能够将事实公开而使自己处于被动的局面,事后的辟谣往往花费很多精力却没有好的效果。

三、面对危机事件,政府官员和媒体之间如何协同?

面对危机事件,媒体记者和政府官员之间怎样才能协调行动呢?

2005年9月12日,国家保密局、民政部新闻发言人联合召开新闻发布会,因自然灾害导致的死亡人数总数,不再作为国家秘密事项。这给政府公布灾难中的具体数字和真实数字松了绑,也由此打开了政府主动公布事实真相的一个突破口。

我们认为,在危机事件发生之际和以后的干预处理过程中,政府应当扮演的角色是:

第一,不该拒绝采访;

第二,不该与记者发生冲突;

第三,不该去捂;

第四,不能被动接受采访;

第五,不能封杀媒体;

第六,不能对不同的媒体区别对待,现代社会无大小报之分;

第七,不去触动城市特定时期内的敏感话题;

第八,不给有些媒体和有些记者捕风捉影的机会。

政府官员在突发事件、危机事件中应遵循以下几个原则:

第一,第一时间原则,即第一时间到达现场、紧急处理和正确应对事件;

第二,信息公开原则,即坦诚面对媒体和社会公众,准确和及时公布事实真相;

第三,沟通原则,注意与受害人和媒体的沟通交流,取得谅解、理解,有利于问题的解决。

与其堵塞"言道",被动挨打,不如公布真相,开渠放水,化被动为主动。因为无法"堵"、"堵"不住,所以不如"引流"。毋庸讳言,我们很多人尤其是一些政府官员还处在"开渠放水"的新闻报道理念建立和转换的过程中。媒体的"失语""无语",其实是媒体的一种悲哀。非常可喜和令人振奋的是,而今,面对重大突发事件,中国媒体的"失语"状况已经有了巨大的改观。一方面,媒体主管部门越来越开明,对媒体的各项报道监管似乎没有原先那么严格、严肃、严明；另一方面，政府各职能部门也十分重视媒体的声音和报道的内容，政府部门甚至大多设立了新闻发言人，很多情况下，政府需要媒体"助其一臂之力"。在2008年四川汶川大地震中，每天一个新闻发布会就是政府敢于在媒体面前公布真相的具体写照。

而媒体在危机事件发生之际，也不能单纯为抓新闻而抓新闻，媒体应该体现出自己应有的社会责任感和良知。

通常情况下，对于重大突发事件，媒体肯定会"抢"字当头，快发新闻。原因是：其一，抢新闻是新闻要义的回归。虽然我们对于什么是"新闻"有着不同的见解，但一种普遍接受的观点是，新闻就是新近或正在发生的事实，新闻报道就是对新近或正在发生的新闻事件的报道。暴雪也好、地震也好、火车相撞也好，这些事件，不但重大（重大到让人瞠目结舌的程度），而且突如其来（世界上谁也没有料到、相关部门也没有预测到2008年5月12日14：28的汶川特大地震）。其二，满足受众的收视欲、收听欲。重大突发事件，无一不是人们关注的焦点，不是人们争相知晓的重大新闻。从人的本能来说，大凡发生重大事件，总是希望在第一时间得知相关情况，同时知道自己所处的位置、所处的环境和所处的状态。这种欲望是自然而然、无可厚非，也是媒体应当满足的。其三，媒体通过传播事实真相，可以避免以讹传讹。其实，人不仅想最先知道重大事件的真实情况，同时还会对自己掌握的信息进行传播。

我们为媒体能够及时发布重大突发事件感到欢欣鼓舞，更为媒体能够追踪报道而热情叫好，但这并不意味着媒体对任何一起突发事件都可以任意发布、随便发布，也不意味着媒体对某一起重大事件可以自行其是。其一，媒体属于上层建筑的性质决定了媒体必然会从某个角度出发，发出符合其特征、符合其定位，甚至符合某些特定要求的声音。媒体的传播性质决定了媒体本身要去报道社会事件，但必须做到客观公正，努力避免政治偏见和历史偏见，更不能被一些政治力量所左右。其二，媒体要做有社会责任感的媒体。正是由于社会责任的要求，媒体报道除了考虑到客观真实这一新闻的基本要求以外，还要从社会实际需要出发，所发的稿件要对社会有益，要有助于事件的正确演变，要有利于事件的解决而不是给社会添乱，要是善意的而不是恶意的，要是于事有益的而不是于事无补的。其三，越是重大的突发的事件，越是要在遵循新闻规律的前提下，服从统一调度、统一指挥。当然，对这样的指挥调度，主管部门要把握好度，不能一刀切，不能总是采取"封锁""通稿"的方式，不能像过去那样"统死"。这方面的经验教训都很深刻。新闻媒体首先要具备大局意识和全局观念，自己要努力服务服从于大局，服务服从于整体需要。在这样的前提下，要尽力捕捉崭新的新闻点，挖掘人性的闪光点，激起受众的兴奋点，从而拓宽自身的生存空间。

提出媒体服务全局、协同作战的采制理念，其原因是新闻的社会性要求以及新闻战役的实际操作需要，而服务全局、协同作战的目标指向，从新闻的政治属性来看则是为了便于形成一条完整有效的宣传链。我们之所以强调要形成完整的宣传链，是因为媒体肩负着神圣的社会责任，我们可以把这种社会责任归结为媒体的几种具体社会功能，就是：其一，媒体的安抚作用。突发事件中媒体的安抚功能相当强大，人们正是从新闻媒体中得知灾情和政府的处置举措,从而安定人心,抚慰受伤者的心灵,政府这时的呼吁和指令只有通过媒体才能最大限度地传播开来。其二,媒体的鼓舞作用。当灾难降临的时候,受灾群众最需要的是战胜灾难的勇气和信心,以及自救的方法、他救的方法和战胜困难的方法。媒体多种文体和表现手法的综合运用,将会创造出神奇的力量,鼓舞人们奋勇向前。其三,媒体的引导作用。随着抗灾的步步演进,人们的思绪会不断地转换,同时灾难中的人群最容易受伤、最容易激动,也最容易将责任归于一方而不及其余,这时的舆论引导就显得相当重要,需要慎重地把握和必要的控制。在群众情绪容易失控的情况下,任何的风吹草动都可能酿成巨大的灾祸,而这无异于雪上加霜。我们最希望做到的是,无论是政府,还是宣传主管部门,以及我们的媒体和受众,面对突发事件,都能做到认真面对,积极处理,妥善实施,让新闻报道成为善后工作的动力机,防患于未然的播种机,社会和政府各项工作的助推器。

第三节 如何在灾难性报道中见功夫

灾难性报道,是指媒体对一些突发的自然灾害和社会灾难所作的报道。比如地震、台风、水灾等重大自然灾害,飞机失事、火车脱轨、爆炸、突发公共卫生事件等恶性事故,还包括罢工、骚乱、舆论危机等社会危机。这些灾难不仅造成人财物的巨大损失,而且会严重损坏组织形象,使组织陷入困境。突发事件,事实上也是对媒体功力和水平的一种考验。面对这些突发的灾难,新闻媒体应该如何报道才能彰显自己的功夫呢?

2008年5月12日14:28,四川汶川发生了罕见的8.0级地震,引发全世界的关注。回首我们的一些做法和还在进行的报道,对其中的一些做法加以总结和归纳,进行一些理性的思考,将有利于以后遇到一些突发灾难性事件的时候,我们的媒体开展相应的报道。

一、一以贯之——快速出击,连续作战,与事件一同演进

我们认为,面对灾难,媒体的第一任务就是在第一时间将信息发布出去。当然这里所讲的信息不仅是灾情本身,还包括政府如何反应、事发地群众如何自救、灾难中有什么需要特别提醒的方面等内容。

这次汶川地震发生后,媒体信息发布的快速与公开,与1976年唐山大地震后的信息发布形成鲜明对比。为了让社会各界第一时间了解灾区最新情况,中央电视台破纪录全天直播抗震救灾情况,有些地方台新闻综合频道也从地震当天起打破常规编排,大篇幅报道救灾动态。

对汶川大地震的追踪报道

对每一次灾难来说,只要新闻一经播出,赈灾新闻报道就要一以贯之,接连进行,直至这场灾难基本消弭为止。

二、珠联璧合——栏目联动,环环相扣,彰显出整体效应

任何一场灾难报道,都不是一个栏目力所能及的,原因在于:一是观众总是希望了解到最新信息,而任何一个现有栏目总有每天的具体播出时间,这种编排将无法满足观众的需求(正是在这样的意义上,央视本次采用连续十天的新闻频道和一套并机每天24小时直播节目《抗震救灾　众志成城》);二是地震等灾害信息瞬息万变,现有的某一个栏目根本无法将这么多、这么快、这么需要传播的信息传播出去。

对汶川大地震的联动报道

那么,怎么办?要么打通栏目的壁垒,采用央视的直播形式(其实这种形式不是央视的新创,港台以及国外早已有之),要么各栏目联动,相互支持,信息资源共享,并且实行不断刷新、环环相扣、滚动播出又相对具备栏目特色的一种操作手法。对于国内非灾区的电视传媒来说,恐怕后一种更为可行。

对灾难性报道,新闻综合频道甚至整个广电集团的栏目联动、互动,将会形成最有力的报道阵势,通过合理的新闻架构,使新闻的社会效果最大化,整合之后的新闻将更权威,更具合力。

三、妙笔文章——记者连线,两地互动,凸显人间真情

新闻报道,最重要的是新闻素材,也就是新闻报道的"质"。没有具体的实质性的材料,再大的报道阵势也没用。那么对于灾难性报道来说,新闻报道的内容从哪里来?对于非灾难发生地的媒体来说,通常很难有灾区的第一手资料,所报道的内容往往要么来自央视、事发地媒体,要么来自网络(人民网、新华网等正规网络),要么是媒体所在地与灾难事发地的一些关联事项。缺乏第一手资料是报道的一个瓶颈。这时,出于报道的需要以及记者职业的敏感,媒体通常都会主动派出记者,通过正常或非常的渠道,进入灾区采访。我们认为,媒体必要的人员到达一线采访,是需要的、可行的。

对汶川大地震的暖心报道

新闻源自生活,妙笔产自一线。通过记者连线,两地互动,真实的情况得以展现。一篇篇凝聚着血泪的檄文就这样写就,一幅幅精彩纷呈的画面就这样采集,一个个感天动地的故事就这样生成,一次次让人潸然泪下的报道就这样深入观众的心田……

对于非震区的地方媒体来说,不能一窝蜂地都赶去震区,而是要有选择地进行报道,尤其是要重视本地区爱心奉献、本地人如何支援灾区的报道,以及由地震衍生出的一些话题的报道。这应该是地方台地震报道的题中应有之意和报道的主导内容。为此,新闻综合频道通过策划活动、重点报道、专家访谈等手段,将地震报道向纵深方向延伸。

四、顾全大局——恪尽职守,履行责任,报道围绕主旋律

过去,在报道当中,我们常常发现,越是重大的事件,报道起来越是困难重重。毫不避讳地讲,这主要是"上面"的控制造成的。但这次,无论是国人还是世界舆论,都一致认为,中国媒体对四川大地震的报道是及时而且真实的。应该说,这是中国媒体和中国政府的一大进步。在这方面,除了央视等国家级媒体的杰出表现外,地方媒体的抗震报道同样可圈可点。但另一方面,我们同样需要注意的是,在本次抗震报道中,经常有上级下发的各种"提示",这种"提示"有时一天多达四五份,作为党、政府和人民喉舌的新闻媒体,当然也要听招呼,既做到遵循新闻规律,又努力不违背宣传纪律。例如,通常情况下,地方媒体不能自行前往灾区采访,怎么办?聪明的记者就采取与本市救援队伍一起前去的办法,主要报道本市官兵是如何奔赴四川地震前线救灾的,这样的主题就是各方都喜欢的主题,这样的采访报道路径也是各方都能接受的路径,记者如此前往灾区也就顺理成章了。需要注意的是,这里不是也不能和"上级"玩"捉迷藏"的游戏,记者奔赴前线只是手段,报道全民抗震救灾的内容才是必然的选择。

媒体应当遵循宣传纪律,自觉维护稳定。以大局为重,不炒作,不追捧,不夸张。大灾是对新闻的一场考验,作为媒体,除了在第一时间快速播报之外,我们还要不断捕捉细节,通过一个个生动的故事抓住观众的眼球,通过一次次连续的报道让新闻出新出彩。

地震等重大突发事件宣传报道需要弘扬这样的主旋律:团结一致、众志成城、不畏艰辛、奋力拼搏。因而在宣传重点上就要注意把握:

第一,大力宣传党中央、国务院心系群众,急人民群众之所急,解人民群众之所难的举措。着力报道党中央、国务院救灾的各项措施、救灾成果。

第二,宣传灾区政府启动应急措施,各级干部在救灾中发挥带头作用,人民群众顾全大局、积极开展生产自救的精神。

第三,宣传解放军、公安武警战士在抗震救灾中的感人事迹。

第四,宣传全国各地向灾区积极捐款、献血和提供救灾物资的感人情景,一方有难、八方支援的社会美德。

第五,及时准确、公开透明地报道灾情以及救援进展,报道确保信息畅通、交通畅通方面取得的成效和措施。

第六,宣传防震抗震知识和卫生防疫知识。

对媒体来说,这次亚欧板块和印度板块之间的地壳碰撞而导致的四川以及陕西、甘肃、青海等省份的强烈地震,给了媒体应对突发事件报道的一个良好契机,同时更是对媒体的一次实实在在的考验,媒体在灾难性报道中的功夫也由此显现。经过这次巨大的实战演练之后,相信媒体在重大灾难性报道上能够提炼出更多的应变方法、生成更有效的应变机制、涌现出更能干的一线记者和新闻指挥人员。

第四节 实践案例：新冠疫情下的媒体报道

2020年初开始，一场突然席卷全球的新冠肺炎疫情，让全世界的人们不得不戴起了口罩、不得不一再进行核酸检测、不得不多次去打疫苗，世界经济由此受到严重冲击和影响。这次突发疫情的来势之猛以及延续时间之长，也让传媒接受了一番从未有过的检验和洗礼。面对这一重大突发公共卫生事件，媒体人的应对能力、报道水平又一次得到锻炼和提升，由此也衍生了更多的报道样式、迭代内容和传播平台。

一、携手联合抗疫情　汇聚宣传强磁场

2020年春节前后，一场突如其来的新型冠状病毒肺炎疫情席卷中国直至世界，举国上下投入抗击疫情的阻击战中，新闻媒体自然也是闻声而动。南京广电集团除了发挥自身力量进行大量信息播报外，一方面派出采编力量前往湖北进行一线采访，另一方面充分联合全国城市台、特别是湖北地区有南京医疗支援力量的城市台，进行了形态多元、主题丰富的连线、联播，手牵手、心连心，共抗新冠疫情，携手砥砺前行，汇聚成融合传播的强磁场，谱写出抗击肺炎的新篇章，推出了一系列精品力作，如联合武汉广电集团、黄石广电集团共同进行的三地连线报道《战"疫"三城记》、"黄石呼、江苏应：南京在行动"大型媒体行动、"百城百台——全国交通广播'疫情防控阻击战'特别节目"、《"一首歌温暖一座城"——百城联唱·激情战"疫"》公益歌曲展播特别节目等，通过融合和联合的力量，让城市台在疫情防控宣传中的影响力和辐射力进一步汇聚和扩大。

（一）以奔赴前线直击现场

2020年2月中旬，新冠肺炎疫情防控已经进入了最吃劲的关键时刻，南京市市属新闻单位的8名记者出征赴抗击新冠肺炎疫情最前沿，把镜头对准无私奉献的南京的白衣天使，把笔墨聚焦驰援武汉和黄石的感人故事，用摄像机记录下南京医护人员的感人故事，记录下南京人和武汉、黄石人心连心共同战"疫"的深情厚谊，采制更多更鲜活的现场报道，把他们的"闪光点"传递给受众。南京广电集团此次派出的赴疫情防控一线采访的4名记者均为党员，均为所在部门的骨干记者，发回数十篇报道。通过一篇篇强信心、暖人心、聚民心的新闻作品，为南京打赢疫情防控的宣传战役贡献力量。

（二）以三地连线报道实情

武汉胜则湖北胜，湖北胜则全国胜，湖北和武汉是疫情防控的重中之重，是打赢疫情防控阻击战的决胜之地。南京广电集团联合武汉广电集团、黄石广电集团共同进行三地连线报道，第一现场报道江苏医疗队在这两地开展的工作，第一视角挖掘一线医护

人员的感人故事和三地人民心连心、共患难的深情。一是在民生栏目《直播南京》中开设《战"疫"三城记》专栏,直播中连线武汉、黄石,及时发回当天的报道;二是在时政栏目《南京新闻》开设《连线武汉》《连线黄石》专栏,对当天的直播连线内容进行快速拆条,精选精编。具体的选题内容集中在:① 南京医疗队在武汉、黄石两地展开救治防疫的最新工作进展,南京医护人员在当地工作的感人故事。② 武汉、黄石在各方努力下疫情得到控制,病员康复出院。③ 武汉、黄石两地党委政府和社会各界对南京医疗队的感谢,为医疗队工作生活提供各种便利的故事。④ 武汉、黄石两地和南京市民之间的真诚互动。在具体的报道形式上,专人对接武汉广电集团、黄石广电集团,协调当天两地发稿内容,并落实连线时间和线路;对重点稿件,除了在电视端播出外,制作成短视频、图文等,在牛咔视频、微博、微信、抖音、微信公众号等新媒体平台发布。已播的重点稿件有《支援武汉的南京医疗队再治愈8名患者》《患者病愈出院,病区唱响〈红旗飘飘〉》《谢谢你们,我的半个老乡,让我们相约南京!》《鸭血粉丝汤成药方,南京医生巧治特殊新冠患者》等,还以最快速度抢发了《南京又有9名患者治愈出院,最小年龄仅10个月》。讲述医疗救治的生动故事、反映医生义无反顾投入战场的《从此白衣做战袍,医生就是战士》《复工上班了,而他们一直未曾休息》《进ICU问诊危重症患者,李兰娟脱下防护服满脸压痕》《方舱医院里,养胃操学起来》等,都获得较高的阅读量。

湖北武汉疫情牵动着南京市民的心,南京市民关心江苏支援湖北医疗队人员的工作生活情况,南京广电集团十八频道策划了"我的抗疫日记",以第一人称的视角和笔触,体现出白衣天使"舍小家保大家"的大爱情怀,已播出20多条日记,在医护人员和市民中引起强烈反响。十八频道还推出多个不同内容的连线报道,如"苏黄一线牵"系列报道,连线黄石广播电视台记者,向南京市民第一时间发布江苏医护人员在黄石工作情况及生活情况;"援鄂医生连线",通过网络连线的方式完成"宁鄂连线"系列报道;"湖北籍员工家属连线",通过湖北籍人员和在湖北的父母进行视频连线,彼此相互问候和关心,给在外的湖北籍人员更多慰藉,让身处湖北的长辈们更加放心。

(三)以媒体行动体现担当

江苏省派出的首批医疗队伍抵达黄石后,全员参与一线抗疫,白衣战士们的生活物资处于紧缺状态。为此,2月19日,南京广电集团十八频道与黄石广播电视台共同发起了"黄石呼,江苏应:南京在行动"大型媒体行动。十八频道联合南京桂花鸭集团、江苏百世集团向黄石防疫指挥部捐赠价值126.6万元桂花鸭产品,帮助捐赠方对接相关手续、办理车辆通行证,并全程报道桂花鸭集团捐赠仪式、发车仪式以及物资到达黄石后的情况及后续报道,让黄石人民感受到了南京人民的情意,增强了宁黄两地人民共同抗击疫情的信心。此次抗疫捐助公益活动在两地引起了强烈反响,被各级媒体多次公开报道,国家级媒体1次,省级媒体8次,市级媒体14次,其中,《人民日报》在2020年3月1日第4版刊登《"黄石呼,江苏应"对口支援江苏在行动》,专门予以报道,十八频道、湖北电视台、黄石电视台、南京日报、江苏城市频道、江苏教育频道、交汇点新闻、荔枝网、微滨江、南报网、腾讯新闻、现代快报ZAKER、新浪江苏、今日头条Hello南京、今日头条看江苏等几十家媒体纷纷进行了报道,彰显了南京广电集团的责任与担当。

(四)以特别节目激发情怀

1. 疫情就是命令,防控就是责任,《疫情防控阻击战》特别报道日播至少120分钟

农历大年三十开始,南京广电集团交通广播作为应急广播,迅速响应中央及省、市号召,与路况新闻工作群、节目主持群、武汉交通(应急)广播、华东六省一市交通广播群、交宣委全国交通广播工作群实时联动,及时推送相关消息,以广播媒体为主阵地,以新媒体为先行军,全体动员、全面发声,紧密围绕市委市政府的中心工作,服务防控大局,共同凝聚全社会之力打赢硬仗。

随着疫情形势发展,南京交通广播打破原有节目设置,从早晨7点到晚上11点,推出《疫情防控阻击战》特别报道专栏,每天播出时长超过120分钟。在早中晚重点时段集中进行报道,在白天各整点开辟固定时段,随时插播全国、江苏省和南京市防范疫情的重大新闻公告、消息、资讯等,同时开设"直通湖北""疫情公告""权威辟谣"等环节。其中,"直通湖北"的内容,每天早晚高峰、白天特别节目中,以口播连线、录音报道等形式及时传递在武汉、黄石的江苏及南京医务工作者抗击疫情的工作、生活等情况,与武汉交通应急广播、黄石广播电视台记者连线,报道当地每日防疫工作进展及收治病人等最新情况。

2月3日开始,南京交通广播又与华东六省一市兄弟交通广播电台一道,实现信息资源共享,丰富我们的战"疫"报道内容。

2. 音乐温暖人心,歌声汇聚力量,《一首歌温暖一座城》特别企划持续发力

大疫当前,信心比黄金更可贵;阻击病毒,需要医药也需要勇气和希望。2月初,在打赢疫情防控阻击战的关键时刻,在全社会急需战胜病毒的勇气与信心的时候,中广联城市台广播新闻工作委员会、中广联文艺委员会省会市台工作部联合发起,南京广电集团统筹制作推出《一首歌温暖一座城》"百城联唱·激情战疫"特别企划,邀请全国百家城市广播共同演

扫码获取资源

绎有关阻击新型冠状病毒肺炎疫情的原创音乐作品,并在百家城市电台及新媒体平台播出。其目的就是要用旋律擂响战鼓,汇聚战"疫"必胜的信念,用歌词凝聚温暖,传递中华同胞的大爱。倡议发出后,立即得到了全国百余家电台的迅速响应,各城市的音乐人也迅速行动起来。对于文艺工作者而言笔杆琴弦就是武器,话筒就是前线。在抗击疫情的战斗中,文艺工作者也在贡献全部力量。百家电台,百城联唱,用爱发声,激情战"疫",该单元将与观众共同聆听这些动人又充满力量的音乐作品。

> **数字资源:** 抗疫歌曲《感谢你》视频,扫码获取具体内容。

这些歌曲或温暖或崇高,或深沉或激昂,但无不以真挚的笔触、动情的演唱向社会传递战胜疫情的信心和勇气。比如,南京广播电视台已发布的三首作品《唱给你听》《共饮一江水》《我相信》,充满激情地给抗击疫情的一线英雄们打气、给同饮一江水的武汉市民加油,它们除了在广播电视上播出,在网络上也被热转。该特别企划还在"学习强国 App"全国平台上开设了专栏进行展播,同时通过"央视频 App"矩阵播出,全国用户都可以通过手机在线收听收看及分享。《一首歌温暖一座城》特别企划的影响突破了广电业界,散播到了整个社会,比如著名音乐人卞留念就把他为阻击疫情而创作并演唱的新歌《英雄中国》专门发给家乡南京的电台,参加全国展播。

《一首歌温暖一座城》是南京广电集团连续举办两年的大型音乐活动。特别企划集合了全国媒体的力量,通过共享与融合,形成合力,为打赢防控疫情阻击战贡献一份力量。

二、让受众参与 铸抗疫强音

在抗击新冠肺炎疫情的宣传报道中,南京广电集团充分发挥新媒体渠道的宣传力量,号召市民网友上传自己录制的视频内容,通过百姓心声,为抗疫一线人员加油鼓劲,同时也丰富市民响应号召宅在家中的日常生活,奏响了百姓心声的抗疫强音,推出了多部精品,如:点赞一线抗疫先锋人物视频征集活动《我为你骄傲》、UGC 视频征集活动《包好元宵等爸爸》、"头球接力共同战疫"线上足球接力活动、元宵节"守望 2020"12 小时融媒特别节目中,大量采用 UGC 内容。这也是从 PGC(专业生产内容)和 OGC(职业生产内容)向 UGC(用户生产内容)转型的一次成功尝试和有效试水。

(一)利用栏目社群,征集短视频

新冠疫情当前,要求各级党组织和广大党员干部必须牢记人民利益高于一切,不忘初心、牢记使命,团结带领广大人民群众坚决贯彻落实党中央决策部署,全面贯彻坚定信心、同舟共济、科学防治、精准施策的要求,让党旗在防控疫情斗争第一线高高飘扬。南京广电集团教育发展部利用《金色年代》老年观众社群,组织大家将自己对这次抗击疫情战役中的所见所闻、真情实感拍摄成小视频《我为你骄傲》,点赞一线抗疫先锋人物,并进行展播和评比。目前已有千名以上老年人积极参与,已收集视频上百条。同时,专题节目走进基层抗疫一线,挖掘与老年人群相关的感人事迹。尤其是"老党员志愿者"系列,让鲜红的党旗在基层防疫一线高高飘扬。

(二)利用文体活动,共同献爱心

2020 年 2 月 12 日,由南京广电集团娱乐频道策划发起,武汉广播电视集团文体频道和重庆广播电视集团(总台)文体娱乐频道等联合参与的"头球接力,共同战疫"长江三城联动战"疫"公益爱心大行动正式启动。这项公益活动在上线 10 多天的时间里,共吸引了包括孙继海、徐媛等前国家男足、女足球员,江苏苏宁汪嵩、广州恒大梅方、唐诗、重庆当代力帆吴庆、武汉卓尔艾志波等现役球员,以及十多个省市的数百名业余球员、小球员参与"云"接力。全球最大的中文足球社区——懂球帝 App 首页对活动进行置顶推荐;学习强国、抖音、央视频、牛咔视频等多平台同步分发,用体育人特有的方式共同为武汉加油,为中国加油。

(三) 利用特殊节日,畅叙真情意

春节过后,南京广电集团生活频道向全社会征集宅家自拍短视频,受到了广大电视观众和手机用户的追捧,已征集到了数百个高质量的 UGC 视频作品。其中 UGC 短视频《包好元宵等爸爸》,立足全国支援湖北抗疫的大局,展现了元宵节当天,江苏医疗队首批赴武汉的一位医生家里,妻子带着儿女包汤圆过节的温情画面;短短的几分钟时间里,有孩子们思念爸爸的天真提问,也有医生妻子对丈夫的支持和信心,更有对未来战胜疫情的期望和乐观,从一个极小的视角展现了当前全面抗疫的战况和全国人民团结一心的力量。该视频播出后,得到了医生所在医院的赞扬,也受到了很多节目观众的赞誉和大量转发,更有很多爱心企业深受感动,表示要向支援武汉医疗一线的医护人员家庭提供生活物资保障。

(四) 利用特别节目,宅家做贡献

为让"宅在家里,就是做贡献"的南京市民,足不出户就能看看多日不见的金陵城、看看这座城为节日默默亮起的一盏盏明灯,让大家感受到心在一起就是团圆的氛围,共同为武汉加油,为南京守护,南京广电集团策划了 12 小时"守望 2020"元宵节特别节目,与大家共度"我们的节日"。

将近十二小时的直播始终紧扣"团圆"和"抗疫"两大主题。大刚、欧林冲、杜晓、子涵、张彤、张影、潘霄雅、卢涵、杨侃、赵迪、斯扬、曹漪、李钰等十多位主持人陆续进入演播厅,节目以主持人演播厅串联方式,展现特殊时期,南京市民宅在家里过元宵节的心情和感受,体现市民们积极防疫,乐观向上的生活态度;期间穿插主持人对老南京如何过元宵节的背景介绍,相关传统文化展示,对战胜疫情的信心和展望,对武汉的关心和守候。他们和大家一起学做元宵、扎花灯,把最美的歌曲唱给大家听,定时传送关注疫情防控的最新情况,和观众一起为一线医务人员加油鼓劲;他们把最美的歌曲唱给大家听,也记录下记者们奔走的脚步,给坚守一线的人们不接触送去一碗碗热腾腾的汤圆;他们和一线工作者联系,也和观众不断互动……节目在营造浓浓节日氛围的同时,表达驰援武汉、驰援湖北的手足情意,致敬奋战在一线的医护工作者,歌颂全国各行各业不屈不挠抗疫的平凡英雄,坚定大家对抗疫取得胜利的决心。

特别节目展现了隔离病毒不隔离爱的理念。利用 UGC 内容,在不暴露隐私的情况下,进行音视频连线,包括驰援武汉医疗队的连线,南京一线工作人员和家人间的连线等。特别节目点亮城市,也点亮希望。夜色中,总有一盏温暖人心的灯。元宵节,南京高楼大厦的灯光次第为这个节日点亮。特别节目还通过牛咔视频 App 向广大网友征集祈愿视频《拥抱春天》,展现市民对未来的美好希望和战胜疫情的决心信心。其中包括不计生死,随时出发,最勇敢的"白衣天使"。还有维护秩序的人民警察、守护小区的物业,供电公司的工程师等等,以及很多海外华人,此刻也分外关注国内的疫情,通过 UGC 视频,让大家真切地感受到了希望,为大家送上了温暖和祝福。

(五) 利用应急广播,疏通生命线

大年初三上午,南京广电集团交通广播接到了热心市民管先生的求助:"自己这边的金禾实业股份有限公司目前有五十吨医用消毒双氧水,需要紧急发往湖北武汉支援疫区,后续每天会陆续有100—200吨的双氧水,可以源源不断地运往疫区,但是现在物流通道不够畅通,希望南京交通广播能帮忙协助解决。"急需物资就是生命线,交通广播立即启动应急响应。好消息陆续传来:南京爱德基金会、苏宁物流均愿意提供帮助,热心听众沈先生也愿意提供车辆援助。同时,电台与湖北楚天交通应急广播取得联系,与当地防控部门建立起联系。聚沙成塔,爱心接力,短短四个小时,物流和捐助通道全部打通! 当天下午,货物就紧急送往武汉。大年初四,交通广播正在进行抗击疫情春节特别节目,"南京交通广播"微信公众号接到一位自称南京南站一线防疫工作人员发来的现场图片和求助留言称,南站志愿者们正在南站对每一位到站旅客进行防疫检查,因为口罩护目镜等防护物资缺乏,工作人员不得不冒着被传染的风险和旅客近距离工作,希望我们广播一下哪些企业生产此类用品。播出几分钟后,江宁区禄口镇一家劳保用品企业打来电话表示,他们还有两百个工业用护目镜(与医用护目镜差不多),完全能够满足人流量密集的站场区域防疫人员的使用,解了燃眉之急,疏通了生命线,为抗击新冠疫情贡献了媒体人的力量。

第六章 新闻深度报道

第一节 新闻深度报道的路径选择

电视新闻从业人员,尤其是新闻战线的新手,常常有一个困惑:很多新闻看上去似乎没有多少报道的价值,怎样才能挖掘出它的新闻价值呢?有的新闻,似乎很简单,报来报去也就么回事,怎样才能将它报得丰满呢?还有的新闻,有的记者在报道的时候就那么一两条小新闻,可是别的记者却做成了大块文章或者视觉冲击力很强的重头报道,这里面有什么诀窍吗?

其实,这里涉及的正是新闻的深度报道问题,也就是如何将本来很简单或者看上去很简单的素材,通过深度挖掘和不断追踪,将小新闻做成大新闻,将简单新闻做成有看头的新闻,将一则新闻做成多条新闻,将浅显的新闻做成有思想有深度的新闻。

特别需要强调的是,新闻的深度报道绝不是将新闻简单拉长,而是通过新闻线索追踪新闻事实,通过新闻表象揭示深刻内容,通过现有状况还原历史真实,通过一棵树看到整个森林。同时必须明确,新闻的深度报道也绝不是将简单的新闻复杂化,绝不是将易懂的新闻做成艰涩难懂的新闻,绝不是对本来十分明了的事情故弄玄虚、故作惊人之笔。新闻的深度报道其实是通过对新闻的透视,揭示真实的内在,揭示相关的背景,揭示未来的趋势,揭示现有的不足,揭示发展的规律。

那么,怎么做,或者说通过什么方法、什么路径,可以达到对新闻的深刻揭示呢?

一、采访是新闻深度报道的前提,通过顽强采访挖掘事实真相

这里,主要涉及两个问题。一个是选题问题,一个是如何采访的问题。选题是采访之前就首先要确定的问题。选题,实际上就是采访的主题、方向,也就是本次采访需要把握和围绕的中心话题。一个新闻线索能否做大,首先在于选题是否足够大,如果选题很小,那么采访可供选择的范围就会很小,螺蛳壳里做道场不是不可以,但是很难。所以,对于新闻初学者,如果从一个比较宽泛的、比较有关注度的、比较大一些的选题入手,进行深度报道,这样可能更加方便和取巧一些。当然这并不是说小选题做不了深度报道,事实上,对许多资深记者而言,往往是在别人熟悉的环境、熟悉的状态、熟悉的事件中做出了令人惊异的深度报道,这是资深记者独到眼光、深厚功力的体现,这另当

别论。

有了好的选题,不代表就能做成深度报道,对收集到的新闻线索或者领导布置的选题还需要进行深入的现场采访,才能形成报道。俗话说:巧妇难为无米之炊,意思是首先要有米下锅才行。对于新闻报道而言,这个"米"就是通过采访获得的新闻素材。

关于如何采访,很多书上都有相关介绍。经验告诉我们,采访往往是很苦的差事,尤其是对于那些曝光性题材、突发性题材、其他媒体都在争抢的题材,不但需要记者的刻苦,更需要斗智斗勇,甚至需要奉献的精神。很多时候,还需要记者的"黏性",记者要有粘上去不舍弃、不达目的不罢休的勇气和毅力。有些法制类的题材,需要公检法司和行政执法部门的紧密配合。有的记者很疑惑:为什么这些部门配合别的记者不配合我呢?这需要自己平时就注意结交关系沟通联络、注意利用自己在采访过程中掌握的各种人脉线索、注意对有关法律法规的掌握和运用。一些可预见的题材以及主题性报道,则需要提前了解情况、做好策划、厘清思路,这样采访时才能有的放矢、有所侧重。

二、思想是新闻深度报道的灵魂,通过交流思想提升新闻内涵

采访来的材料,还需要经过打磨,尤其是思想的拷问、锻造、提升之后,才能形成有一定深度的报道。我们说思想是报道的灵魂,没有思想,没有报道的主题,报道就会是一盘散沙,报道就会缺少内涵、缺少凝聚力。那么,如何锻造新闻报道的思想性呢?

1. 对于采访主题不明确的报道

有的正面报道,其实在采访之前就已经明确了报道的主题,这就是这篇报道所要表达的思想。

有的报道,主题不甚明了、记者只知道大体方向,这种情况,就需要记者在采访过程中不断修正采访方向、明确采访思路,逐步形成采访主题。这种情况下的主题思想,可能是逐渐形成的,也可能是从记者脑中突然迸出来的,对于后者,需要记者及时把握住,并围绕突然确定的主题深挖下去、追踪下去、扩大战果,最终通过各种素材予以证实确认。

2. 对于采访归来觉得思想比较平淡的报道

对于新老记者而言,这种情况都不可避免。记者往往费了九牛二虎之力,到头来制片人或者值班主任一句话:"做得太简单"或者"做得太肤浅",就得推倒重来。这里,既有可能是主题确实挖掘不深的问题,也有可能是认识上的问题,还有可能是节目结构的问题。

对于主题挖掘不深的问题,那就要进一步采访最直接的当事人、现场的目击者、相关理论专家、政策的制定者和发布者,总之不能道听途说,不能简单地用旁观者代替,不能走马观花,不能轻描淡写。对于丑恶嘴脸要敢于揭示,对于违法现象要敢于揭露,对于社会恶习要敢于碰硬,对于正面声音要善于传播,对于正面人物要善于树立,对于正面事物要善于表现。要运用辩证法的思维、现代人的思路,对新闻事实进行现代意义上

的判断、思辨和审视。作为电视重要传播手段的电视画面,既要表现全局,更要注意捕捉细节,既要全景、中景、近景兼具,更要在后期剪辑中将同期声、背景声、画面做最完美的对应处理,既要做到声画对位,还要做到充分运用字幕、音响、特技等各种手段进行打包处理。

认识上的问题,既有可能是因为各人认识上的差异,也可能是因为个人认识上的不到位。其实对个人而言,总是有个不断学习、不断把握的过程。我们可以举一些例子加以说明:

如果说,进行城市环境治理是一般性新闻,那么进行环境整治迎接亚青会、青奥会举行就是深度报道;如果说,某个区某个部门进行环境整治是一般性新闻,那么报道整个城市全面行动起来进行环境整治就是深度报道;如果说,一时性的环境整治是一般性新闻,那么如何形成环境整治的长效机制就是深度报道;如果说表现如何整治环境是一般性新闻,那么挖掘环境脏乱差的原因并不断予以排除形成美好家园的共建意识就是深度报道。

如果说,湖南湘西凤凰古城开始收费是一般性新闻,那么收费次日当地多家商铺关门打烊以示抗议及其造成的后果就是深度报道。如果说,百家姓重新排名是一般性新闻,那么这一历时千年的顺序得以改变背后所蕴藏的社会变迁和人口增减就是深度报道。如果说,"房产国五条"出台是一般性新闻,那么为什么地方政府迟迟不愿出台实施细则,或者竞相等待谁后出台细则,或者各地细则有什么不同,或者社会公众和传媒对"国五条"的强烈反应,或者从历史角度来看这样的房市政策出台与房价涨跌之间的"关系"等等,就是深度报道。如是,不一而足。

节目结构的问题,主要表现在两个方面,一个是有一定篇幅一定长度的新闻节目(比如新闻专题)的结构问题,还有一个是节目的编排问题。这在下文予以详述。

三、专题是新闻深度报道的载体,通过新闻专题夯实报道内容

通常来说,一个新闻要做深做大,没有一定的篇幅是不行的,从这个意义上来说,新闻专题是进行深度报道的一种重要的和主要的载体。或者说,专题是深度报道的天然载体和平台。这些专题具有许多共同点,如播出时长至少为15分钟甚至达到45分钟,选题都是一些比较大的时效性较强的百姓关注的题材,节目结构饱满,表现手段丰富,思想意义挖掘较深。

在很多的新闻栏目中还有一种比较轻巧便捷的专题样式,我们把它称为"小专题"。小专题是信息社会中应运而生的一种新闻专题样式,它一般播出时长在4—5分钟,也有7—8分钟的,主要是针对有些新闻内容较多,用短消息或者长消息的新闻样式难以表现,而采取的再进一步扩大时间、扩大内容表现的新闻样式。相对于一般性新闻而言,小专题要深刻得多,主题的表现手法也自然更加丰富。

无论是长专题还是小专题,结构的力量往往是震撼人心的,通过完美的结构可以表现鲜明的主观色彩,尤其是对比式结构可以形成强烈的对照,给人以强大的情绪冲击。而

结构严谨、逻辑性强的专题也会产生动人心魄的力量,从而使主题表现更加严密和完整。

现阶段,随着网络新闻的大量兴起,新闻的表现样式也更趋多样,如微博已成为"人人都是记者"的真实写照,但微博通常以 140 个字作为限定条件。为展现更多内容,有些人开始使用"长微博",在网络上的表现就是几十个字出现在微博的版式中,其后附带一个附件,更多内容点开附件即可看到。目前来看,微博或者长微博,大多用文字表现,但笔者相信不久的将来,微博的版式一定会更加丰富多彩,花边、彩色、图标、动画当会成为正常的表现手段。

四、编排是新闻深度报道的法宝,通过恰当编排形成视觉冲击

专题的结构是一个新闻制作成专题新闻片需要考虑的结构,而编排指的是如何组织各种新闻的结构模式和手段,也就是各种新闻如何摆放、按什么顺序排列的问题。合理而恰当的节目编排,同样可以起到深化节目的作用。

组合报道,就是将一连串相关的新闻编排在一起,这种编排会形成新闻的集聚效应,形成强烈的编辑部意见,也自然会让观众从各个角度对同一个或相关的新闻事件进行多角度观察、多侧面鉴赏、多向度思考。例如:2013 年 2 月 18 日夜间的一场大雪,让南京城披上了厚达 18 厘米的积雪,给市民出行带来诸多不便。19 日南京台《南京午新闻》有关南京雪情的报道在南京电视媒体中表现抢眼,改变了观众对该栏目的一贯印象,真正体现了新闻的力量。该栏目对雪情的报道,视角宽泛,层次丰富。既有市长季建业带头扫雪的镜头,也有季市长对全市扫雪工作的要求;既有白天扫雪的报道,也有夜间 12:00 记者冒雪采访交警、拍摄撒盐车沿途撒盐的画面;既报道广大市民清除积雪,也展示了人民子弟兵的除雪场景;既有一般性的雪情报道,也有记者在解放南路的现场连线;既有网友晒出的雪景照片,也有市教育局关于中小学学生延时报到的临时性通知。整体上看,雪情报道非常丰满,权威性强,彰显了新闻策划、新闻编排的实力。

连续报道以及系列报道,也会让新闻主题不断深化,新闻视域更为宽泛,让观众了解事件的发展脉络、最终状况、面上情况和具体情节。这样的例子很多,此处不再列举。

在节目编排中,除了对已有新闻节目进行顺序性的编排外,还可以通过随时插播有关新闻事件的最新进展,追踪新闻事件的发展状况。例如,2013 年 4 月 16 日凌晨 3:00 许,美国波士顿发生 3 起爆炸案,美国电视以及央视新闻频道立即中断正常节目播出,插播这一重大突发性事件的情况,并不断追击事件的死伤情况、现场状况、起因、影响、社会救治情况、各界反映等等,央视还紧急调派驻华盛顿和纽约的记者赶往事发现场、赶往波士顿周边地区如一些高校,进行采访。这样的连续性播出,使相关信息不断发酵、延伸,从各个角度进行采访挖掘,就可以使得新闻得到最大程度的深化,形成以现场表现、演播室访谈、卫星连线、网络连线、电话连线为主要表现形式的,各种文体和表现手段兼具的,庞大复杂的直播节目。在这样的直播节目中,正是很多专家学者连线的存在和演播室访谈的存在,以及后台强大的资料调剂、编辑力量的存在,使得整档节目不但可视性强,而且有深度、有力度、有广度、有厚度。

第二节　经济报道中的误区及其修正

从现实情况看,现在我们对经济报道是越来越重视了,表现为经济报道的数量在增加,经济报道的方式也越来越多样化。但是,我们在经济报道方面的尝试和试验还不够大胆,开拓性的栏目和节目似乎屈指可数,节目的吸引力还有很大的提升空间。这些问题之所以存在,原因当然是多方面的,包括观念、人力、资金和技术设备等等,但一个很重要的因素是,许多新闻从业人员,在有关经济报道上至今还存在着这样那样的认识上的误区。

本节试图列出其中具有代表性的一些误区,并提出可资借鉴的部分对策。

误区一:经济报道仅限于特定的经济范畴
修　正:拓宽经济报道面

一提起经济报道,人们想到最多的是涉经济方面的报道,其他方面的报道则不在经济报道的范围之内。对于究竟什么是"经济",由于人们长期身处计划经济年代,也由于人们囿于政治、经济、文化等固有观念的束缚,因而不免怀有偏见,至少不敢贸然拓展。甚至于,人们对于经济的理解,仅仅限于经济数据的范畴而已。

其实,只有真正认识了经济这个广博而深刻的概念,并用科学的眼光审视当今社会的发展现状和趋势,满足百姓各种各样的合理需求,我们的经济报道才能做好做大。

1. 经济外延的广泛性

翻开不同版本的词典,可以看到,"经济"一词的解释是各式各样的。如:上海辞书出版社的《辞海》是这样解释的:"① 经世济民,治理国家;② 节约;③ 社会生产关系的总和;④ 经济活动;⑤ 一个国家国民经济的总称,或指国民经济的各部门。"商务印书馆《现代汉语词典》:"① 经济学上指社会物质生产和再生产的劳动;② 对国民经济有利或有害的;③ 个人生活用度;④ 用较少的人力、物力、时间获得较大的成果;⑤ 治理国家。"由此可以看出,经济具有广泛的外延,其涉及面很广,大到国民经济的运行,小到家庭和个人的理财,此外还包括对国家的经营和治理,都可以囊括在经济的范畴之内。当然,对经济一词,我们也不能"泛化",不能把什么都包括在内。经济,毕竟是与政治、文化、体育等相提并论的一个概念,每个概念总有其相对独立的和固有的内涵。问题是,我们现在对经济一词的理解是过于狭窄了,没有有效拓展其应当具备的空间。而当我们既有宏观又有微观、多侧面多角度来理解经济概念的时候,我们对经济一词的认识就会豁然开朗,从而使得我们在经济报道方面的思路更加开阔。

2. 社会发展的丰富性

我们所处的社会丰富多彩,社会稳定,经济繁荣,政治越来越开明,人民民主权利越来越扩大。物质财富极大丰富,整个社会呈现欣欣向荣的局面,和谐共赢,科学发展,注重民生。在这样的社会情势面前,经济报道越发显得重要和必要。

关注经济报道,是发达的经济社会里的必然现象。在美国公布的2007年8月份收视榜单上,就出现了新闻节目与真人秀平分秋色的状况,双料冠军分别是CBS的时事新闻节目《60分钟》(60 minutes)和NBC的才艺真人秀节目《美国达人秀》(America's got talent)。CBS电视台40年的长盛时事新闻节目《60分钟》达到了6.6%的收视率,这是《60分钟》近10年来的首次蝉联坐庄。究其原因,是近期的《60分钟》对于美国经济给予了更多的关注,比如石油价格的下跌,美国股票交易市场的下跌等等,而这一切也刚好符合价格敏感型的美国人口味。因此七、八月份两期《60分钟》能够登上冠军宝座,除了暑期没有强劲对手之外,自己的选题也是恰到好处,符合目前公众关注的话题。

3. 受众需求的多样性

首先,媒体面临的是多样的受众。打开电视的人,既有家庭主妇,也有知识精英;既有年迈的老者,也有健壮的青年;既有从事各种职业的成年人,也有幼稚的孩童。受众的多样化,必然造就不同的收视群落,他们各取所需,从电视画面和解说中获得自己所需要的信息,这其中,当然包括了经济信息和经济要素。

其次,不同的受众,甚至同一类型的受众,其需求也是不一样的。即使是对于同一个人,他在不同的时期,也会有不同的收视需求。不同的人胃口不一样,同一个人不同的时候胃口也不一样。在经济社会里,人们重视经济现象和经济规律,是一种正常的状态;忽视经济运行和经济信息,则常常给人们带来损害。

再次,当人们的腰包越来越鼓的时候,人们有了对金钱进行处理的需求,也就有了"理财",即通过金钱的运作"增值"的需求,而"理财"就是一种经济运作,这种运作本身就是经济节目关注的重点内容之一。没有钱的时候渴望钱,有了钱的时候希望使用钱,还希望通过一定的方式"钱生钱",于是,人们对涉及金钱的经济节目必然是越来越关注。认识到这一点,开办经济栏目、采制经济节目,就会变成我们的自觉行动;同时,深刻地把握好这一点,我们就能够站在历史的高度、站在时代的高度,准确辨析当今社会甚至是未来很长一段时间,电视(媒体)经济节目的走向。

误区二:经济报道仅限于经济栏目的报道

修　正:将经济报道纳入各栏目之中

说起经济节目,有一种常见的误解是,经济节目在经济栏目中播出,要看经济节目,也会不由自主地到经济栏目中寻找。这其实是一种想当然。

诚然,很多经济节目都有相对固定的栏目,而且我们甚至可以说,有固定的栏目才能算一个正常开设的节目。但就国内目前的情况来看,事实并非如此。大陆的电视经济节目,除了一些诸如股市财经类(如《中国股市报道》)、房地产类(如《近水楼台》)、经济新闻类(如《经济半小时》)的节目有着比较固定的播出栏目外,大部分经济节目还是散见于时政新闻、地方新闻以及一些专题报道之中。

这可以以任何一家国家级、省级或者地方电视台为例来加以考察。例如南京电视台,只有一个纯房产类的《近水楼台》是标准的经济栏目(这个栏目还是外卖公司具体操作的)外,没有其他任何一个纯粹意义上的经济栏目。那么,对于其他的经济节目怎么处理呢?那就是放到各个栏目中去。一方面,经济节目越来越多,另一方面,经济栏目因为收视和成本等多重因素很难开设起来。从实际运作的情况来看,经济节目很多是插入时政类栏目、杂志类栏目或专题类栏目中。观众们收看这些栏目,会经常性地获取到一些经济信息和经济知识。而每逢重大的经济活动,比如金秋经贸洽谈会、重大项目洽谈会、螃蟹节、梅花节、茉莉花节、服装会、各种恳谈会等等,当地时政栏目都要浓墨重彩地给予报道。这些"节会经济",其效应是显著的,其范围是广泛的,其影响是深远的。湖北电视经济频道《经视直播》其实也是一档民生类栏目,只是因为在经济频道播出,所以冠以《经视直播》的栏目名,当然由于其在经济频道播出,《经视直播》中也有一定比例的经济节目内容。

一个不容忽视的问题是,国内的经济报道,很多是出于被动的应付,而不是主动的出击。除了一些经济频道出于本频道的定位,不得不进行一定数量和一定比例的经济节目的制作外,很多情况下,拍摄制作经济节目是为了完成上级布置的"宣传差事"。因为你是党和政府的"喉舌",现在有关部门要开展一个什么样的经济活动,需要你来报道一下,往往是在这样的情况下,电视台才出面报道的。被动地完成任务,就很难使报道有滋有味,很难让经济报道"立起来",很难形成大气磅礴、富有吸引力的经济新闻和经济专题节目。

将经济节目分散到各个现有的栏目中,这其实也是没有办法的办法。因为现阶段国内的电视经济节目不是非常多,还没有形成强大的影响力和冲击力,所以面对日益突出的经济报道需求,我们在认识到其未来发展趋势的同时,自觉地将一些经济报道"雪藏"于其他栏目之中,待到春暖花开、山花烂漫时,我们再将其"独立"开来,也不失为一种明智之举。

需要注意的是,分散经济节目的做法,是要为将来经济栏目的崛起提供一个平台,所以,虽说是分散,其实对于记者或者经济报道负责人来讲,要有将来形成固定栏目的心理准备,要有最终脱胎换骨的勇气,要有"成熟一个,发展一个"的信心,要有逐步栏目化的做法。比如,要有意识加大经济报道的比重,要把经济报道当作一种很重要的工作来做,要想方设法把节目做大做强做深做透,要找准经济节目和百姓需求之间的切合点,等等。

误区三:经济报道仅限于经济界人士收看
修　正:提升经济报道关注度

对经济报道,还有一个误区,就是认为经济报道是做给经济界人士看的,我又不搞经济工作,干吗看什么经济节目?这种认识,不但媒体从业人员有,观众中也有,其人数恐怕还不在少数。

造成这种错误认识的原因不只一个,其中有两点比较重要。一是,媒体人的这种认识,必然使经济节目的制作手法、创新力度和节目质量受到较大影响,因为媒体从业人员就是这么认为的,其想法就会不自觉地通过节目体现出来,长此以往,就会在普通观众心目中形成一种与己无关的暗示,以致一般的观众会觉得这样的经济报道自己不看也罢——看了对自己没有多少作用,不看似乎也没有多大影响,所以也就不看了。另外一个原因是,过去人们对经济节目的渴求程度或者叫关注度,远没有今天这么强烈。因为经济没有足够的发展,自己也没有多少钱,能够有那么一点点"小钱"过日子也就行了,国家大事、经济运行与我何干?事不关己,高高挂起。但现在我国已经全面建成小康社会,正在向第二个百年奋斗目标迈进,人们——无论是经济界人士还是普通百姓,对国民经济和社会发展的关注度明显提高就是理所当然的事情了。

扫码获取资源

 数字资源:《扶贫日记》文稿、音频,扫码获取具体内容。

统计表明,我国参与炒股的人数已达 1.3 亿,占国家总人口的十分之一,这是一个庞大的数字,撇除经济不发达地区的人群、大部分农村人群、城市中经济状况特别差的人群和外来人口,这样一算,在经济发达地区和城市当中炒股的人数相当可观。而股市是国民经济的晴雨表,国民经济的运行态势、各个企业的盈亏程度,将直接左右股市中股票的涨跌,事实上也就是炒股者账户上钱的多少,你说,炒股者谁不会关心自己的账面余额?谁会对经济运行状态视而不见?更何况,现在炒股的人越来越多,这从每天的沪深股市新开户数就可以看得出来。同样,对于投资性质的债券,对于运筹千里的期货,对于"居者有其屋"的房产,对于带来滚滚经济效益的旅游,等等,都是人们越来越关注和参与的经济事项了。

所以,在这样一个经济社会里,作为媒体人,如何适应市场经济建设的需要,如何正确把握经济报道的分寸和角度,如何顺应百姓(事实上也包括媒体人自己)的经济需求,就是一个需要认真对待、认真研究、认真实施的问题了。

他山之石,可以攻玉。经济远比我们发达的美国以及西欧国家,他们在经济报道方面的一些成功做法值得我们仿效和学习;富有影响的香港媒体的一些做法也比我们先进和开明得多。下面我们以一个随机的日子——2007 年 10 月 21 日,对香港部分电视台的经济报道案例进行一些分析,以期引起我们的思考和借鉴。

香港被很多人认为是一块弹丸之地,其中却有着若干家电视机构,如凤凰卫视资讯台、凤凰卫视中文台、新知台、香港阳光卫视等,不同的电视台按照各自的节目定位和受众划分,播出自己的节目。就凤凰卫视中文台来讲,其栏目架构也是多种多样的,并不仅限于某一个种类:《财经正前方》是周日 17:00 播出的一档财经栏目,《曲江秋雨时分》是余秋雨先生主持的一档介绍文化之美的栏目,《香港话你知》是介绍香港语言、历史、人文等的栏目,《纵横中国》是旅游方面的专栏,《世界奥运行》是一档体育栏目,《周末大放送》则是人们感兴趣的专题报道……从这些情况来看,香港的电视栏目其丰富性和广泛性较之国内并不逊色甚至更为优异,那么香港的经济节目又呈现出什么样可资借鉴的特点呢?

1. 新闻的栏目蕴含大量的经济内容

香港由于经济比较发达,经济类栏目自然是风生水起,但并非仅是经济栏目中才播出经济节目。事实上,大量的经济节目在非经济类栏目中比比皆是,尤其是很多新闻类的栏目中含有经济类的子栏目,或者播出大量的经济新闻节目。香港新知台的新闻栏目《新闻速递》中就包含了《CEO的一天》子栏目,重点介绍执经济之牛耳的重量级风云人物,追寻其运营的策略和人生的轨迹。凤凰卫视中文台《凤凰子夜快车》,是一档新闻资讯类栏目,其中的经济内容报道占比也很大。

2. 灵巧的把握活化枯燥的经济数字

《凤凰子夜快车》内辖一个子栏目《子夜财经》,播出的就是纯财经类的报道,10月21日当天有两条比较显眼的报道:一条名为《关注经济前景,大盘审慎》,记者在美国纽约证交所现场报道美股消息,另一条名为《财报好坏参半,纳指震荡》,是另一名记者在纳斯达克交易所进行的现场报道。直接由记者位于交易所现场进行报道,这样的报道具有很强的可视性、客观性和评判性,记者侃侃而谈,通过描述自己的所见所闻,直接发表自己的观点和各界人士的分析预测,有利于在第一时间向观众传达可资参考的经济信息。大陆的经济报道尤其是对于相对枯燥乏味的经济数字的报道,如何做得活泼,增强可看性,由此应该可以得到一些启发。

3. 民生的视角阐释纯粹的经济概念

凤凰卫视资讯台有个栏目叫《记者再观察》,10月21日播出的是《透视"中国制造"》。中国制造是一个经济名词,指的是中华人民共和国境内生产制造的产品。中国制造的问题,是由北京电视台的一则"纸包子事件"报道引发,最终被美国等国媒体恶意炒作而形成的。"一段时间以来,以美国为首的西方国家在大肆炒作一个中国食品问题,从宠物的饲料,到食品,到玩具等等,抹黑中国制造,妖魔化中国制造,把中国制造同一些危险、不安全等概念联系起来,把我们本来一般的、普通的出口产品质量问题,渲染演绎成一种新的中国制造威胁论。"(中广协会副会长张振华2007年8月16日在全国城市台电视社教节目创优评析会上的讲话)了解了这些背景,并且将这样的背景资料翔实地运用到节目之中,就能让观众对于究竟什么是中国制造、中国制造问题的由来,以及将来可能的发展方向做出尽可能准确的判断。这样,把一个艰涩的经济概念放到社会大背景里去理解,并且紧密联系百姓的生活实际,就便于受众从民生的视角感受和接受。

4. 多彩的形式丰富具体的报道样式

凤凰卫视中文台有个知名的品牌栏目《一虎一席谈》,是胡一虎访谈录,在演播室里双方针锋相对,辩论一个话题。这样的设置很有创意,也很需要胆量。其实,《一虎一席谈》不仅谈社会问题、政治问题,还有诸多的经济话题。

黄金周
该不该取消?

第三节　新闻调查：针砭时弊的利刃

新闻调查，其实并不是哪家媒体的专利。新闻调查在报纸、广播、电视、网络新闻报道中具有广阔的应用场景，不过客观地说，新闻调查近年来有所弱化，新闻节目的战斗性有所削弱，最直接的表现就是调查类的栏目纷纷撤了、调查类的节目少许多甚至较少见到了。

但是，新闻调查就是记者追踪事实真相，将那些当事人不想透露、相关利益人刻意隐瞒、被表面现象所遮盖的真实情况予以客观报道和还原的调查过程和报道过程，新闻调查是新闻深度报道的重要形式和载体，是针砭时弊的一把利刃。新闻调查对记者的要求相当高，不但要求能够将真相揭示出来、展现出来，而且要求其对政策、法律和分寸的充分把握。所以在新闻单位，能否进行新闻调查和新闻调查的成果如何，往往成了一名记者胆识、水平、能力的指标。许多重量级的记者来自新闻调查，或者说，新闻调查成就了许多年轻有为又有着强烈新闻理想的新闻人。

新闻调查具有广泛的群众基础和受众基础，人们对新闻调查节目的喜爱往往出乎想象，所以新闻调查节目事实上也很受媒体的青睐。中国中央电视台有一档专门以《新闻调查》命名的新闻深度调查类栏目，该栏目是中央电视台唯一一档深度调查类的节目，时长45分钟，每周一期，在百姓中有着广泛的影响。在中国社会发生重大变革的时候，《新闻调查》注重研究真问题，探索新表达，以记者调查采访的形式，探寻事实真相，追求理性、平衡和深入，为促进和推动社会和谐进步发挥着点点滴滴的作用。由此，受众时不时地会收听收看到一些调查性的稿件或音视频，有些曝光性的节目还获奖甚至获得了大奖。

中央广播电视总台央广中国之声《新闻纵横》《全国新闻联播》，在2020年7月25—29日推出的广播连续报道《水漫河堤、防汛一级应急响应，秦淮河大堤却被挖空建高档餐厅！》就获得了第31届中国新闻奖一等奖，这是一个典型的曝光类的连续报道。

水漫河堤、防汛一级响应，秦淮河大堤却被指挖空建高档餐厅

2020年7月，南京秦淮河受汛情影响，启动防汛一级应急响应。如此严峻的防汛形势之下，有群众反映秦淮河杨家圩大堤内部有多家违建餐厅、酒吧仍在经营，可能对堤防造成隐患，这些场所以"水利配套设施"为名修建，已商业经营多年。记者现场调查发现，大坝内部宽近百米，深十几米的混凝土坝体已经被掏空，变身为酒吧餐厅。而如此侵占水利设施红线的违法行为，却无人监管。联络当地多家监管部门，都是一问三不知。随后记者查明，2012年承建大堤的江宁城建集团在建设之初，为了牟利，将大堤挖空，当年被一度制止后，依旧我行我素，几年来收取租金上千万。面对记者质疑，城建集团百般隐瞒推诿，只说是"临时用房"。向法律、水利专家深入了解后得知，此举涉嫌违反了《防洪法》和《河道管理条例》，并对防汛

工作造成了极大隐患。7月25日上午报道播出,当天,江宁城建集团就派人自行拆除了违规建筑,记者随后又对拆除进展、业主情况进行跟踪报道,报道的进一步传播,引起中纪委、水利部等部委重视,南京市、江宁区采取行动,对江宁城建集团和监管部门启动调查,7月29日,报道播出后的第五天,9名相关责任人被问责,在水利部专家的监督下,大坝回填完毕,安全隐患被彻底解决。

本篇作为中国之声独家广播舆论监督报道,播出时间点及时,正值2020年夏季南方汛情严峻、秦淮河流域启动一级防汛响应之际,而秦淮河大堤上仍"隔江犹唱后庭花"——管理单位擅自将大堤违规挖空作餐厅。报道采访扎实深入,记者接到举报后溯秦淮河而上,寻找到被举报地点和其他破坏防汛工作的"蛀点",又逐个对违规餐厅进行测量,花大力气查阅国家、地方法规资料,通过暗访、查阅档案、联络监管部门等多种方式取证核实,获得权威证据后成稿播出,深入揭露了当地长期存在的破坏水利设施的严重问题。播出后不仅极具社会传播效应,得到各大新闻网站、App、兄弟单位转载,中纪委网站专门刊文就"秦淮河大堤现象"分析全国水利设施可能潜在的违法乱纪问题,要求全国各水利监管部门举一反三,成为2020年防汛报道中的"闪光点"。

第四节　反腐报道六字诀:稳、准、狠、盯、关、跟

中国正在进入法治社会。反腐永远在路上。在这样的大背景之下,我们来重新审视如何进行反腐报道,这是很有现实意义和指导意义的。在反腐的选题确定和具体操作中,我们要特别注意"稳准狠"和"盯关跟"的六字报道要诀。

一、稳,就是政治上要稳

反腐倡廉是我国的基本方略之一。反腐,不但是老百姓的热切期望,也是中国共产党安身立命的根本要求。所以反腐防腐,自然是受众关心的话题,也是党和政府迫切希望解决的问题。但问题是,反腐有反腐的具体要求,防腐有防腐的具体措施,不同时期,反腐防腐的力度不同、侧重点也不尽相同,因而,作为党和政府喉舌的媒体,尤其是主流媒体,就要自觉地在政治上与党保持一致,在反腐防腐的报道中也要充分体现党的领导、党的主张、党的要求。媒体要站在政治的高度,来客观报道官员腐败的现状、国家的反腐形势、反腐斗争的成果,在反腐败的意义上、必要性上,在反腐败的措施上、成效上,在反腐败的社会效果上、稳定维护上,大张旗鼓地报道,大力度地推进。

政治上稳,不仅仅表现在媒体的立场上,表现在始终坚持中国共产党的领导上,也表现在对党在反腐方面的新提法、新主张、新动向的宣传上。《全面推进依法治国若干重大问题的决定》提出"加快推进反腐败国家立法,完善惩治和预防腐败体系,形成不敢腐、不能腐、不想腐的有效机制,坚决遏制和预防腐败现象。完善惩治贪污贿赂犯罪法

律制度,把贿赂犯罪对象由财物扩大为财物和其他财产性利益"。还提出"加强反腐败国际合作,加大海外追赃追逃、遣返引渡力度"。这里,"形成不敢腐、不能腐、不想腐的有效机制""把贿赂犯罪对象由财物扩大为财物和其他财产性利益""加大海外追赃追逃、遣返引渡力度"等,就是一些新的提法,这体现了中共中央的新思路、即将采取的新举措,对这样的新提法,对于有新闻敏感性、善于捕捉新闻点的新闻人来说,正是可以报道和重点报道的内容,是完全可以进行相关选题采访、专访和连线的。

二、准,就是法律上要准

反腐败是一种政治命题,也是一个法律命题。反腐败必须严格依法办事,按照法律规定调查取证、查获犯罪,按照法定程序对嫌疑人采取强制措施,有法可依、有法必依、执法必严、违法必究。同样,在反腐败的报道上,也必须完全依法依规报道,从采访开始到节目播出的所有环节,都要严格按照有关要求去做,铲除差错产生的土壤,杜绝不按程序、不守规矩、超越报道权限、媒体泄密等情况的发生。

准,具体表现在以下几个方面。一是报道的范围要准。比如,国家规定一般不能直接进行"异地监督",那么,对于外地贪腐案件可不可以报道呢? 应该怎么报道呢? 我们可以通过引用新华社、央视、人民网等的信息进行报道。二是贪腐的定性要准。例如,贿赂犯罪包括行贿犯罪和受贿犯罪两个方面,我们不能把贿赂犯罪简单地看成是受贿犯罪,其实我国法律对行贿犯罪同样是给予惩处的。只不过,当行贿和受贿都出现的时候,人们通常更加关注受贿,而在法律上,受贿较之行贿,其恶性程度更大,因而法律对受贿处罚的力度更大。当行贿达到一定数额或一定次数的时候,就会构成行贿罪。三是法律或规定的引述要准。在做反腐题材的时候,往往不可避免地要涉及许多法律法规的用语和具体规定,在这方面,要特别注意引用的准确,当记者自己不能确认是否准确的时候,要多请教法律专家和行业人士,通过专业人士、权威人士的解读,让节目的内容更确切。

三、狠,就是曝光要狠

新闻媒体的一大功能是监督功能,这是党和政府特别看重的功能,也是广大人民群众特别倚重新闻媒体的重要原因所在。媒体,尤其是其中肩负"舆论监督功能"的一些栏目,其收视率往往很高甚至最高,完全是因为节目的制作质量高吗? 未必。最为关键的,可能还是在于其敢曝光说话、敢仗义执言、敢直面丑恶。《焦点访谈》的收视率为什么一直居高不下? 曾经的江苏台《大写真》和南京台《社会大广角》为何深得老百姓的喜爱?《石头会说话》《东升工作室》《直播12345》《永哥有话说》在观众中为什么有口皆碑? 最根本的,还是这些栏目从百姓关心的事情出发、从社情民意出发,进行选题,进行调查,进行曝光。所以,电视栏目的监督功能一定要放在突出的位置,这其实也就是把受众放在自己的心上,把受众的利益放在媒体的利益之上。懂得尊重受众、体恤受众、关爱受众的媒体,才能是获得受众支持和事业发展的媒体。

在媒体工作的人都知道，很多情况下，曝光并不是那么简单的。通过媒体监督发现腐败线索更不是那么容易的。但好在有正义感的媒体人士大有人在、层出不穷。2012年12月6日，《财经》杂志副主编罗昌平向中纪委实名举报时任国家发改委副主任、国家能源局局长刘铁男涉嫌学历造假，巨额骗贷，刘铁男不久倒台；2013年7月29日，广东《新快报》调查记者刘虎实名举报国家工商行政管理总局党组成员、副局长马正其，称马在担任重庆市委常委、万州区委书记期间，有严重渎职行为，已涉嫌构成犯罪；2014年4月15日，新华社《经济参考报》首席记者王文志以公民的身份，向中纪委实名举报副部级官员华润集团董事长宋林包养情妇，涉嫌贪腐……有意思的是，这些记者的举报都是通过微博或博客进行的，而不是通过自己供职的媒体进行的。这说明，网络反腐或者新媒体反腐，正成为一种反腐利剑。当然，媒体曝光、媒体人曝光，需要真凭实据，需要夯实材料，也需要勇气、毅力和策略。

"稳准狠"是媒体反腐报道的最基本要求，也是检验一个媒体、一个栏目反腐能力、反腐水平和反腐态度的试金石。那么，作为媒体，应该怎么做，才能做到报道的"稳准狠"呢？笔者以为，需要注重"盯关跟"。

四、盯，是一种仰视，就是盯着上级领导、盯着政策动向

盯着上级领导，不是要用一双眼睛始终注意领导的行踪和问题，而是说我们的媒体以及栏目要注意上级发布的一些指示、规定，要十分注意体会国家有关部门的政策侧重，注意体会主管领导的意见要求，将反腐报道始终纳入政策法纪范畴，避免出现不必要的差池，避免出现不应有的负面效应。

我们知道，媒体具有一种被称为"蝴蝶效应"的作用，具有特别的放大功能，往往在有意无意之中，得到惊人的结果。比如，一个栏目出现集中播出某一类节目的现象，这种集纳式播出常常会被解读为重拳出击、集中报道，尤其是一些敏感栏目（如《新闻联播》《新华时评》）出现集纳播出的情形，甚至会被理解成有什么"国家动向"；还有的时候，某一个区域的报纸、电台、电视以及网络，纷纷报道一件事情，或对某件事情的来龙去脉、相关信息采取跟踪追击、卫星连线、背景分析、中外对比、专家点评等，往往让受众一下子有种异乎寻常的感觉。确实，集中宣传是一种手段，这种手段也经常被运用到带有某种目的性的宣传战役之中，其狂轰滥炸式、地毯式轰炸的方法，往往造成巨大的影响力、辐射力和穿透力，给人们留下难忘的、刻骨铭心的印象。事实上，在反腐报道上，我们有时会看到国家集中人民日报、新华社、央视、中央人民广播电台、人民网、新华网、中新社等国家一线媒体和通讯社进行集中报道的情形，地方媒体对此要具有敏锐的观察力和反应能力。

五、关，是一种平视，就是关心群众利益，关心百姓疾苦

当极富公开、回放、互动、发言功能的互联网媒体出现的时候，线性收听收看的传统

广电受到冲击和重创是在所难免的。在人人都是记者的自媒体时代,传统媒体不再是呼风唤雨的神器,也不再是高高在上的偶像。传统媒体需要俯下身去亲近最质朴的百姓,需要用平视的视角看待周围的每一个人,需要贴着地皮起舞跳跃,需要更多地、更充分地、更实实在在地反映百姓的呼声、反应市民的需求,反映国民对腐败分子的痛恨,反映广大受众对反腐防腐的热切期盼。

人民创造了财富,但这些财富却动辄被贪污、被鲸吞、被掠夺,那些"高大上"的高官显贵们,那些占据显赫地位的达官贵人们,那些手握重权位居金字塔尖的人,玩弄权术,为所欲为,大肆侵占国有资产、公共利益、单位财产,接受他人贿赂,动辄几百万、几千万、几个亿的钱财滚滚落进这些贪官的腰包、保险箱和银行卡中,受贿数额之大怎不令人咋舌?掠夺财富之巨岂不让人惊心?国家财富怎能如此流失?贪官受贿焉能如此猖獗?对此,党的高层有着清醒的认识,人民群众更是痛恨至极。媒体对此有责任有义务予以报道,这既是大势,也是媒体平民意识的真正体现。想百姓之所想,急百姓之所急,解百姓之困难,答百姓之关切,这才是真正的平民视角,也才能最终赢得百姓的认同,赢得民心。

六、跟,是一种远视,就是跟紧反腐形势,跟紧时代步伐

一是认清反腐的气候。十八大以来,习近平总书记从党和国家乃至世界发展变化全局的高度,以极大的政治勇气、理论勇气和实践勇气,提出了一系列重大战略思想,作出了一系列重大决策部署,特别是一手抓深化改革,推动发展;一手抓从严治党,严惩腐败。如今的反腐力度之大、举措之多、效果之显著,恐怕在中国共产党的历史上绝无仅有,十八届中央纪委常委、最高人民检察院副检察长邱学强用"四个空前"来概括反腐败斗争的形势:"一是当前腐败问题的严重程度在我们党的历史上是空前的;二是我们党和国家反腐败的决心和力度是空前的;三是广大人民群众对反腐败的信心、对我们党的信心和高度认同是空前的;四是反腐败面临的挑战和历史机遇也是空前的。"所有这些,都激励我们媒体人进一步强化忧患意识、责任意识,强化反腐防腐的信心和决心。

二是跟紧反腐的节奏。十八大以来中央到地方铁腕反腐、"打虎拍蝇",这种良好的势头和高压的态势一直延续;过去,腐败问题大多集中在单个人、少数人身上,现在则出现窝案、串案、行业部门集体腐败的"塌方式腐败"格局,对这一新的形势,媒体也要做出相应的报道和警示;近来反腐不仅在国内进行,国家还努力将触角伸向国外,追截那些携款逃跑的巨贪和裸官们,这是反腐败斗争不断延伸、不断推向深入的体现,要求媒体的报道也能紧紧跟上。

三是筑起防腐的堤坝。反腐防腐不是单兵作战,而是要放在大力推进依法治国的大局中考量,诚如《全面推进依法治国若干重大问题的决定》中指出的那样:"坚持党的领导、人民当家作主、依法治国有机统一,坚定不移走中国特色社会主义法治道路,坚决维护宪法法律权威,依法维护人民权益、维护社会公平正义、维护国家安全稳定。"反腐防腐还要与平安中国建设联系起来,共同推进法治进程。反腐防腐也要与道德建设相得益彰,与官员的正确名利观融为一体,身处社会转型期,要不为名所缚、不为物所累,

守得住清贫、耐得住寂寞,清清白白为官、踏踏实实干事。媒体就是要以这样的时代感、历史感做好感召和感化,就是要以这样的紧迫感、责任感吐故纳新,就是要以超然的勇气、毅力敢于担当、保持定力、凝聚共识。

第五节　实践案例:《零容忍》——自我革命的铿锵表达

2022年1月15—19日,由中央纪委国家监委宣传部与中央广播电视总台联合摄制的五集电视专题片《零容忍》,在央视CCTV-1每晚八点的黄金档播出,每集约50分钟。该系列专题片分为《不负十四亿》《打虎拍蝇》《惩前毖后》《系统施治》《永远在路上》五集,每集选取3—4个案例,通过采访纪检监察干部、被审查调查对象、涉案人员、干部群众等共计140多人,展现了以习近平同志为核心的党中央把握和运用党的百年奋斗历史经验,坚持自我革命,一体推进不敢腐、不能腐、不想腐战略目标不断实现的铿锵过程,生动讲述全面从严治党、推进反腐败斗争的精彩故事。

一、一集一个主题,从不同视角揭示自我革命的本质内涵

中国共产党提出的党的自我革命,是以习近平同志为核心的党中央在新时代的一项重大理论与实践课题。自我革命在内涵上主要包括三方面的内容:首先是"革命",就是中国共产党刀刃向内,刮骨疗毒,实现自我变革、自我净化的勇敢革命;其次是"改革",就是中国共产党自我完善、自我规范、自我进步的不断改革;再次是"革新",就是中国共产党守初心担使命、百尺竿头更进一步的革故鼎新。在这三个层次中,"革命"是基础,是条件,提供前提保障,"改革"提供制度保障,"革新"提供思想保障。而在自我革命的第一个层次中,反腐倡廉、正风肃纪又是首要的方面,是自我净化的基础性工作和题中应有之义。中国共产党提出以自我净化、自我完善、自我革新、自我提高等为本质内涵的自我革命的目的,就是要不断增强自身的政治领导力、思想引领力、群众组织力、社会号召力。电视专题片《零容忍》又被称为年度反腐大片,可见其在党的自我革命中的作用和价值之大。五集《零容忍》,一集一个视角,反映了自我革命的主题内涵。

第一集《不负十四亿》,以十四亿中国人民为中心视角,立足党的百年奋斗历程,开宗明义指出:中国共产党的百年历程,是坚持为中国人民谋幸福、为中华民族谋复兴而奋斗的一百年。从1921年到2021年,中国发生了翻天覆地的变化,而中国共产党的初心不曾改变,也绝不能改变。反对腐败、建设廉洁政治,是中国共产党一贯坚持的鲜明政治立场,是坚持党的性质和宗旨的必然要求。

扫码获取资源

数字资源:《零容忍》第一集《不负十四亿》文稿、视频,扫码获取具体内容。

推动全面从严治党向纵深发展,既要坚决查处不收敛不收手的领导干部,又要坚决

整治群众身边的腐败问题和不正之风。《零容忍》第二集名为《打虎拍蝇》，通过贵州省政协原党组书记、主席王富玉案，甘肃省永登县民政局低保办原主任赵永琏侵害困难群众利益案，江苏仪征基层粮站贪腐案，反映各级纪检监察机关以零容忍态度惩治腐败，"老虎""苍蝇"一起打，让人民群众感受到全面从严治党就在身边、正风肃纪反腐就在身边、纪检监察就在身边。

惩前毖后、治病救人，是我们党的一贯方针。《零容忍》第三集《惩前毖后》，反映党的十九大以来，纪检监察机关始终保持"惩"的力度，积极探索"治"的途径，充分发挥"救"的效能，坚持严管厚爱结合、激励约束并重，不断深化拓展惩前毖后、治病救人的内容内涵和方式方法。

第四集是《系统施治》，讲述在新时代全面从严治党的伟大斗争中，坚持系统施治、标本兼治，一体推进不敢腐、不能腐、不想腐，引领全面从严治党不断向纵深推进的故事和做法。

第五集以《永远在路上》为片名，更多一些警醒和反思，尤其是回望百年奋斗历程，面对9500多万名党员和14亿人口，面对错综复杂的执政环境，越是取得巨大成绩，越要居安思危，越要保持冷静清醒，全面从严治党永远在路上，反腐败斗争永远在路上。

为体现和挖掘自我革命的本质内涵，体现习近平新时代中国特色社会主义思想的指引，《零容忍》还特别注重引用习近平总书记在重要场合的讲话同期声。如第一集使用了习近平在2021年7月1日庆祝中国共产党成立一百周年大会上的讲话："江山就是人民、人民就是江山，打江山、守江山，守的是人民的心。中国共产党根基在人民、血脉在人民、力量在人民。"第二集引用的是2017年10月25日习近平在十九届中共中央政治局常委同中外记者见面时的讲话内容："全面从严治党永远在路上，不能有任何喘口气、歇歇脚的念头。我们将继续清除一切侵蚀党的健康肌体的病毒，大力营造风清气正的政治生态，以全党的强大正能量在全社会凝聚起推动中国发展进步的磅礴力量。"第三集引用了2021年1月22日习近平在十九届中央纪委五次全会上的讲话："要将正风肃纪反腐与深化改革、完善制度、促进治理贯通起来，用好'四种形态'，惩前毖后、治病救人，综合发挥惩治震慑、惩戒挽救、教育警醒的功效。"直接采用习近平总书记同期原声的最大好处，一是可以让党的自我革命的本质内涵反映得更准确、更直接，二是可以展示当代最高领导人对反腐倡廉的高度重视和精辟论断，三是可以将领导人的讲话论述同本集的分论点分主题相切合、相统一，从而也更加体现该系列节目进行这般分类的正确性和可行性。

二、一案一种表达，从不同个案揭秘触目惊心的犯罪过程

一是直面大案要案，突出个案的不同特点。

对于普通观众来说，一个电视专题片是否好看，是否有吸引力，关键还是看这个专题片表现了什么，有什么值得关注和谈论的内容。重大事件、重大案件，尤其是重大腐败案件，具有天然的吸睛能力，《零容忍》恰恰就是表现纪检监察机关近年来查获的贪腐

大案,其中有些重特大案件是首次详细地公开。《零容忍》对这些案件进行了分门别类的梳理,对每一个案件的特别之处加以重点表达,从而使不同案件在信息披露和新闻报道上形成不同的侧重点和着力点。

第一集报道的孙力军等人的案件,就是一个动摇党的执政根基、影响党和国家政治安全的孙力军政治团伙案,这一团伙案是政治问题和经济问题交织、极度腐化堕落的典型。其成员主要有:曾任公安部党委委员、副部长的孙力军,曾任公安部技术侦察局局长、上海市副市长、市公安局局长的龚道安,曾任中央政法委办公室主任、重庆市副市长、市公安局局长的邓恢林,曾任江苏省委常委、副省长、省公安厅厅长的王立科,曾任公安部网络安全保卫局局长、山西省副省长、省公安厅厅长的刘新云等。孙力军搞团团伙伙、拉帮结派、培植个人势力,形成利益集团。这样的报道比起单个的案件报道,其力度、强度、广度和深度都是令人震撼的。第五集披露了一个国民十分关注的落马人物周江勇,此人先后在浙江省舟山市、温州市、杭州市多地担任"一把手",最终是在浙江省委原常委、杭州市委原书记位置上被中央纪委国家监委立案审查调查的。从党的十九大以来查处的中管干部案件看,在反腐败高压态势下,仍有人管不住内心的贪欲,不少人在党的十八大乃至十九大之后仍然不收敛不收手,按照中央纪委国家监委机关工作人员的说法,周江勇"绝大部分金额是在十八大以后收受的"。周江勇的弟弟本是一名大学老师,但不安于立德树人本职,内心羡慕商界成功人士的生活,2006年兼职办起了一家化工企业,起步地点就选在了哥哥周江勇当时担任一把手的宁波市象山县,后来,周江勇升任到哪里,弟弟就把公司办到哪里,周江勇和弟弟一个从政、一个经商,利用公权力为弟弟经商提供帮助。周江勇兄弟攫取的第一桶金就建立在权钱交易的基础上,以后一发不可收。这则案例对于那些利用亲情关系贪污受贿的人是很有教育意义的。

二是运用数据说话,由点上升到线和面。

腐败个案本身往往具有某些特别的个性,难能可贵的是,《零容忍》不仅看到了单个的"树",还看到了成片的"林",把个案放到一类案件的大背景下进行报道,也不仅展示个案,还展示了党和国家反腐倡廉的坚强决心和取得的巨大成绩。第一集开篇不久,就采用【动画＋解说】的形式展现党的十八大以来,以习近平同志为核心的党中央以坚定决心、顽强意志、空前力度推进全面从严治党的具体成效:截至2021年10月,全国纪检监察机关共立案407.8万件、437.9万人,其中立案审查调查中管干部484人,共给予党纪政务处分399.8万人。第四集中披露了内蒙古自治区党委原常委、呼和浩特市委原书记云光中贪腐案,除个案报道外,还进一步报道煤炭领域腐败问题扩散蔓延到交通、土地、房产等其他领域,一些煤老板发家后,进而参与修路、炒地、炒房,权钱交易也被带入其中。多个案件反映出,涉煤腐败在内蒙古不只是个案,而是对煤炭产业,乃至整个经济社会、政治生态产生了严重的系统性破坏。于是,第四集继续报道内蒙古自治区开展"倒查"的情况,当地启动专项整治,全面核查2000年以来全区各级党政机关、事业单位、国有企业在职和退休的所有公职人员,组织139万多名党员干部和公职人员申报参与煤炭企业投资入股情况,再运用大数据比对,发现并查处谎报瞒报的人员。截至2021年10月,专项整治共查处涉煤腐败案件736件1023人,其中厅局级69人、县处级

243人,查处涉煤经济案件571起、抓获犯罪嫌疑人839人,追缴挽回经济损失523.88亿元,以空前的力度,宣示对腐败行为和腐败分子零容忍的态度。

三是着力反思忏悔,让受众有所思有所得。

人民群众对腐败行为和腐败分子最为痛恨。习近平总书记反复强调,民心是最大的政治,人民群众最痛恨腐败,不得罪成百上千的腐败分子,就要得罪14亿人民,这是一笔再明白不过的政治账、人心向背账。运用专题的形式报道腐败案件,目的当然不是为了报道而报道,而是通过这样的报道,给社会以教育,给为官者以镜子,给有非分之想、侥幸心理的人以警示,让人们尤其是大大小小的官员们存戒惧、知敬畏,也让民心得以抚慰和彰显。

《零容忍》在案件的具体展开当中,总是不断地展示落马者的深刻忏悔和心路历程,也反映人民群众的内心期待和真诚期望。如第二集《打虎拍蝇》,表现的是无论身居要位的高级干部,还是百姓身边的基层党员干部和公职人员,只要突破廉洁底线,触碰纪律和法律红线,都将面临党纪国法惩处的具体案例。浙江省委原常委、杭州市委原书记周江勇忏悔到:"在这么重要的一个城市主政,现在犯下了严重的错误和罪行,痛悔不已。"甘肃省永登县民政局低保办原主任赵永琏被查后说:"我也知道我错了,我就在这里认罪服法。"江苏省仪征市陈集粮站原站长高时林落网后悔不当初:"我们要是规规矩矩的,也不至于犯这个错误。"曾任省部级领导干部长达20余年、2021年被审查调查的王富玉,是这样悔过的:"抓了我是对的,对那些自以为是的人敲响了警钟,警示后来的干部不再有这类问题了。"内蒙古自治区政府原党组成员、副主席白向群这样表白:"我想掏心窝子说两句话,过去在外边,睡不着觉,特别是反腐高压下,要想睡好觉,有一个安心稳妥的明天和后天,赶紧该投案的投案,没干的千万别再干,干了的想法跟组织说吧。"这样的忏悔录体现的不仅是贪官们的悔恨之情,还有对官场中官员们的提醒和告诫,这就使该片不是停留在案件本身和当事人身上,而是凸显了其应有的传播价值和社会意义。

三、一年一番警醒,从不同侧面揭晓正风反腐的壮阔历程

治国必先治党,治党务必从严。自我革命既需要实实在在的自我解剖的革命精神和坚实举措,也需要对腐败零容忍的公开表达和社会呈现。习近平总书记在十九届中央纪委六次全会上强调:总结运用党的百年奋斗历史经验,坚持党中央集中统一领导,坚持党要管党、全面从严治党,坚持以党的政治建设为统领,坚持严的主基调不动摇,坚持发扬钉钉子精神加强作风建设,坚持以零容忍态度惩治腐败,坚持纠正一切损害群众利益的腐败和不正之风,坚持抓住"关键少数"以上率下,坚持完善党和国家监督制度,以伟大自我革命引领伟大社会革命,坚持不懈把全面从严治党向纵深推进。系列专题片《零容忍》正是在这样的背景下诞生的,也是在这样的思想指导下涌现出来的优秀电视作品。

其实,表现中国共产党坚持自我革命,坚持全面从严治党战略方针,一刻不停推进

党风廉政建设和反腐败斗争的影视片一直都有,尤其是从 2016 年开始,央视几乎每年一部,连续推出七部系列专题大片,记录正风肃纪反腐的壮阔历程,这七部专题片是:2016 年 10 月 17—25 日,播出《永远在路上》,共 8 集;2017 年 1 月 3—5 日,播出《打铁还需自身硬》,共 3 集;2017 年 9 月 7—11 日,播出《巡视利剑》,共 4 集;2019 年 1 月 10—14 日,播出《红色通缉》,共 5 集;2020 年 1 月 12—16 日,播出《国家监察》,共 5 集;2021 年 1 月 21—24 日,播出《正风反腐就在身边》,共 4 集;以及 2022 年 1 月 15—19 日,播出《零容忍》,共 5 集。从播出时间上看,最近几年更多地集中在每年的一月份播出,这样的时间安排正好与年初的中纪委全会相呼应,形成"观众期待",导致"网络刷屏",集聚强大人气,引发热烈反响,也有力扩大了反腐的社会效应。

回望上述反腐大片,可以发现每部大片的侧重点各有不同。《永远在路上》首次用 40 多个典型案例和 400 分钟的整个时长,将苏荣、周本顺、李春城、白恩培等十八大以来落马的"大老虎"一一搬上电视荧屏,成为反面教育典型。《打铁还需自身硬》是纪检监察机关对自己的一种审视和反省,也曝光了纪检监察机关当中的一些害群之马。《巡视利剑》则将视角转向了中央巡视组与"老虎们"的交锋过程,展示了大量工作细节和巡视的艰辛。《红色通缉》主要反映追击、抓捕外逃贪官的过程,大量的海外镜头和真实画面让观众看到了通常看不到的场景。《国家监察》展现了党中央推进纪检监察体制改革的具体实践和巨大成效,也体现了反腐倡廉的坚定决心和顽强意志。《正风反腐就在身边》围绕群众身边发生、大家十分关注、成为舆论"爆点"的各种腐败案件进行展示,如死刑犯孙小果离奇"复活"背后的司法腐败、盐城响水化工厂爆炸背后的失职渎职等,警醒人们老虎苍蝇就在我们身边,必须坚决打击和铲除。今年刚刚播出的《零容忍》则通过最新案件、最近进展的充分表达,通过对数据的可视化呈现、巨贪的黑白画面表现、不同案件的分类表达、办案人员的案情分析、贪官们的自我解剖等要素的充分挖掘,将一个个大案要案展现在观众眼前,将反腐正风的信念延伸到人们的内心深处。这七部大片,就如同反腐的"影像册",忠实记录了全面从严治党向纵深推进的生动过程和不同层面,是全面从严治党永远在路上的生动注脚。正如中国传媒大学电视学院党委书记、教授、博士生导师曾祥敏指出的那样:"这几部专题片故事化处理很到位,以平实的叙述、翔实的细节阐释深刻立意,引发观众兴趣的同时更能引发思考。"与此同时,上述反腐节目虽各有侧重,但又有其共同的"内核",这就是始终围绕正风、反腐、肃纪的主线,围绕党、政府和人民群众最为关心的腐败案件,揭示"有腐必反、有贪必肃"的坚定意志和信心,揭示全面从严治党如雷霆之势始终如一,反映反腐鼓点与民心同频共振,反映人民群众对党和政府的真诚期待。所以,包括《零容忍》在内的诸多反腐专题片也成为网民们自觉收看和二次传播的对象。正是这些内核、多重外力、艺术呈现的共同作用,才使得反腐大片频频出圈,产生了广泛而深刻的影响力、美誉度和警示作用。

第七章　现场直播报道

第一节　现场直播概述

一、何为现场直播

广播电视的直播,是节目"直接播出"的简称,是指不经过预先录音或者录像将事件现场情况、演播室播讲或表演同步播出的广播电视传播形式。现场直播是指在现场把新闻事实的图像、声音及记者报道、采访等转换为广播或电视信号直接发射的即时播出方式,就新闻事件来说,它既是报道方式也是播出的节目。

《中国应用电视学》认为,现场直播是指"在现场把新闻事实的图像、声音及记者报道、采访等转换为电视信号直接发射的即时播出方式,就新闻事件来说,它既是报道方式也是播出的节目"。所谓现场直播是指"在现场随着事件的发生、发展进程同时制作和播出广播电视节目的播出方式。"与录播不同,它的报道过程就是播出过程,报道与播出都是同步进行的。

现场直播的英文为 LIVE,现场直播是指电视台或网络媒体在现场直接播出,现场直播几乎差不到一秒,因为信号几乎是以光速传播的(现场的声音除外)。但在实际操作过程中,特别是一些重大活动,往往采用延时器的装置,所以实际播出的时间可能比真实的现场延迟 20—40 秒。

现场直播是广播电视节目在播音室或新闻现场,不经过录音录像,直接向听众、观众播出,因而最大限度地克服了时间和空间的限制,便于发挥广播电视的优势。与录音、录像播出相比,时效性更强,受众身临其境的现场感与参与感强。常用于重大会议、节日庆典活动、体育比赛、知识竞赛、文艺演出等活动的报道。

现场直播要求采、编、播系统密切有效地进行合作。电视现场直播在报道事件全过程时,一般需配备转播车,车内配备视频切换。

二、现场直播的作用

1. 满足了观众的好奇心理

在这方面,电视与广播和报纸是不同的,电视通过图像和声音,展现的是真实的场景,不需要观众进行联想,而广播和报纸通过声音和文字影响受众,受众则需要联想,这两种差别所造成的结果是不同的。直播是在一个完整的时空里同步展现事件的发生过程,从信息传播的角度看,直播有两个功能:展现和报道。直播节目不仅考验记者的表达能力,更考验记者的发现能力和感受能力。有记者在总结直播报道经验时说:"在现场,你不是出镜的脸,你是观察细节变化的眼睛、是判断分析新闻的脑子。"

2. 满足了观众的参与性

这种参与性也可以说是互动性。在所有节目中现场直播是最能体现传收双方互动的形式之一。电视现场直播气氛热烈,真实感强,最容易引起观众的参与意识。谈话节目、游戏节目、竞赛节目火爆,既是观众踊跃参与的成果,也体现了观众对电视节目参与的热情。广播电视现场性和时效性高度结合使广播电视新闻的传播优势最大化、也促成广播电视新闻的主导性得到最充分的发挥。

3. 激发了集体想象力和集体情绪

现场直播的内容一般比较重大,观众注意程度高,收看人数众多,因此从某种意义上来说是一种集体行为,有某种集体凝聚力。这种集体情绪在社会心理学中称为感染。这种集现场性与时效性于一体的传播方式是实现广播电视新闻性节目主导性的有力保证。新闻的现场同步直播固然是一种技术进步的标志,但更是一种社会进步的标志。不可否认,现场同步直播在为受众提供大量心理参与空间的同时,也降低了采播人员对信息传播的控制。

4. 具有强烈的现场感

在现场直播中,除了进行视频的转播外,还有记者在现场的报道,记者把在现场通过五官体验到的感觉传达给观众,使观众也能获得在现场一样的感觉。在这个过程中,观众会依据以往的经验进行联想和想象,把自己所有的经验积累进行提取和综合,形成身临其境的感受。由于现场直播的真实感比较强,因此与其他媒体和其他播出方式相比,观众更倾向于通过现场直播来修正自己以往的经验和知识,甚至对社会的刻板印象。当今广播电视新闻正朝着缩小新闻事件发生和报道的时间差的方向发展,即广播电视的时效观已经从过去的"TNT"(Today's News Today,今天的新闻今天发)变为现在的"NNN"(Now News Now,即时的新闻即时发)。广播电视新闻最迷人的魅力就是现场同步直播。

5. 满足了受众迅速获得信息的需要

日本学者在一项研究中称现代社会中存在着"信息缺乏恐惧症候群"。这是指一些具有较高的文化程度、比较理想的职业、比较稳定的社会地位的人群,他们因为害怕落后于社会发展而重视各种信息、不放过任何可以获取信息的机会,主动地接触一切有助于获取信息的媒介,不断地获取信息也成为他们保持社会地位、与社会生活的发展保持同步的一种手段。而现场直播传递信息的快速、准确,成为这种人群获取信息的重要手段。

6. 口播是第一时间发出新闻的重要方式

从地理位置角度,直播可分为现场直播和演播室直播两大类。口播新闻就是播音员坐在播音室出画面报告新闻。口播新闻又分为录像播出和直播。口播新闻因为不需要现场画面采集,因而可以做到速度更快。主持人口播新闻一般时间不长,通常情况下口播新闻节目的播出时间控制在三分钟左右。

三、电视直播与网络直播

电视现场直播为在现场随着事件的发生、发展进程同时制作和播出电视节目的播出方式,是充分体现广播电视媒介传播优势的播出方式。

自 2000 年后,随着网络时代的到来,网络直播日渐进入人们的视野。

网络媒体自身还没准确抽象概括出网络直播的界定,为方便起见,不妨参照传播学及电视现场直播的概念给网络直播下个简单的定义:在现场随着事件的发生、发展进程同步制作和发布信息,具有双向流通过程的信息网络发布方式。其形式也可分为现场直播、演播室访谈式直播、文字图片直播、视音频直播或由电视(第三方)提供信源的直播;而且具备海量存储,查寻便捷的功能。

"网络直播"大致分两类,一类是在网上提供电视信号的观看,例如各类体育比赛和文艺活动的直播,这类直播原理是将电视(模拟)信号通过采集,转换为数字信号输入电脑,实时上传网站供人观看,相当于"网络电视";另一类是人们所了解的"素人网络直播"或"网红直播":在现场架设独立的信号采集设备(音频+视频)导入导播端(导播设备或平台),再通过网络上传至服务器,发布至网址供人观看。

与电影单一的过去时空相比,电视直播可显现的时空既有现在时又有过去时,而网络直播除具备电视的两大时空之外还具有切换时空的功能。如同步的文字直播、图片直播、赛事直播、手机直播和比分直播等各种直播频道和样式。

随着互联网络技术的发展,直播的概念有了新的拓展和发展,更多的人关注网络直播,特别是视频直播生态链更受关注。通过网络信号,在线收看体育赛事(球赛等)及其他重大活动与新闻,让大众有了广阔且自由的选择空间。

直播分为文字图片直播和视频直播,传统电视台多以视频直播为主,比如新闻类的《新闻联播》、演艺类的《春节联欢晚会》等;网络时代,多以图文直播为主,比如直播体育赛事、新闻等;移动互联网时代,文字图片视频皆可实现直播,图片直播平台有喔图,视频直播平台也很多,比如泛娱乐化的映客直播、花椒直播、Isplay 玩潮直播,游戏主播的虎牙直播、斗鱼直播。

百度贴吧一度非常火爆,很多用户都会在标题上写【直播】讲述自身的故事。"直播帖"常是网友通过论坛发帖的形式,分享自己的真实生活经历感受,引起大家的关注和讨论,收集大家对事件的看法,或给楼主提供一定的建议。直播,很多时候在论坛里就是直播帖的同义词。

天涯、豆瓣等论坛，也是直播帖的发源地。天涯的直播帖，一般篇幅较长，楼主有一定生活阅历，反映的问题也比较深刻，行文成体系；豆瓣的直播帖，往往长短不定，行文无定法，更活泼，更随意。

"追直播"通常指一段时期，关注某一条直播帖更新状况，如同追电视剧集。

"直播剧"是从网络论坛里常见的直播帖延伸出来的叫法。因为此类帖子，往往是真人说事，群众围观，并能广泛引起共鸣，常有网友感慨"人生如戏"；"生活就像直播"；"悲剧，喜剧，惨剧，人生就如直播剧"，逐渐形成对直播帖的另一种生动叫法。

随着互联网的兴起，越来越多的网站通过对网络直播节目的整合，最大限度去满足受众的观看需求，如日益火爆的网站直播熊，就针对网友推出体育、军事、娱乐、财经节目的在线直播导航服务，以一种简单快捷的方式满足网友观看电视直播的需求。

军事节目直播比较火的有深圳卫视的《军情直播间》《决胜制高点》，北京青少频道的《军情解码》，凤凰卫视的《军情观察室》；娱乐节目则是《爸爸去哪儿》《康熙来了》等综艺节目直播。

四、网红直播

随着新媒体时代的快速发展，"网红"直播应运而生，作为网络媒体的产物，"网红"备受社会广大人民的关注，火热程度一再飙升，但其中也充斥着各方面价值观误导的问题。

网络为"网红"的发展提供了展示个人魅力的平台，也为网民提供了接收平台，拉近了二者的距离。大量的网络 App 的出现，带给了网红新的舞台，给大众更多的娱乐放松平台，例如抖音视频 App，2020 抖音数据报告显示，抖音日活动用户突破 6 亿，已经成为大众追捧的对象，越来越多的明星、小有名气的博主都"入驻"抖音，与粉丝互动的同时，赚取一些收益。粉丝与自己追捧对象之间的距离缩短得益于网络技术的高速发展。

网红直播的类型丰富多样，其中占比较大的为秀场直播，又称之为社交直播。秀场直播就是直播唱歌跳舞，观众投入时间和金钱来换取自身的社交满足感，而主播在提供这种社交服务的同时换取金钱，但是，秀场直播千篇一律导致观众对于单个主播黏性相对较低。第二个是游戏类直播，在直播平台中占比中等，通过竞技类游戏和手游进行直播，内容具有主播自身的相对独特性，吸粉能力较强。第三个是垂直领域的直播，涉及的领域较为广泛，例如，美妆、餐饮、旅游等，能够给观众提供有价值的建议，特色鲜明实用性较强，能够取得良好的社会效应，认可度较高。

新时代网红直播风靡全球，不少明星也加入直播热潮中来，首先是通过直播将自身的品牌价值不断提高，其次明星利用自己的效应在直播中为一些产品打广告，提高产品销量。例如，快手网红直播"辛巴"邀请"四大天王"之一的郭富城来其直播间向粉丝推荐洗发水，创下 5 秒成交 5.5 万单卖出 16.5 万的洗发水销售记录，为辛巴拿下了快手主播销售第一的位置。2019 年 12 月，电影《南方车站的聚会》主演胡歌和桂纶镁来到李佳琦直播间,通过他的淘宝直播进行卖票,直播间 1 分钱买到的电影票之后在票务平台花 19.9 元自行选择场次就可以用 20 块钱看一场电影,这次直播一小时就有 636 万人在线观看,25.5 万张电影票 6 秒内抢购一空。电影的宣传路径正在向短视频等直播平台拓展,通过直播卖票的形式加大电影的宣传力度。

网红直播的快速发展也带来了畸形现象,主要表现在:

一是进行虚假宣传。在高收益的诱惑下,有些网红会为了获取不正当的收益,对产品进行虚假宣传,这些问题在美妆类网红中尤为突出。"美妆博主"在消费者和众多美妆产品之间作为沟通桥梁的角色出现,各类美妆信息对于消费者来说过于碎片化,而通过美妆博主这一桥梁,消费者可以在她们的介绍之下快速精准地获取与自身需求相关的信息。随着博主和消费者的快速增多,对产品作虚假宣传的博主也越来越多,消费者对博主的信任很可能成为导致自身利益受损的利剑。网红自身影响力的快速变现导致他们往往不会重视产品的质量和服务,这样快速致富的经营模式容易引发商业的诚信危机,使得商家和消费者都利益受损。

二是刻意制造话题。网络媒介一味地营造话题,追求功利性,缺乏网络媒介道德层面上的约束,这也是造成网红现象不良影响的原因之一。2021 年 7 月,河南郑州"千年一遇"的大雨造成整个城市被淹、地铁被迫停驶、若干人员死亡,但在这样的时刻,不少"网红"纷纷蹭热点进入郑州,有意识地走进河里,淹没自己的身体,甚至趴在水面上,搔首弄姿、装腔作势地直播,不是真诚地为郑州人民呐喊助威、抗洪抢险,而是不惜代价、获取流量,这就跑偏了、走歪了,遭到了网民们的普遍谴责。

三是审美价值丑化。新时代整容浪潮不断掀起,网络技术的快速发展让美图技术一再革新,美女变得千篇一律,大多数网红喜欢在社交平台上展现自己的美貌,经营自己的美丽。这导致观众们审美疲劳,追求个性成为社会主流,个性化的丑让人"耳目一新"。网民的闲暇消遣产生了"审丑心理",通过在微博或其他社交平台吐槽别人的丑,让自己产生心理满足感、树立自信、获得心理的慰藉。例如,动画片熊出没里的"光头强"、喜羊羊与灰太狼中的"灰太狼"这些丑的形象能够给观众提供消遣,带给观众夸张却不失快乐、轻松的视觉冲击感受。芙蓉姐姐的走红就是以丑切入,张扬自己的个性丑,网友为了讽刺她的名不副实给了她"芙蓉姐姐"这个称号。芙蓉姐姐的出现通过丑化自己把大众的审丑心理推到了巅峰,提高自己的人气和知名度,获得大众的关注。

有鉴于此,需要从国家层面、管理层面、制度层面加大对网红的规范管理,打击单纯为了流量而无序直播的行为。

五、互联网直播的监管

2016 年 4 月 13 日,百度、新浪、搜狐等 20 余家直播平台共同发布《北京网络直播行业自律公约》,承诺网络直播房间必须标识水印;内容存储时间不少于 15 天备查;所有主播必须实名认证;对于播出涉政、涉枪、涉毒、涉暴、涉黄内容的主播,情节严重的将列入黑名单;审核人员对平台上的直播内容进行 24 小时实时监管。

2016年9月，国家广电总局下发《关于加强网络视听节目直播服务管理有关问题的通知》。

2016年11月，国家互联网信息办公室发布《互联网直播服务管理规定》，出台此规定旨在促进互联网直播行业健康有序发展，弘扬社会主义核心价值观，维护国家利益和公共利益，为广大网民特别是青少年成长营造风清气正的网络空间。

2018年8月，全国"扫黄打非"办公室会同工业和信息化部、公安部、文化和旅游部、国家广播电视总局、国家互联网信息办公室联合下发《关于加强网络直播服务管理工作的通知》，部署各地各有关部门进一步加强网络直播服务许可、备案管理，强化网络直播服务基础管理，建立健全长效监管机制，大力开展存量违规网络直播服务清理工作。全国"扫黄打非"办公室通知要求，应落实用户实名制度，加强网络主播管理，建立主播黑名单制度，健全完善直播内容监看、审查制度和违法有害内容处置措施。

2020年11月，国家广播电视总局发布《关于加强网络秀场直播和电商直播管理的通知》，其中要求，不为违法失德艺人提供公开出镜发声机会，防范遏制炫富拜金、低俗媚俗等不良风气在直播领域滋生蔓延；对于多次出现问题的直播间和主播，应采取处理措施。对于问题性质严重、屡教不改的，关闭直播间，将相关主播纳入黑名单并向广播电视主管部门报告，不允许其更换"马甲"或更换平台后再度开播。

2021年2月，国家互联网信息办公室、全国"扫黄打非"工作小组办公室等七部门联合发布《关于加强网络直播规范管理工作的指导意见》，旨在进一步加强网络直播行业的正面引导和规范管理，重点规范网络打赏行为，推进主播账号分类分级管理，提升直播平台文化品位，促进网络直播行业高质量发展。

该指导意见明确指出：网络直播行业存在的主体责任缺失、内容生态不良、主播良莠不齐、充值打赏失范、商业营销混乱、青少年权益遭受侵害等问题，严重制约网络直播行业健康发展，给意识形态安全、社会公共利益和公民合法权益带来挑战，必须高度重视、认真解决。指导意见要求坚持正确政治方向、舆论导向、价值取向，坚持依法办网、依法治网，准确把握网络直播行业特点规律和发展趋势，有效解决突出问题、难点问题、痛点问题，科学规范行业运行规则，构建良好产业生态，为广大网民特别是青少年营造积极健康、内容丰富、正能量充沛的网络直播空间。具体要求是：

1. 压实平台主体责任

网络直播平台提供互联网直播信息服务，应当严格遵守法律法规和国家有关规定；严格履行网络直播平台法定职责义务，落实网络直播平台主体责任清单，对照网络直播行业主要问题清单建立健全和严格落实总编辑负责、内容审核、用户注册、跟帖评论、应急响应、技术安全、主播管理、培训考核、举报受理等内部管理制度。

2. 明确主播法律责任

自然人和组织机构利用网络直播平台开展直播活动，应当严格按照《互联网用户账号名称管理规定》等有关要求，落实网络实名制注册账号并规范使用账号名称。网络主播依法依规开展网络直播活动，不得从事危害国家安全、破坏社会稳定、扰乱社会秩序、侵犯他人合法权益、传播淫秽色情信息等法律法规禁止的活动；不得超许可范围发布互联网新闻信息；不得接受未经其监护人同意的未成年人充值打赏；不得从事平台内或跨平台违法违规交易；不得组织、煽动用户实施网络暴力；不得组织赌博或变相赌博等线上线下违法活动。

3. 强化用户行为规范

网络直播用户参与直播互动时，应当严格遵守法律法规，文明互动、理性表达、合理消费；不得在直播间发布、传播违法违规信息；不得组织、煽动对网络主播或用户的攻击和谩骂；不得利用机器软件或组织"水军"发表负面评论和恶意"灌水"；不得营造斗富炫富、博取眼球等不良互动氛围。

4. 提升主流价值引领

网络直播平台应当坚持把社会效益放在首位、社会效益和经济效益相统一，强化导向意识，大力弘扬社会主义核心价值观，大力扶持优质主播，扩大优质内容生产供给；培养网络主播正确的世界观、价值观、人生观，有效提升直播平台"以文化人"的精神气质和文化力量。

5. 切实维护网民权益

网络直播平台应当严格遵守个人信息保护相关规定，规范收集和合法使用用户身份、地理位置、联系方式等个人信息的行为；充分保障用户知情权、选择权和隐私权等合法权益；依法依规引导和规范用户合理消费、理性打赏；依法依规留存直播图像、互动留言、充值打赏等记录；加大对各类侵害网民权益行为的打击力度，切实维护网络直播行业秩序。

6. 加强未成年人保护

网络直播平台应当严禁为未满16周岁的未成年人提供网络主播账号注册服务，为已满16周岁未满18周岁未成年人提供网络主播账号注册服务应当征得监护人同意；应当向未成年人用户提供"青少年模式"，防范未成年人沉迷网络直播，屏蔽不利于未成年人健康成长的网络直播内容，不得向未成年人提供充值打赏服务；建立未成年人专属客服团队，优先受理、及时处置涉未成年人的相关投诉和纠纷，对未成年人冒用成年人账号打赏的，核查属实后须按规定办理退款。

7. 筑牢信息安全屏障

网络直播平台应当建立健全信息安全管理制度，严格落实信息内容安全管理责任制，具备与创新发展相适应的安全可控的技术保障和防范措施；对新技术新应用新功能上线具有舆论属性或社会动员能力的直播信息服务，应严格进行安全评估；利用基于深度学习、虚拟现实等技术制作、发布的非真实直播信息内容，应当以显著方式予以标识。

8. 严惩违法违规行为

坚决打击利用网络直播颠覆国家政权、散播历史虚无主义、煽动宗教极端主义、宣扬民族分裂思想、教唆暴力恐怖等违法犯罪活动；严厉查处淫秽色情、造谣诽谤、赌博诈骗、侵权盗版、侵犯公民个人信息等违法犯罪行为；全面清理低俗庸俗、封建迷信、打"擦边球"等违法和不良信息。

9. 强化准入备案管理

开展经营性网络表演活动的直播平台须持有《网络文化经营许可证》并进行 ICP 备案；开展网络视听节目服务的直播平台须持有《信息网络传播视听节目许可证》（或在全国网络视听平台信息登记管理系统中完成登记）并进行 ICP 备案；开展互联网新闻信息服务的直播平台须持有《互联网新闻信息服务许可证》。网络直播平台应当及时向属地网信等主管部门履行企业备案手续，停止提供直播服务的平台应当及时注销备案。

10. 构建行业制度体系

网络直播平台应当建立健全和严格落实相关管理制度。建立直播账号分类分级规范管理制度，对主播账号实行基于主体属性、运营内容、粉丝数量、直播热度等因素的分类分级管理；针对不同类别级别的网络主播账号应当在单场受赏总额、直播热度、直播时长和单日直播场次、场次时间间隔等方面合理设限，对违法违规主播实施必要的警示措施。建立直播打赏服务管理规则，明确平台向用户提供的打赏服务为信息和娱乐的消费服务，应当对单个虚拟消费品、单次打赏额度合理设置上限，对单日打赏额度累计触发相应阈值的用户进行消费提醒，必要时设置打赏冷静期和延时到账期。建立直播带货管理制度，依据主播账号分级规范设定具有营销资格的账号级别，依法依规确定推广商品和服务类别。

11. 建立完善工作机制

各部门应当切实履行职能职责，依法依规加强对网络直播行业相关业务的监督管理。网信部门要进一步强化网络直播行业管理的统筹协调和日常监管，建立健全部门协调联动长效机制，制定出台支持和促进网络直播行业健康发展、生态治理和规范管理的政策措施；"扫黄打非"部门要履行网上"扫黄打非"联席会议牵头单位职责，会同有关部门挂牌督办重特大案件；工业和信息化部门要严格落实网络接入实名制管理要求，强化 ICP 备案管理；公安部门要全面加大对网络直播犯罪行为的打击力度；文化和旅游部门要加强网络表演行业管理和执法工作，指导相关行业组织加强网络表演行业自律；市场监管部门要加强网络直播营销领域的监督管理；广电部门要研究制定网络视听节目等的管理规范及准入标准。

12. 积极倡导社会监督

鼓励社会各界广泛参与网络直播行业治理，切实加强网络直播平台和政府、媒体、公众间的信息交流和有效沟通，构建网络直播规范管理的良好舆论环境。网络直播平台应当自觉接受社会监督，有效拓宽举报渠道，简化举报环节，及时受理、处置并反馈公众投诉举报。

13. 发挥行业组织作用

网络社会组织要积极发挥桥梁纽带作用，大力倡导行业自律，积极开展公益活动，参与净化网络直播环境、维护良好网络生态。建立健全网络主播信用评价体系，为网络直播行业健康有序发展营造良好氛围。

2021年4月，国家互联网信息办公室、公安部、商务部、文化和旅游部、国家税务总局、国家市场监督管理总局、国家广播电视总局等七部门联合发布《网络直播营销管理办法（试行）》（以下简称《办法》）。

1. 此《办法》对直播营销平台提出明确要求

《办法》明确直播营销平台应当建立健全账号及直播营销功能注册注销、信息安全管理、营销行为规范、未成年人保护、消费者权益保护、个人信息保护、网络和数据安全管理等机制、措施。《办法》强调平台应当依法依规开展安全评估、履行备案手续、取得相关行政许可，具备维护直播内容安全的技术能力、制定平台规则公约的管理能力，要求平台制定直播营销商品和服务负面目录，认证并核验直播间运营者和直播营销人员的真实身份信息，加强网络直播营销信息内容管理、审核和实时巡查，对涉嫌违法违规的高风险营销行为采取管理措施，提供付费导流等服务需承担相应平台责任，建立健全未成年人保护机制，加强新技术新应用新功能上线和使用管理，建立直播间运营者账号的分级管理制度和黑名单制度，建立健全投诉、举报机制。此外，《办法》还对平台协助消费者维权、协助依法纳税等方面提出了细化要求。《办法》在压实平台主体责任方面有所创新：一是提出事前预防，要求平台对粉丝数量多、交易金额大的重点直播间采取安排专人实时巡查、延长直播内容保存时间等防范措施。二是注重事中警示，要求平台建立风险识别模型，对风险较高和可能影响未成年人身心健康的行为采取弹窗提示、显著标识、功能和流量限制等调控措施。三是强调事后惩处，要求平台对违法违规行为采取阻断直播、关闭账号、列入黑名单、联合惩戒等处置措施。

2. 此《办法》对直播间运营者和直播营销人员提出明确要求

《办法》提出直播营销人员和直播间运营者为自然人的，应当年满十六周岁，要求直播间运营者、直播营销人员遵守法律法规和公序良俗，真实、准确、全面地发布商品或服务信息，明确直播营销行为8条红线，突出直播间5个重点环节管理，对直播营销活动相关广告合规、直播营销场所、互动内容管理、商品服务供应商信息核验、消费者权益保护责任、网络虚拟形象使用提出明确要求。《办法》还要求，直播间运营者、直播营销人员与直播营销人员服务机构开展商业合作的，应当与直播营销人员服务机构签订书面协议，明确信息安全管理、商品质量审核、消费者权益保护等义务并督促履行。

3. 此《办法》在保护消费者合法权益方面提出具体举措

针对社会舆论广泛关切的消费者权益保护问题，《办法》进行了多处强化。直播营销平台应当及时处理公众对于违法违规信息内容、营销行为的投诉举报。消费者通过直播间内链接、二维码等方式跳转到其他平台购买商品或者接受服务，发生争议时，相关直播营销平台应当积极协助消费者维护合法权益，提供必要的证据等支持。直播间运营者、直播营销人员应当依法依规履行消费者权益保护责任和义务，不得故意拖延或者无正当理由拒绝消费者提出的合法合理要求。

第二节　打造新闻直播新平台

一、新闻直播含义辨析

陆定一对新闻的定义是：新闻是新近发生的事实的报道。不过随着我国新闻改革的深度开掘和现实新闻播报的演进，新闻已经不仅是"新近"发生的事实的报道了，而且已经包括了"正在"发生的事实的报道。

对"正在"发生的事实的报道，就是直播。

直播的本意是"直接播出"，也就是将广播节目、电视节目或者互联网节目与事件的发生同步播出。但在现实中，有几点需要辨别清晰：

一是，出于安全播出、舆论控制等考虑，实际播出时间往往比事件采集的时间略微延迟，这是延时器管控导致的延迟；

二是，从实际操作来看，目前的直播类型主要有三种：第一种，是由主持人坐在演播室内对外进行的日常直播节目的直播，这样的直播节目是一个基本固定的节目样式，一般是每天同样的时间播出或者每周同样的时间播出；第二种，是对社会突发事件的直播报道，这样的事件往往是不可预知的，既不知其发生的时间，也不知其发生的地点，更不知其发生的过程及其持续时长；第三种，是对大型活动的直播，这样的直播包括政治事件（如执政党全会、人民代表大会、政府工作报告、政协会议、政坛会见、新闻发布会等）、体育赛事、文化活动、各种演习等等，通常是有准备有策划的。

三是，直播划分为三种类型似乎有些累赘，于是有人旗帜鲜明地提出主持人演播室的直播，不能算作真正意义上的"直播"，因为这里的直播除了主持人的主持是"直播"以外，其余的不过是放先前已经做好的节目。在这样的指导思想下，凤凰卫视新闻总监吕宁思认为："我们所指的直播，是指对于电视台之外的新闻事件进行同步现场真实画面的播出。打个比方说，凤凰卫视资讯台在2004年9月30日—10月13日通过卫星直接接收并同步播出美国总统候选人布什和克里的竞选辩论会，那叫直播，而凤凰卫视中文台周一到周五下午四点半在凤凰卫视演播室现场播出的《时事辩论会》虽然是现场直接播出，却是不可以打出'直播'字样的。"

其实，在英语中，新闻现场直播称为Live，而演播室现场节目称为On camera。

据此，吕宁思计算出了凤凰卫视的直播时间：

2001年，同步直播世界大事211小时；

2002年，同步直播世界大事188小时；

2003年，同步直播世界大事692小时。而如果将演播室的现场节目一起加上就是3600小时。

凤凰卫视的直播时间之多煞是令人羡慕。不论泱泱大台的央视还是各家省台市台,在如今的状态下,恐怕只能望其项背。不过,与此同时得出的结论是,内地的直播节目有着巨大的发展和生存空间!

谁抓住了直播的机遇,谁就赢得了发展的先机。

二、直播节目短少的制约因素

瓶颈之一:直播意识的觉醒不够。

首先是人们对直播的敏感程度不够强烈,很多事情没有想到通过电视直播的手段让观众第一时间得知信息、了解真相。其次,不论是电视的从业者还是政府官员,似乎都有一种担心,直播要是把"不该播的"播出去了怎么办?谁来承担这种责任?更有一些人出于官本位的考虑,得过且过,不思进取,不求有功,但求无过。

瓶颈之二:审看制度太过严格。

对通常的电视节目,都有严密的审查措施和防患于未然的举措,比如记者采集回来后,写成文稿,制片人要先审稿件,记者或者摄像编辑成片后,制片人又要审片,最后还要经过值班主任甚至值班台长的审定,才能播出。从安全性角度说这样做似乎没有什么错。我们建立起来的一套严格的审查制度,主要是针对原有体制下的节目而言的。

但是,随着新闻改革的深化,尤其是观众对新闻现场收看要求量的越来越多和收看水准的越来越高,直播节目越来越多地走上了电视舞台、电台讯道和互联网络,与此不能适应的是,我们的电视审查制度没有作出相应的更改,或者说改得还不够到位,没有充分发挥现场演职人员的制作、监督、审查的作用。

解决的方法是,通过目标的逐步细化和层层分解,分担责任而不是仅仅局限在个别人身上。作为领导,其实可以站在更高的层面进行宏观调控,通过责任分层控制,最大限度地化解政策风险和法律风险。

瓶颈之三:人员素质欠乏。

除了从业者的政治素质以外,还有从事直播节目必须具备的业务素质。比如,既然是直播节目,出镜记者的形象如何?语言表述如何?在现场捕捉事件真相和新闻细节的能力如何?还有,电视台有没有直接用于直播的一套甚至数套人员和设备?应急机制平时运作得怎样?一旦事发是否能够高效运转起来?有一次,我们在市区拍摄交警整治交通违法现象的现场,我们的出镜记者一连出镜五六次都没有将语言表达完整,以至于交警整治结束走了,我们的记者还在反复出现场,旁边的一位老先生不免说了一句:"以后你们能不能不要带实习记者?"其实我们的记者已经来到电视台几年时间了。

瓶颈之四:资金供应不上。

比如,有的台出一趟直播车要向技术部门交18000元,在实行频道或栏目总承包的情况下,有多少人愿意投入这样的巨资不惜成本地搞直播?由于通常社会新闻的直播并不是赚钱的买卖,在这里反而成了贴钱的窟窿,偶尔为之尚可,整天如此恐怕谁都会拒绝。所以这里必然涉及台部整体协调的问题,涉及部门与部门相互协调的问题。

三、强化直播意识，打造队伍平台

必须认识到，直播是电视发展的一个方向。打开今天的电视屏幕，我们欣喜地发现电视直播节目确实是越来越多了。随着省级电视的上星，我们坐在家中可以收看到全国各地的精彩电视节目，这其中也有不少各地的直播节目，如体育赛况、文娱表演、超女歌唱、舞林大会等等。此外，纷纷冠以"直播""连线""现场"名字的节目我们也能看到许多了。但相对而言，社会性的突发事件的直播我们看到的还是相当少，甚至几乎没有。

在我们的思想意识发生较大改变之后，社会突发事件的直播将有望突破禁区，尽情展现在观众的面前。当然，思想意识的改变不是一朝一夕就能达到的，而且，意识的改变还需要相应的条件，比如把受众奉为上帝的理念的形成，比如对新闻真实性的不懈追求，比如现场直播的人员确实达到了足够的政治业务素质等等。

我们需要确立和强化的直播意识有：

第一，有效借鉴的意识。即对国外和港澳台地区尤其是世界上经济发达地区的直播节目有效借鉴的意识。一些经济大国、强国和发达地区，他们由于经济发展在先，属于上层建筑的文化制作方式、传播方式等也相对先进，应该成为他国和他人借鉴的方式，从而少走弯路。直播同样如此，CNN也好，BBC也好，NHK也好，凤凰卫视也好，他们成功的直播节目有许多值得我们学习和效仿的地方。事实上，国内的不少节目样式（如栏目剧、真人秀等）就是借鉴学来的，而且往往一炮而红。

第二，勇于搏击的意识。站立潮头方显英雄本色。当我们感到直播的时代浪潮行将涌来的时候，勇敢地搏击才能成为时代的弄潮儿。海阔凭鱼跃，天高任鸟飞。广播电视台应该有创新勇气，在直播尤其是社会新闻直播这一新的处女地上开垦出一片属于自己的田地。

第三，占领市场的意识。网络直播已经成为一种常态。传统媒体占领网络主阵地也必须直播优先。需要尽快将直录播尤其是电视新闻直播的大旗扛起来，排除一切阻碍，保证播出时间，拓展生存空间，拉起队伍，组织队伍，锻炼队伍，练就一班招之能来、来之能战、战之能胜的人才，在关键时刻和关键场合，拉得出，打得响，完成一个个漂亮的战役。切切不要坐失良机！

第三节　实践案例：大型直播节目架构探索

近年来，随着直播理念的树立和直播设备的更新，各级广电集团越来越多地运用直播的手段对一些重大事件进行现场直播，更大程度地适应了观众通过收看直播节目以使自己第一时间掌握新闻信息的要求。

电视直播总体上可以分为两种情形。一种是不可预知的直播,比如对于突发的地震、海啸、火山爆发等事件,地方台由于还没有足够的思想条件、设备条件、人员条件和政策条件,目前还很难做到立即进行现场直播。但是地方台对于一些可预知的重大新闻事件,由于事先有所准备,又是发生在本区域之内,因而可以进行直播;并且随着这种可预知事件直播活动开展得越来越多,地方台积累了越来越丰富的经验,同时出于同城竞争以及同行业竞争的需要,地方台对可预知重大事件的直播日渐频繁和日渐成熟。这在"大媒体"时代、在众媒体百舸争流的时代、在观众的收视要求越来越高的时代背景下,显得越发重要,越发值得肯定和推广。因此,及时总结可预知重大新闻事件直播的得失,并且将这样的鲜活经验加以归纳提高,就显得非常有必要。他山之石,可以攻玉。下面以南京电视台的《千年铁函大揭秘》《飞越海峡》《祥云来了》《情系紫荆花》等重大直播活动为样本,对大型直播活动应当如何组织、实施,特别是如何进行节目架构作一番梳理和探讨。

一、大型直播的空间架构:演播室现场重在串联访谈,事发现场乃直播核心

通常情况下,大型直播活动有两个现场,一个是演播室现场,另一个是事发现场。在这两个现场中,最重要的是事发现场,因为观众观看的主要是事发现场的状况,事发现场将直接将观众带到事件的第一现场。事发现场的直播也是电视有别于报纸、杂志和电台的最大优势所在,在网络、手机新媒体还没有发展到足以和电视抗衡的时候,现场直播依然是电视的撒手锏,是电视最具杀伤力的武器,毕竟,电视经过了几十年的发展,已经拥有越来越娴熟的直播技巧和直播能力,而在这一点上,新媒体还远远不能企及。

对于比较大型的电视直播(大型直播主要体现在事件的重大性、直播时间的较长性、直播内容的复杂性等方面)来说,通常不是单纯一个或几个事发现场就能解决得了的。大型直播,一般是事发现场和演播室现场并举,其中演播室现场起着重要的串联作用,有时还有大量的访谈需要在演播室进行,因此,演播室现场起着串场和深化的作用,既能有效调节直播节奏,把控直播的内容,又能通过对专家的访谈等使直播节目得以深化和升华。

就演播室现场和事发现场的关系来说,直播活动中当然是以事发现场的直播为主要内容和播出核心,同时,演播室的调控也需要根据事发现场的进展来进行,在播出预案的基础上作出必要的适时的调整甚至是颠覆性的改变。我们在进行《祥云来了》奥运火炬传递南京站的直播活动时,原先安排的是从紫金山中山陵博爱坊起跑,途径鼓楼等地,最后到达奥体中心。但2008年5月27日传递当天,却将线路改为起点奥体中心,终点鼓楼公园。这一改变将我们原先设定的直播方案完全推翻,于是我们不得不进行紧急修订,随机应变。这事实上也是对我们能力的一次全面考验。结果证实了我们是经得住考验的。

2008年8月6日和7日，南京电视台和香港凤凰卫视联合进行了两天五场共五个小时的千年铁函直播，这是对深埋于南京大报恩寺塔地宫里的千年铁函进行开启的全过程直播。铁函的开启是一件十分慎重的考古过程，也是涉及是否真正藏有释迦牟尼头骨舍利的一次历史性发掘，整个过程既严谨科学又充满悬念。南京台从来没有进行过考古直播，也没有进行过连续两天间隔性的直播，更没有进行过和香港媒体的联合直播，这里不但有技术的考量，更有心理和各种直播能力的考量。我们首先认真做好直播稿本的撰写，数易其稿，最终拿出了一份本台和凤凰卫视都比较满意的直播台本。而无论是从直播台本的空间架构来看，或者是从直播具体过程的空间架构来说，演播室现场和考古现场关系的处理可以说都比较成功。

电视台演播室：演播室是在南京电视台新闻综合频道的台内600平方米演播室进行的，背景板是新设计的南京大报恩寺背景配以南京古城墙等文化成分。演播室由南京台主持人、凤凰台主持人加上三位专家型嘉宾组成（三位专家分别上台），主持人主要起总串及点评作用，而三位专家各有分工，一是明史专家，对大报恩寺的来历非常了解；二是民俗类专家，对南京的历史掌故、发展现状都了然于心，且能用通俗的语言表述；三是考古专家，对整个考古过程侃侃而谈，满足观众对考古知识的渴求。

铁函开启现场：南京电视台一名主持人、一位现场的考古专家。南京台主持人主要负责现场解说，随时播报现场开启情况，而考古专家则从专业角度答疑解惑。

下面我们来具体看几段演播室和铁函开启现场的转换情况，主次情况，以及演播室在其中所起到的作用——

【演播室：各位观众大家好，您现在正在收看的是凤凰卫视和南京电视台联合直播的南京大报恩寺遗址地宫铁函开启直播，我是南京电视台主持人苏宁，坐在我身边的是凤凰卫视主持人、文化学者王鲁湘先生，接下来的时间里，将由我和王教授一起为大家主持，而这位是南京市博物馆考古部副主任祁海宁。下面我们首先来连线正在开启现场的前方主持周学，请他为我们介绍一下铁函开启现场的情况，你好周学。】

直播视频：《千年铁函大揭秘》

【现场周学的连线：简单介绍现场的情况】

【演播室：好，谢谢周学。铁函之中究竟有什么的确让人期待。王教授，你对这个铁函里会藏有什么有着什么期待？】

【王教授和祁海宁聊对于铁函的种种猜测】

【演播室：周学从现场发来消息说，铁函的盖子即将打开，让我们一起到现场看一看。】

【周学介绍第一层铁函盖子打开的情景】

【演播室：伴随着这一铁函的出土，还出土一块石碑、两颗水晶珠以及大量铜钱，今天，这些文物也得以向世人展示，下面我们再来连线正在南京市博物馆的前方主持周学，请他为我们介绍一下这方面的情况。】

【周学介绍现场开启过程中遇到的种种困难:打开第一层盖子后还发现有第二层盖子,第二层盖子打开后铁函里面全是水】

【演播室专家解释为什么铁函里面装满了水,以及如何排水】

……

【好的,现在的时间已经过去了将近一个小时,我们再来到现场看看铁函开启的情况,你好,周学。】

【周学:专家还在排水,排水速度很慢】

【演播室:文物考古的确是一个漫长而单调的过程,其结果总是充满悬念。我们这个时段的直播就先到这里,中午12点,我们将继续铁函探索之旅,不见不散,谢谢王教授、祁主任,也谢谢观众朋友这一时间段的陪伴,我们中午12:00见!】

二、大型直播的时间架构:时序结构为主导,其他结构作补充

任何一场直播活动,总要有个顺序,这样才能让人看得明白,不至于眼花缭乱。而对于直播来说,最好的顺序就是时间顺序,也就是依照时间的演进连续地直播,这样既省事又流畅,何乐而不为?

事实上,我们进行的直播通常都是按照时序结构进行的。就如我们上面所举的例子,2008年8月6日,南京台和凤凰台分别于上午9:30—10:30,中午12:00—13:00,下午15:00—16:00进行了三场直播,8月7日分别于上午9:00—10:00,中午12:00—13:00进行了两场直播,这些直播时间节点的选择,主要是考虑到考古是一项持久的工作,不能一蹴而就,所以是在跟考古专家以及上级部门一再沟通的情况下,根据考古可能的进展而间隔进行直播的。这五场直播其实就是依据考古时间的推进而有意识地间隔进行的,所以从总体上看就是一种时序结构的模式。

2008年南京台还进行了多次大型直播,如《飞越海峡》直播、《祥云来了》直播、《残奥火炬传递》直播等,也基本是按照时序结构进行的。这从《飞越海峡》直播中演播室主持人的串场中可以感觉得非常清楚——

2008年7月4日,北京、上海、南京、广州、厦门成为五个可以周末包机台湾的城市,马上7点钟,全国的首航仪式和大陆居民赴台旅游的当地首发仪式就在我们禄口机场举行。好,现在我们就连线现场的记者李响,让他简单地跟我们介绍一下现场的情况。

……

两岸周末包机暨大陆居民赴台旅游首航首发仪式7点钟将正式开始,让我们一起关注这个历史性的时刻。我们把信号切到现场。

……

好的,首发仪式结束了,本次首航的乘客,他们中有旅游界的代表、台湾同胞还有媒体记者,马上他们就要登机了,我们来连线记者李响,看看此刻他们的心情。

李响,你好!

……

现在的时间是7:50,飞机马上就要起飞了,我们再次把画面切到禄口机场,连线李响。

……

今天除了南京之外,北京、上海、广州、厦门都有航班飞往台湾,在6:30的时候,广州周末包机台湾的航班已经起飞,下面我们就看一下广州电视台的记者为我们发回的报道。

……

好,各位观众,您现在收看的是南京电视台新闻综合频道庆祝两岸实现周末包机特别节目《飞越海峡》,今天早上6:30和8:00,广州、北京和南京周末包机台湾的飞机已经起飞,我们在前面的直播节目中已经进行了报道,上海周末包机台湾的飞机在9:00起飞,下面我们就来看看有关上海周末包机的情况。

……

好,各位观众,您现在收看的是特别节目《飞越海峡》,今天上午,厦门、广州、北京、上海和南京等五城市周末包机台湾的飞机已经起飞,我们在前面的直播节目中已经报道了广州、北京、南京和上海的情况,最后我们再来看看厦门周末包机的情况,请看我们特派记者谢红艳发回的最新报道。

……

现在的时间是11:00左右,经过三个半小时的飞行,目前南京的周末包机飞机已经抵达台湾的松山机场,那么,台湾民众是怎么欢迎咱们南京的首个旅游团的呢?下面我们就连线台湾东森电视台的记者。

……

强调时序结构在直播活动中的重要性和现实性,并不是说只有时序结构这样一种结构模式,在直播活动尤其是在重大新闻事件的直播过程中,除总体上按照时间构筑整个直播外,在每次直播中,我们还需要按照逻辑结构,合理地安排其他相关的内容。从头至尾都是事发现场的新闻,反而会适得其反,纯粹的事发现场报道也不利于作为媒体的电视台把握好舆论导向,不利于引导观众正确地收看节目,不利于电视台表达和体现自己的观点。另一方面,如果只有事发现场的报道,其结构模式过于单一,让观众看得厌烦,对收视率也会产生较大的负面影响。我们这里所讲的逻辑结构,指的是在直播过程中插入的内容,需要与本次直播的主题相关,尤其是与事态进展相适应,符合事物发生发展的内在逻辑。

在具体直播过程中,有时还可以有其他一些结构,甚至可以采用倒叙结构。比如在

《飞越海峡》中,在首航仪式已经结束、飞机起飞之前,直播节目中连续插入了几档"较早前录影":《回家的路近了》《确保游客在台游玩开心舒适》《一切为了周末包机顺利》《这一刻　载入史册》,分别从不同的角度展示了社会各界尤其是民航系统、出入境系统、政府有关职能部门对南京与台湾首航的高度关注和积极支持。这些片子都是前一天甚至前一段时间制作出来的节目,放到这里播出,从结构上看,符合逻辑要求,是一种倒叙式的结构。

有必要指出的是,这样的一些结构是对直播时序结构的一种有益补充,有效丰富了节目样式,使节目更加丰富多彩,好看耐看。

三、大型直播的内容架构:杂志式铺陈,多点式报道

大型直播活动由于播出时间长,往往长达几个小时、十几个小时、几十个小时甚至几天、几十天（央视汶川大地震直播史无前例地长达近三十天）,所以如何克服观众收看疲劳,如何在如此长的时间内插入更多的内容,就是一个值得认真研究和探讨的问题了。从实践来看,杂志式铺陈、多点式报道,是完善直播架构的有效手段。

一是适时插入有关内容,使结构丰满。

插入必要内容,是任何一档直播在节目架构方面需要重点考虑的问题,这也是克服单调的最重要的法宝。

二是注重大小片头隔断,使板块清晰。

在长时间的直播过程中,最怕的是眉毛胡子一把抓,整个成为一锅粥。所以要对整个直播划分板块或者段落,这样才会脉络清晰。使段落清晰的一个好办法就是以大片头或者小片头隔开,同时设置每段的小标题。为了使大小片头能有间隔的效果,片头的制作就显得十分重要。片头一定要大气、合题、有吸引力和感染力。《千年铁函大揭秘》直播中,采用的片头是这样的:

> 一个个尘封千年的秘密,即将打开。
> 一串串与大报恩寺有关的疑问,即将找寻到答案。
> 一段真实的历史,即将还原。
> 2008年8月6日(8月7日,11月22日),凤凰卫视与南京电视台联合同步直播。

这样的片头,成为《千年铁函大揭秘》直播的一个标志性间隔手段。同时很有看点,即使是忽然间打开电视机的人,也会知道电视里正在播出什么内容,并被吸引住。

三是运用多种艺术形式,张弛有度。

直播显然是对新闻事实的直接传达,这似乎来不得半点艺术化的手法,只能是严谨、严肃、严格的新闻报道。但实践证明,必要的艺术形式对直播活动本身大有裨益。且不说本文前面提到的插入、倒叙等手法的运用,甚至MTV这种纯艺术的表现手段运

用到直播过程中，都能起到意想不到的效果。《情系紫荆花》直播中，在每一个段落的最后都用了一个MTV《东方之珠》《香港始终有你》《爱是永恒》《不得了》《中国人》，使得全片看上去既大气磅礴又有深厚的文化气息，这与香港这一特殊的文化发达之地十分契合。在《飞越海峡》直播的最后，还播放了周杰伦《龙拳》的MTV，并且在这个MTV中铺垫了全国五城市周末包机的最新画面，观众对这种做法的反映也很好。

《情系紫荆花》架构

四是注意主持首尾点题，使前后呼应。

在现场直播中，主持人的首尾点题十分重要，它把电视台搞这次直播的原因点了出来，也使得首尾很好地呼应，使主题得以提炼升华。试体会《情系紫荆花》的前后主持——

前主持：

周学：今天是2007年7月1号，十年前的7月1号零点，中国人度过了一个难忘的夜晚，那一夜，世界也为之瞩目。

苏宁：那一天，香港回到了祖国的怀抱，历史翻开崭新的一页。

周学：从1997年7月1日零时五星红旗在香港夜空中高高飘扬的那一刻起，一场人类历史上没有先例的伟大实践，就在香港这片土地上轰轰烈烈地拉开帷幕。弹指一挥间，十年后的今天，"一国两制"伟大构想已经成为生动的现实，社会和谐、繁荣稳定的香港正处在历史发展的最好时期，香港，这颗东方之珠不仅风采依然，而且更加璀璨，这让每位中国人为之而骄傲！

苏宁：对于香港，咱们南京人更有一份特别的情怀。1842年8月，清王朝在南京下关，与英国政府签订了中国近代史上第一个不平等条约《南京条约》，也就是从那时起，香港被迫割让长达一个多世纪。而在香港回归后，宁港合作空前加强，香港成为南京第一大投资伙伴。

周学：正因为如此，在香港回归祖国十周年之际，作为南京地区的主流媒体，我们《直播南京》精心准备了140分钟的特别节目《情系紫荆花》。

后主持：

苏宁：在刚刚两个多小时的时间里，我们全面回顾了香港十年发展，充分反映了宁港合作的成就。

周学：十年，香港同胞和全国人民一起开始了"一国两制"的伟大实践；十年，香港背靠祖国，与内地同心协力，战胜了亚洲金融风暴，战胜了非典疫情，世界金融中心、世界贸易中心和世界航运中心的地位不可撼动。

苏宁：十年，宁港合作全面深入，给两地经济不断注入活力。

周学：经过十年探索、十年实践、十年发展，站在历史新起点上的香港，一定能在推进"一国两制"伟大事业的道路上，取得更加辉煌的成就，书写更加辉煌的篇章。

苏宁：我们也祝愿宁港合作能够在更高层次和更广领域发展，能够给两地人民带来更多福祉。

周学：庆祝香港回归十周年，《直播南京》特别节目《情系紫荆花》就到这里，再见！

苏宁：再见！

五是适当插入广告，使收益提高。

现在很多电视台实行频道制。所谓频道制其实就是频道既管节目生产又管广告经营。即使没有实行频道制或者实行频道制之后又重新回到中心制的电视台，频道（中心）的经营创收任务也是很艰巨的，至少必须紧绷着广告创收这样一根弦。因而，广告经营的思想不得不贯穿于频道工作的始终，当然也包括直播这样的重大活动中。特别是对于可预知的重大新闻活动的直播，完全可以事先与一些广告商联系，争取他们多投放一些广告。因为这样的直播往往收视率比较高，吸引力强，关注度大。直播的组织者一定要有广告经营的意识，将有限的电视直播资源最大化地利用起来。在 4 个多小时的《飞越海峡》直播中，广告进行了 5 插。《情系紫荆花》直播中，时长总共是 140 分钟，但其中的广告插播达到了 13 次。虽然广告较多，但收视率依然很高，可以说取得了社会效益和经济效益的双丰收。当然，插入广告需要注意的是，既不能违反国家广电总局和工商总局的有关规定，也不能过多过烂，还要注意广告与直播内容的相关性。

第八章 节目编排与栏目出新

第一节 电视组合报道初探

打开如今的媒介系统,无论是电视、广播,还是报纸、杂志,以及大大小小的网站,我们总可以看到各种各样的组合报道,也就是围绕某个新闻主题或某个重要事件进行的一系列报道。可以说,组合报道已经越来越深入我们的生活,也越来越受到媒体的推崇。这也成为节目编排的一种有效方式。作为媒体发布消息、传播观点的有效手段,组合报道被广泛运用到日常的报道当中,尤其是重大事件、突发事件、社会关注度高的事件的报道当中。因而对组合报道的探讨、研究也就显得越发必要。

《现代汉语词典》将"组合"一词解释为"组织起来成为整体"。那么,组合报道就是围绕某个主题或新闻事件进行的整体性报道,具体表现为由若干篇相对独立的单篇报道组成的报道群。南京大学新闻传播学院教授杜骏飞在其《深度报道写作》中认为,"所谓组合报道,是将某一新闻事件各个侧面的报道及素材组合在一起,从方方面面对新闻进行透视的一种报道方式"。

由此可见,组合报道必然围绕某一个相同或相近的新闻主题或新闻事件进行,是由各个组合元素集纳在一起的一个集合概念,是一个报道系统。

一、电视组合报道的具体特征

电视组合报道,一方面要符合组合报道的总体要求,同时电视相对于其他媒体而言独具的线性传播特性、表现手段多样等特征,使得电视组合报道更加富有自身的特点。

扫码获取资源

数字资源:《老鼠仓案件组合报道》《7·5事件组合报道》《"神七"飞天组合报道》,扫码获取具体内容。

1. 内容的完整性

由于是将某种主题的许多内容整合在一起进行的报道,其内容当然就更加全面,组合报道本身是一种全方位、立体式的报道,是对新闻事件的全景展示,通过组合报道,媒体将较为全面地、整体性地勾勒出事件的全貌,不仅揭示事件的原貌、本相,还要展示事件演进的过程,不仅揭示事件发生的原因,还要展示事件现存的意义,预见事态发展的影响等。受众只要完整地收看这样的组合报道,就会对事件的全貌有比较详尽的了解,避免只见树木不见森林,避免视线单一和观点单一。

2. 视角的互补性

由于电视组合报道针对的是一个事件或一个主题,所以从不同角度展示这一事件或主题的视角不尽相同,因而各个单片之间就会形成一种互补关系,这种互补关系其实就是对主题或事件本身的多维观察,这种多角度审视可以有效防止因为记者采访的局限而影响到事件的真实表达。视角的互补性有以下几种情形:每篇(单片)之间的互补;不同记者采访角度的互补;不同记者采访方式方法的互补;成片观点的互补;后期编辑技巧的互补等。

这几年,随着国际气候的变化,我国南方的春夏季都有较大的汛情发生。对于持续发展的南方汛情,央视以及南方各电视台保持了密切的关注。由于南方汛情持续时间较长,影响范围广,按照此前的操作模式,央视新闻频道总是派出一批批记者赶赴各地采访报道,花费的成本较大。但2009年6月份起,央视新闻频道充分借助地方台的力量,收集地方台的相关报道,从广西、江西防汛抗洪前线到国家防总的资金调拨,从泥石流导致列车停运到卡马水库三次爆破,都主动连线地方台的一线记者或直接从地方台调取声音画面,还对广西梧州西江的防汛抗洪形势进行了直播,新闻频道的报道涵盖了方方面面,各个不同的声音和画面,从不同的角度展示了南方汛情的全景,形成了和谐共生的视角互补。

3. 手段的丰富性

电视,由于不仅有声音(广播独有)、有画面(报纸杂志也有图片,但电视是活动的画面),还可以有文字(一屏字以及游动字幕),甚至还有与事件同行的现场直播(网络的直播目前远没有电视直播的高清晰度和高水平)等,这就决定了在当下,电视组合报道具有无比丰富的采制手段、表现手段和播出手段。

具体来说,电视组合报道手段的丰富性表现在以下一些方面:一是记者个性和节目个性的充分展示。不可否认,不同的记者,其采访的视角、捕捉细节的能力、问话的方式和力度、稿件的起承转合、编辑特技的使用各不相同,因而,记者的个性也好、文稿的个性也好,以及最后成片的个性也好,当然也就不尽相同,因而在表现形式上就会体现出丰富性,其实这也是电视节目不断推陈出新的基础。二是每次组合报道中的充分合作,包括策划中的合作——选题中进行策划时需要综合考虑各种方式、各个角度、各个方面;采访中的合作——采访中的配合、默契和相互提携,可以最大限度地获得想得到的素材;后期编辑中的合作——对采访的内容交叉使用,可以互相弥补,相得益彰。三是电视体裁的综合运用。电视中有短消息、长消息、新闻专题、新闻评论、连续报道、系列报道、现场直播、卫星连线、新闻链接、前后主持等多种表现手法,这些手法的综合运用,可以使电视画面变得非常丰富多彩、趣味横生。

4. 强烈的吸引力

吸引力来自事件本身的社会关注度，来自组合的技巧和能力，来自丰富多变的电视画面，来自连续不断的视觉冲击力。正是在这个意义上，电视组合报道，犹如水上世界的造波运动，一次次浪潮冲刷着观众的情感闸门，勾起观众的观看欲望，给予观众的是一场美味的新闻视觉盛宴，产生难以抗拒的巨大吸引力。

从受众的接受心理来说，相对于外界的内容，观众对本埠的新闻内容更感兴趣。观众看到内容丰满又接地气的电视组合报道，是不可能轻易地离开电视的。

二、电视组合报道的主要类型

加强对电视组合报道类型的分析研究，有助于我们从分类的角度进一步把握电视组合报道的外在特点和内在实质。从实践经验来看，电视组合报道主要有以下几种类型：

1. 整合报道

整合报道是单一新闻主题或单一新闻事件的组合报道，是将有关某一主题或某一事件的相关内容整合在一起而形成的报道集群。这种组合报道通常表现为在某一个电视栏目中，或者整块时间段内集中播出的组合报道。这种组合报道至少有 2 篇以上的相关内容集中展现，表现方式可以多样，但表现的目标指向通常是一致的，也就是围绕一个主题或者一个事件进行。这是最普通最常见的组合报道形式。

例如在 2009 年 7 月 10 日的江苏电视台《绝对现场》中就有一组围绕社会治安主题的组合报道，这组报道的具体内容是：① 四方新村发生入室行凶案件（SNG 现场直播连线），② 南京市 27 中校内一形迹可疑男子拔腿逃跑，由此提醒学校加强假日期间的安全保卫工作，③ 昨夜一拎包贼遭众人围堵，情急之下跳河被抓。同一天的《零距离》也有三组不同主题或事件的组合报道：一是聚焦河水污染的① 南京玄武湖被排污水，荷花遭摧残，② 扬州万福闸河水出现蓝藻，但目前不会影响自来水饮用；二是聚焦见义勇为的① 南京市鼓楼区为堵住歹徒的见义勇为者慰问颁奖，② 新闻链接：南京市出台因见义勇为等致伤致残的长效救助机制；三是聚焦南京中兴通讯施工现场塌方的① 塌方受损市民受补偿，② 中兴通讯塌方到底是谁惹的祸？

由此可以看出，单一主体或事件的组合报道，能够使主题或事件本身一下子丰富起来，能够让观众在最短的时间之内，最大限度地了解事件的基本概况，主题或者事件可以借助组合报道而变得更加厚实丰满。如果说，过去在一个栏目中很少能够看到组合报道，那么现在，随着民生栏目时间和内容的不断拓展，一个民生栏目中常常有多个组合报道，只不过每一个组合报道围绕某一个主题或事件进行而已。

2. 连续报道和系列报道

严格意义上说，连续报道和系列报道不是一回事。连续报道是就时间纵向而言，是对某一事件的连续性的报道。系列报道是就空间横向而言，是对某一主题进行的并列式的报道。通常,连续报道和系列报道都在固定的栏目中完成,每篇报道之间往往间隔固定的时间。连续报道和系列报道,通常都要求3集以上。作品参评时,一般要求选择首、中、尾各篇参评。

乌鲁木齐2009年"7·5"事件发生后,央视《新闻联播》就对此事件进行了连续报道。在7月6日,播出《乌鲁木齐:医院全力救治伤员 各族群众谴责暴力犯罪行径》,选用了受害人员、现场目击群众和受损商户的大量同期声,真实有力地对少数分裂分子的严重犯罪行为进行了声讨;7月7日《新闻联播》又播出《新闻特写:为了22位群众的生命》,讲述了电影院的各族职工不顾个人安危,迅速转移躲避暴徒的群众的感人故事;7月9日《新闻联播》播出的《新闻特写:团结路上的真情救助》,真实地展现了"7·5"事件中,家住乌鲁木齐团结路文化干校社区的几位维吾尔族居民,在危难之时伸援手,使13名过路群众躲过了一场劫难,展现汉维民族团结的友谊篇章,非常具有说服力。

系列报道则通常针对一个主题进行。例如南京创建全国文明城市成功以后,南京电视台推出《南京市创建文明城市亮点回眸》系列报道,全片分为"创建为民 创建惠民""破解突出问题 提升城市品质""'点评机制'解决薄弱环节""'问责风暴'唤醒守土意识""军民携手 省市联创""文明创建只有起点 没有终点"六个部分,从各个方面全面总结创建历程。这六个方面不是按照时间的顺序而是按照内容分类并列式地组合在一起的。

3. 呼应式(滚动式)组合报道

呼应式(滚动式)组合报道主要指某段时间内由于相关内容的不断添加而形成的组合报道。某段时间通常指一个晚上、一个半天或者一个整天。从实际情况看,现在国内的电视媒体在一个长时间段推出的组合报道是越来越多了,例如央视的《新闻联播》与《焦点访谈》现在常常联动,《新闻联播》首先播出一条比较简单的新闻,同时作出预告:"有关本条新闻的详细情况将在随后的《焦点访谈》中播出",此后的《焦点访谈》就会展现具体的内容。央视的这种栏目联动的组合报道方式原先只是在同一个频道中间出现,现在已经逐渐跨越了频道所限,在综合频道与其他频道(尤其是新闻频道)之间日渐兴盛。

这种呼应式或者滚动式的报道一般适用于事件类的报道,其最大的好处是可以及时地将事件发生和演进的过程不断地传递出去,使观众的收视与事件同步。在这一点上,凤凰卫视一直都做得比较好。

杰克逊去世
组合报道

三、电视组合报道的采制原则

1. 从策划上看,要定性:围绕一个事件主题

任何一个组合报道,都必然围绕一个主题或者根据事件的发展顺序依次展现,否则,就不成其为"组合"或者就是杂乱无章的报道。这要求从节目策划开始,就要围绕主

题或事件的中心点进行,围绕所要表现的主题进行,围绕既定事项进行,从不同的角度、从各个侧面和层次、从可以想象到的方面进行预先设定。往年,我们对高考的报道关注点主要集中在 6 月的 7、8、9 三天,包括考试情况、社会关爱等。但事实上,高考是每年在特定时段牵动全社会神经的活动,除了对高考三天的报道,高考之后的填报志愿、考生心理的调适,包括他们如何安排进入大学之前的生活等,都可以从人文关怀的角度一直延伸到高考之后的数日甚至数十日,因为很多家庭在关注这些事。

在策划时,要注意主动贯彻有关部门的宣传指示。如 2009 年不允许炒作高考状元,但大家对此的好奇心从未消失,尽管教育部门推行素质教育,不让炒作的初衷是好的,但媒体不炒又很尴尬,所以今年就在延伸报道上做文章,在另类的视角上做文章。从不让炒到大家期盼状元,到媒体自己炒高考疑似状元等,我们将这些现象一一摆出之后,分析高考状元炒作的背后是什么,这样就有了新闻的厚度和思想。

2. 从采访上看,要定向:确定不同采访方向

有了策划,还要将策划落到实处,也就是记者前往采访。记者的采访需要明确自己的采访对象、采访要求、采访目的,同时要根据事情的变化而变化,不断更新自己的采访内容。

6·30 醉驾
组合报道

对于采访回来的稿件,也不能简单地播出了事,还需要对稿件进行深加工,提炼出编辑部或者主持人、嘉宾的看法,从而使评论有力度。

3. 从编排上看,要定位:分出各自脉络层次

由于电视是线性传播的,因此编排上的层次就显得非常重要,主要是让观众看得清楚看得明白,不要产生眉毛胡子一把抓的情况。由此,在编排上需要形成这样的理念:一定要将某个主题的组合报道与同一栏目或同一时段的其他节目分开,也就是使这一组合报道形成相对独立的板块,很醒目很明显。

根据这样的编排思路,在具体操作上,既可以在原有栏目中设置相对固定的子栏目——这样的子栏目一般持续的时间较长,也可以在原有栏目中推出"特别报道"——形成数日内的针对某个具体新闻事件的连续性的报道。

前者如:央视二套的《经济信息联播》栏目每天都有一个《联播·头条》,通常头条都由三条以上的同一主题报道组合在一起,例如 2009 年 11 月 6 日的《联播·头条》是关于中美贸易摩擦的一个组合,《美对中国油井管征最高 99% 反倾销税》、电话采访商务部新闻发言人《姚坚:坚决反对美对华输油管反倾销措施》《我国对美部分汽车发起"双反"(反倾销反补贴)调查》。

后者如:江苏电视台《零距离》的"神七"特别报道,视角独特,细节抓人,小角度传递出中国力量。2008 年 9 月 24 日的"海事卫星连线:走进'神七'卫星发射城额济纳旗",记者走进额济纳旗蒙古族大妈库肯的家,通过普通牧民为航天城建设牺牲个人利益搬家的故事,表达人民群众对我国航天事业发展所取得成就的喜悦与自豪。25 日"'神七'何时降落,南京工程师'做主'",反映三位在"神七"主着陆场工作的南京中网通信公司工程师,负责火箭着陆时间、地点数据的采集和分析。"江苏城市频道记者与'神七'

零距离",报道记者有幸拿到一张通行证,前往东风航天城火箭发射点,近距离观测"神七"发射。26日"见证'神七'升空",由江苏城市频道、内蒙古额济纳旗记者向观众传递他们见证"神七"升天的真切感受。

其实,组合报道的巨大威力恰恰就在于通过一连串或一整套围绕某一主题或某一事件的大幅度的集纳式报道,让这一主题或这一事件的大量信息集中传递到受众的眼中、耳中和心中,从而对受众的视觉听觉神经形成强有力的刺激和冲击,不但给受众留下深刻的印象,更影响到受众对这一主题的理解、接纳、重视和判断。事实上,媒体有时强烈推进的组合报道,正是基于对受众施以强烈影响的目的,而受众在如此强烈的舆论影响之下(组合报道未必就是一个栏目的组合报道,还可以是一个媒体各栏目之间的联动报道,甚至可以是所有媒体的铺天盖地的联合行动),会不自觉地吸纳和接受外界的倾向、观点和意见,这样就会形成统一和同一的社会性行为,这实际上也就是舆论导向的巨大作用。所以说,在舆论导向方面,组合报道将会形成巨大的社会意识流,形成巨大的社会公信力,形成统一的行动方案和具体行为。正是在这个意义上,我们必须高度重视组合报道的研究,并把它放到传播学、社会学和政治学的高度来看待和对待。

第二节 实践案例:节目改版应遵循的几个原则

在品牌栏目的打造和维护上,在保持节目采制理念和内核稳定的同时,还要根据受众的需求,不断地加以改版创新。新闻人中间流传一句话,叫作"节目年年做,节目常常改"。确实,视频节目每天都有,每一档节目都要经过拍摄、采访、撰稿、编辑等流程才能最终与广大电视观众见面。但视频节目又需要摒弃老面孔,做到常变常新。于是,在广播电视界以及网络界,一个普遍的做法是,每到一定的时候,就要进行节目和栏目的更新改造,也就是改版。改版最为常见的时间是在每年年底或者年初,当然也有年中或者其他时间段的。对于改版,大家都知道其必要性,但是改什么、改多少、如何改,改版的原则以及注意事项又是什么,就很值得考究了,这也是对于改版的组织者、实施者能力的一场考验,并最终要通过观众的美誉度和市场的认可度加以检验。本节对视频节目改版需要遵循的原则进行一番探讨。

原则一:从形式上看,类型上面不同样,螺蛳壳里做道场,体现创新性

节目改版,必须要有创新;没有创新也就谈不上什么改版。如同美学上揭示的"审美疲劳"一样,再优美的画面、再漂亮的构图、再楚楚动人的主持人,如果几年、十几年一个模样,必然遭受观众的冷遇。尤其是在收视率作为衡量一个栏目存在价值的重要参考因素的情况下,如何让节目出彩出新,就显得更为重要。节目的创新,主要包含以下两个方面:

一是节目类型的创新。

一档观众从未见过的节目,由于其新鲜性,自然会吸引受众的眼球。打开现今的电视节目,可以说各种样式纷呈。新闻集锦、专题、故事、对话、抗辩、方言节目、脱口秀、表演等等,不一而足,似乎什么都有。那么,改版中如何寻求类型的突破呢?

我们讲节目改版,总是就某个具体的电视台或者频道而言的。对一个具体的电视台或者频道来讲,尤其是对一个频道来讲,通常不会将所有类型的节目全部囊括,也就是说,改版者总有一些对自己来说是新类型的节目可以上马,当然新上的节目要注意与其他频道节目的协调,不能为上而上,造成节目资源的浪费甚至内耗。这是其一。其二,新闻是一个常变常新的事业,人们对新事物的追逐是一种本能,随着国际经济政治风云的不断变幻,电视节目的新样式自然会不断出现。其三,看一看中国目前的电视节目样式,和境外电视节目样式进行一番比较,我们会发现国外有些电视节目在中国还没有出现(比如"真人秀"),这就给中国电视的不断创新留下了借鉴和发挥的空间。当然这里并不是说,国外有什么中国就可以有什么,而是说中国电视播出的节目类型并没有穷尽。

二是节目样式的创新。

新闻七日谈

仔细看一看同一种类型的节目,其实也是有很多方面是不同的,同一种类型的不同栏目其风格不尽相同。在竞争激烈的南京电视市场,同属于新闻杂志性质的栏目就有七八家,如《零距离》《直播南京》《直播生活》等等,这些栏目也是各具特色的。事实上,这个栏目之所以与那个栏目有区别,正是因为各自具有各自的特点罢了。正因为如此,必须认识到,改版是对原有栏目改造更新的过程,是一个有别于以往栏目的过程,这种创新从视觉效果上要有新意,面貌上有所创新,形式上要有区别。

原则二:从内容上看,不同节目取舍不同,同类节目评论不同,体现个性

节目改版,当然不仅仅在于类型和样式上,不仅仅在于主持人和主持方式的变换上,不仅仅在于结构和编排的调整上,不仅仅在于片头、片尾和导视的变更上,更在于节目的内容上。内容上看,主要有两个方面:

一是不同的节目,对内容的选取各不相同。

节目的改版,首先离不开节目的定位。不同定位的节目,其内容、样式、播报方式等等都会不同。

大千世界,每天发生那么多的事情,每一个栏目正是根据自己的定位,对各种新闻事实进行取舍、进行筛选、进行采制。所以改版的时候,必然对这档节目有一个重新定位、对内容有一个重新把握、对节目的架构有一个重新建造的过程。

南京,作为民生新闻的发祥地,国内众多媒介同仁前来取经学习。江苏台,曾经与南京台作为同城台,在民生新闻上拼得你死我活。但无论是江苏电视台,还是南京电视台,都已经逐步摒弃了偏激、低级、丑陋的小民生新闻,代之以全新、大气、富有深度的大

民生新闻,在经济报道、时政报道、热点报道以及新闻的一体化运作、规模化运作等方面,迈上了一个新的台阶。

二是新闻内容可以相同,但新闻点评可以不同。

如果说,新闻内容不能任意改变的话,那么,对同样的内容是否可以有不一样的说法呢?回答是肯定的。尤其是,对同一新闻事件的认知上、评价上、观点上,可以是仁者见仁、智者见智,甚至可以是针锋相对的不同意见。正因为如此,新闻评论就大有用武之地。这也给内容评点的创新创造了条件。

打开央视各套的荧屏,可以发现,如今的央视已经全面增强了新闻的评论性。在很多栏目里和很多事件上,央视已经做出了最先最快的评论,体现了中央媒体的先导性和权威性。事实上,加强评论正是央视2009年悄然进行的改版的重要方面。为什么央视的2009改版,改的内容着重于新闻立台、评论为魂,而改的进程不是大张旗鼓地进行呢?这或许涉及新闻和娱乐、电视剧等方面的关系,涉及中国特有的舆论评论环境,涉及央视自身的人事变动等问题,但一个不争的事实是,央视的改版给全国的电视媒体做出了表率,也发出了电视必须关注"民声"、必须有自己"声音"的强有力的信息。自然,这样的信息一定会被敏感而聪明的电视人捕获,也一定会在各级电视台节目的改版中加以体现。

南京电视台《新闻七日谈》的内容点评创新,表现在三个方面:一是节目对一天中国际、国内以及本地的各类新闻资讯、观点进行整合、梳理,同时对一些热点事件和话题进行特色点评。每逢播出一条或一类新闻后,主持人大刚总要发表一通感慨和观点,这些感慨和观点,就是一种评论。二是西祠讨论版《直播南京》的漂亮版主,每天都要从网上搜罗一些网友的观点,尤其是网民对社会热点话题的观点加以展示。网友观点成为这档节目的一个收视亮点。可以预见的是,以后的节目改版中,网络内容将越来越多地被"嫁接"到电视节目中。三是专门开辟一个《媒体扫描》子栏目,将当天其他媒体中刊载的一些重要事件及其观点加以展示。《媒体扫描》如同一扇窗,打开这扇窗,得知天下事。《媒体扫描》不仅关注事件本身,更关注媒体对事件的评价,关注事件的影响力和辐射力。子栏目《媒体扫描》搜罗国内外媒体对某个热点事件的各种声音,同时阐述本栏目的观点,从而对社会共同关注事件的认识更加全面化、科学化。

除了《新闻七日谈》的《媒体扫描》外,新闻综合频道还在《直播南京》中设立了《今日快评》,评点当天的社会热点事件;在《东升工作室》中,发挥主持人东升的点评效应,通过前后主持尤其是后主持评述,抨击社会丑恶现象,弘扬法治正气;在《南京新闻》中设有《新闻聚焦》子栏目,通过对社会关注事件或话题的展示、民意调查、政府有关部门的回应、特约评论员的专家连线"四步曲",对一个事件或话题进行组合式报道,新闻深度得以有效挖掘。城市观察员和特约评论家出现在电视屏幕上。新闻综合频道聘请数十位城市观察员和特约评论家,涉及经济、法律、政治、社会、心理等各方面专家,这是强化媒体影响力和权威性的需要,也是发布媒体声音的需要,更是适应新闻立台形势发展、与央视新闻改革对接的需要。

原则三:从趋势上看,顺应时代发展潮流,符合电视运作规律,体现适应性

电视节目改版必须与时代的发展相适应相协调,同时必须符合电视发展和制作的特有规律,顺应(以及必要时修正)观众的收视需求。

从中国电视当前的运行轨迹看,有以下一些方向性的做法值得改版时留意、借鉴和把握。

一是建立新闻流。

新闻流

2009年的央视改版,一个突出的方面是建立了从早到晚的新闻播报体系,使得新闻在24小时流动起来,并且不断更新不断增加新的内容,我们把它称之为"新闻流"。这给全国的电视同行做出了榜样,这种榜样与其说是因为央视财大气粗而建立,不如说是央视的一班人真正具有新闻意识而树立。

事实上,各地方台也意识到新闻流建立的重要性,但苦于财力、精力、人力和能力的不足,常常望"流"兴叹,不过央视示范效应已经逐渐显现,地方台利用改版之际也在纷纷效仿央视的做法。

二是新闻直播化。

直播的最大好处是能充分发挥电视的所长,将即时发生的新闻第一时间传送出去。电视人都知道直播的重要性和必要性,但真正直播起来却并非想象中的那么简单。影响直播化推行的原因主要是体制是否允许、硬件设备是否具备、直播技术和人员能否达到要求等方面。

在"两会"开(闭)幕式、4·23纪念活动、新中国华诞等可预知的重大事件中采用直播的形式,在很大程度上满足了观众的收视欲,但是这一直播机制还存在需要进一步完善的地方,直播的次数还不足够多。新闻综合频道还可以对一些日播节目进行直播。

作为更大规模、更具人气、更加可观的一种直播样式——直播频道(LIVE频道)也已经推出。直播频道的全新亮相和精彩呈现,开创了一条慢直播的先河,给观众一个惊喜和一份悠闲。

三是打造新时段。

经过若干年的打造,观众朋友已经习惯于在18:00—21:00左右的时段收看电视节目。这个时段通常被称为"黄金收视时段"。但随着社会的发展,随着人们夜生活的丰富和收看时段的推迟,21:00—23:00的电视时段也日益珍贵起来,我们把这一时段称为"亚黄金收视时段"。事实上,在美国等发达国家,每晚20:00—24:00才是电视节目收看的最佳时间。

在中国大陆,已经呈现出对亚黄金收视时段的一种抢夺态势,有的地区似乎还特别厉害。例如,成都地区晚间收视份额的争夺已十分激烈,在傍晚时段、黄金时段一对一地开打之后,各台的目标又转向22:00以后。成都电视台开辟第三战场,新闻综合频道22:25—24:00为《新闻新读》《成视新闻夜间播报》和《联播大成都》,成都公共频道

21:00—23:20播出《成都全接触900档播报》《新闻故事60分》和《成都全接触夜新闻》,四川新闻资讯频道22:25—24:05播出《晚报10点半》。夜间新闻时段的开发,越来越多地吸引了不满足电视剧的观众,有效地扩大了市场份额。

四是节目板块化。

2003年前,南京的电视观众还是比较喜欢收看时长相对短一些的栏目的,比如《法制园地》《社会大广角》《南京新闻》等。一个最主要的原因是,这些名牌栏目本身都不长,也就10—20分钟一档,人们习惯了收看短平快的新闻以及新闻背后的故事。但是,随着2003年江苏台和南京台一系列长节目的推出,比如众人皆知的《南京零距离》(后改为《零距离》)、《直播南京》(原名《新闻60分》)、《日子》(后改为《直播生活》)、《法治现场》《标点》《服务到家》等动辄半个小时甚至一个小时、一个半小时栏目的纷纷出笼,南京观众的收视习惯发生了颠覆性的改变,从短时间的收看变成了整段时间收视,也就是用整块整块的时间来收看电视、收看电视新闻、收看民生新闻、收看老百姓自己的新闻。

南京的电视模式很快被全国各地的电视同行仿效,一时间全国皆学南京,南京模式(又称南京新闻模式、南京电视新闻模式、南京民生新闻模式)成为一种潮流和时代的引领,全国观众的收视习惯因此而改变!

一种习惯的形成不容易,一种习惯的改变同样很艰难。正因为"全国人民"现在都喜欢整块时段地收视,所以目前,甚至在以后相当一个时期内,电视改版必须符合受众的这一整块收视习惯,也就是说,现在电视的改版所推出的节目,都要是长时间的,通常需要30分钟以上,否则观众不太容易关注到你、不太容易在特定的时间收看你、不太容易接受你、也就不太容易喜欢你。板块的形成将有效吸引受众的眼球,符合人们的收视习惯。正如电视剧不能太短,电视新闻节目往往也需要以长时间的板块结构模式展现。这是有别于移动端的即时收视和碎片化收视习惯的。

第三节　名牌栏目如何出新

1995年,中宣部倡议主持了首届中央主要新闻单位名专栏(节目)的评选活动,共有七家新闻单位的十个栏目被评为名牌栏目。从那时起,全国和一些有影响力的省市也进行过多种形式的名优栏目评选,一大批舆论导向正确、拥有广泛受众和良好口碑的专栏被评选为"名牌栏目""品牌栏目"。应该说,"名专栏的评选对新闻单位把握正确的舆论导向、提高新闻宣传水平,发挥了很好的示范和促进作用"。然而就名牌栏目自身来看,一个专栏成为"名牌"之后,必然面临如何"保持和创新品牌"的问题,实际上就是名牌栏目的"出新"问题。它包含三层意思:一是,从名牌栏目本身看,名牌栏目并非十全十美,总在某些方面存在瑕疵,这就要求名牌栏目能够自我"扬长避短",扬了长,避了短,自然也就"出新"了。二是,从名牌栏目历史演变看,名牌栏目有其变化、发展、形成的过程,不能因为自己成为名牌栏目了,就躺在功劳簿上不思进取了,这就要求名牌栏目能够自我"吐故纳新",温故而知新,辞旧而迎新,自然就能"出新"。三是,从名牌栏目与其他栏目的关系看,名牌栏目在保持原有特色、定位和优势的同时,广纳百川,兼收并蓄,则不但是一种胸襟的体现,更是栏目价值取向和制作手法的需要,这就要求名牌栏目能够"借鉴拿来",不故步自封,不画地为牢,在竞争中生存,在动态中发展,则必然"出新"矣。

名牌栏目包括了报纸、广播、电视和网络的名牌栏目,为便于叙述,本节以电视专栏为例,谈谈新时代名牌栏目如何出新的问题。

一、把握正确导向,吸引广大受众,在思维方式上创新

可以这么说,一个栏目能够长盛不衰并成为品牌栏目,这个栏目的制片人、主创人员以及栏目的上级领导必是在思维方式上富于创新意识的人,不仅如此,上述人员还以创新意识作指导、以创新精神为动力,努力适应不同时期的不同需要,适应新形势下的崭新要求,牢牢锁定自己的受众群。1985年、1986年两度被中宣部评为名专栏的中央电视台《焦点访谈》,初创时栏目组成员的平均年龄仅30岁,而且不少人是被"招聘"来的。《焦点访谈》不仅开了中央电视台记者编辑招聘制的先河,还在栏目管理制度方面进行"制片人制"的改革尝试,就连《焦点访谈》1994年4月1日开播时的第一档节目《94国债发行第一天》展现的都是当天发生的事件(当然这之前会做些准备工作),种种举措总让人感到《焦点访谈》的创新意识、追新精神、求新愿望和出新的必然。

当然,思维方式的创新不能偏离正确的航向,不仅不能导向错误,而且要求名牌栏目成为正确导向的尖兵和维护者。中宣部副部长徐光春认为名牌栏目在新闻舆论导向中的"领航作用"表现在四个方面:第一,要领正确导向的航;第二,要领采访作风的航;第三,要领工作思路的航;第四,要领新闻改革的航。并说:"如果名牌栏目能够做到以正确的舆论引导人,其他栏目、其他报道向名牌栏目学习,这就从大的方面上保证一个新闻单位的宣传能做到以正确的舆论引导人。"进入二十一世纪,中国的媒体自觉地以邓小平建设有中国特色的社会主义理论和江泽民"三个代表"思想为指导,使中国共产党领导下的传媒始终成为先进生产力、先进文化和最广大人民利益的忠实代表。

应当认识到,正是由于我们的党、我们的媒介代表着广大人民群众的根本利益,因此,把握正确的舆论导向同代表人民群众的利益,在根本上是一致的,以正确的舆论引导人和最大限度地吸引受众在本质上也是一致的,作为名牌栏目,本来就有良好而且广泛的受众群体和群众基础,因此,名牌栏目在上与下、政府与群众之间的沟通和桥梁作用,相对于非名牌栏目来说,有着更大的优势和独特的作用。也正因为如此,名牌栏目在受到观众普遍欢迎的同时,同样受到部门领导、台领导、省市领导甚至中央领导的高度重视。随意点几个名牌栏目,中央电视台的《东方时空》《焦点访谈》,江苏电视台的《大写真》,南京电视台的《法制园地》等,哪个不是观众朋友耳熟能详,社会各界比较关注的电视栏目?

当然,导向的正确并不是简单的说教,对观众的吸引也不是一味地迎合受众的需

求。每个栏目有每个栏目的定位,而每一个名牌栏目更是有着超越其他栏目的优点和特色,我们在思维上强调"正确导向"和"吸引受众"的时候,不应忘记电视制作的特有规律,不应忘记栏目自身的服务对象,不应忘记名牌栏目的独特优势。

二、确定采编选题,围绕栏目定位,在节目报道上立新

通过对名牌栏目的结构分析,我们可以发现,被评选为名牌栏目的,基本上是综合性栏目(如《东方时空》)、评论性栏目(如《焦点访谈》《大写真》)和法制类栏目(如《法制园地》《石城警视》)。这些栏目,由于其综合性强,涉及面广,关注热点、冰点、难点,而成为公众注目的焦点;由于其尊重事实,揭示背景,强化评论,敢于直言,伸张正义,而成为受众解气、解惑、解闷的寄托和希望;由于其披露案发经过和社会危害,具有强烈现场效果,以案例讲授法律,以法眼观察人生,循循善诱,因势利导,而成为大家学习法律知识,了解人间百态的一个窗口。

不同的栏目有不同的播出内容和基本形态,名牌栏目也有各自的定位要求和风格。例如,《焦点访谈》的定位是:"时势追踪报道,新闻背景分析,社会热点透视,大众话题评说"(后改为简洁明了的"用事实说话")。《大写真》的定位是:"跟踪焦点新闻,关注热门话题,展现时代风采,透视人间万象"。《法制园地》的定位是:"为依法治市服务,为老百姓说话"。根据定位的不同,栏目的选题自然就有所不同,但选题的确定还是应当在栏目的定位之内,在本台制作范围和能力范围之内,"选择群众关心、领导重视,普遍存在的问题。群众很关心,领导不重视,这样的事情很难做;个别的事情把它当成热点问题来做也不合适"。

那么,名牌栏目又如何在体现自身特色,确定报道选题和时机上"标新立异"呢?

1. 言己之所言,抓独家报道

名牌栏目所以能成为电视机构和广大观众心中的"名牌",这个栏目必是一个有思想有个性的栏目。如果一个栏目没有自己的议论和思想,不去或不敢直面受众和政府关心的问题,那它恐怕怎么也成不了"名牌",至少到目前为止还没有出现没有思想性的"名牌"栏目。因为,名牌栏目要勇于和善于抓热点新闻和独家报道,以自己敏锐的触角,发表自己的独特见解,满足新闻新颖性的要素需求。

2. 言人所未言,抓首家报道

名牌栏目要有"不求唯一,但求第一""未必最好,但求更好"的创新精神,百尺竿头,尽领风骚。抓首家报道,乃"抢新闻"的内在要求,是新闻及时性的本质使然。人口众多的南京瑞金北村只有公交 52 路一站,出行极其不便,群众意见很大。中北公司 25 路见状未经请示即在瑞金北村设站运营,此举给乘客带来方便却招致市政公用事业局的查处。《法制园地》得知后当即介入,既讲明了主管部门设站的不合理之处,又指出市场经济是法制经济、竞争应当有序的道理。此报道一出,当地多家媒体和栏目跟风炒作,形成强大社会舆论,不仅促成了该站问题的成功解决,更使各方从这一事件中吸取教训,

启发思考。

3. 言前所未言,抓深度报道

能独家报道,当然最好,但现在随着信息流通渠道的畅达和多样化,独家报道越来越难而且有时也不易形成合力,那就尽力抓首家报道,这是名牌栏目实力的象征和快速反应能力的检验。如果既不能独家,又不能首家,那就在别的栏目的选题基础上再作筛选和加工,或将其综合,或改变形式,或以点带面,或提炼升华,或深刻挖掘,总之,讲出别人或自己没有讲到或忽略了的话语,挖掘与本栏目总体风格匹配,同时又是受众最想了解或难以了解的事件本质,报道事态的最新进展,展示记者编辑的钻研精神和名牌栏目的诱人魅力。

三、实行频道播出,充实完善自我,在栏目整合中迎新

进行新闻改革,有线无线合并,推行频道制,是当前和今后较长一段时间内中国电视界要做的一项工作。频道制的推出,目前已成大势所趋,中央电视台已经拥有十一个频道对内对外播出,江苏广播电视总台成立后也拥有五个频道,南京有线广播电视台与南京电视台两台合并后新成立的南京电视台则拥有六个播出频道。这些频道都将实行专业化。频道的专业化或者说专业频道的生成,对名牌栏目既是机遇,又是挑战。

既然推行频道制播出,这就不能不涉及名牌栏目与专业频道之间的关系问题。笔者以为:第一,众多栏目(当然包括名牌栏目)共同作用,形成了某一专业频道(如新闻综合频道、影视频道、综艺频道、教育频道等)的特色;第二,在某一专业频道中生存的栏目(包括名牌栏目)应主动适应频道专业化的要求,其选题、立意、风格应与频道的"专业"尽可能统一;第三,名牌栏目无疑将成为其所在频道的主打栏目,名牌栏目的目标取向将在较大甚至很大程度上左右频道的走向;第四,名牌栏目是专业频道的亮丽风景和支撑力量,一方面它为频道增色添彩,另一方面,它又有其一定的特殊性和独立性,因而需要有相应的扶持政策和特别措施。

频道的重新整合,为名牌栏目的脱颖而出创造了一个契机;而实行频道专业化以后,名牌栏目本身也有一个自我调适的过程,其实,这也正是名牌栏目"出新"的过程。这个过程也许有些痛苦,但正如分娩之前和之中的痛苦一样,一朝分娩,世人眼睛都会为之一亮。例如,对同类型的栏目进行重新归并编排,或划归名牌栏目,或以名牌栏目为龙头,或与名牌栏目整合形成新栏目,并使名牌栏目在主要频道、黄金时段反复播出甚至拉成一条线播出,从而真正使名牌栏目形成频道的排头兵,形成威势,形成轰动效应。当然,名牌栏目在外部包装、播出时效上出新的同时,更要注重栏目品味和节目质量的提高和出新。

第四节 国外视听节目引进刍议

他山之石,可以攻玉。借鉴和吸收外来的模式,是电视节目更新换代的一种既省事又往往立竿见影的好方式。近年来,国外电视节目的引进呈现日益增多的态势,这在省级卫视表现得特别抢眼,而且效益斐然。这种引进风,引发了人们对国外电视节目模式、现状和趋势的更多关注,也引发了地方台、城市台对于国外电视节目的重视。电视人不得不面对的一个困惑是,面对纷繁复杂的外国电视节目样式,究竟可以从中选择一些什么样的节目作为引进的范式以及引进当中又需要注意一些什么问题呢?

很多省级卫视近来模仿和引进了不少国外的电视节目样式,人们耳熟能详的节目有《中国好声音》《快乐女声》《我们约会吧》《非诚勿扰》,还有时下最火的《爸爸去哪儿》等。分析一下这些引进的节目、引进的过程以及引进后的节目改造,可以看出一些节目引进的规律和要点。

扫码获取资源

 数字资源:《爸爸去哪儿》《非诚勿扰》《中国好声音》,扫码获取具体内容。

一、从引进的节目类型看,主要是歌唱类、婚恋交友类和亲子类等类别

浙江卫视在 2012 年 7 月 3 日开播了一档之后取得辉煌成功的歌唱类节目《中国好声音》(The Voice of China),这是一档真人秀节目,选择最具实力和潜质的选手进行歌唱比拼,由刘欢、那英、庾澄庆以及杨坤担任评委和导师。其实,这档节目并不是浙江卫视自己的独创,而是源于荷兰节目《荷兰之声》。是荷兰之声《The Voice of Holland》、英国之声《The Voice》、美国之声《The Voice(U.S.)》、爱尔兰之声《The Voice of Ireland》的杂糅。

《快乐女声》是湖南卫视的一档有口皆碑的歌唱类节目,也是打开了国人极大唱歌欲望的电视唱歌选秀节目,《快乐女声》在长沙、南京、武汉、成都设立了分赛区。2004 年 5 月播出的轰动效应至今让人难以忘怀。国内新锐杂志《新周刊》将《快乐女声》评为"年度创意 TV 秀"。其实,《快乐女声》的灵感,来源于美国的《超级偶像》。

湖南卫视的婚恋交友类节目《我们约会吧》,其原型主要来自英国的 *Take Me Out*,而江苏卫视的《非诚勿扰》尽管自称是原创而不是模仿,但其内容设置、节目架构等方面都与 *Take Me Out* 雷同,也与《我们约会吧》惊人相似:舞美场景完全一样,尤其是 T 形的舞台、背后的灯柱、面前的灯台;人物设置也几近相同,都是轮番出场的男嘉宾在现场众多女嘉宾面前展示自己;环节设置大同小异,包括才艺表演、互相提问回答、男生反选等,最终实现男女嘉宾的"双向选择"。*Take Me Out* 最先起源于澳大利亚剧 *Taken Out*(首播于 2010 年 1 月 2 日)。随后在英国、爱尔兰、中国等地流行的《我们约会吧》等节目就起源于此。

二、从节目本土化的角度来看，引进并不是完全照搬照抄

节目引进是在原有基础上的一种提高，也是一种适应本土状况的改造。湖南卫视《我们约会吧》是从英国 Fremantle 公司引进的，但是在引进过程中也做了一些本土化的改进，加入了一些湖南元素。如节目前面加入的"跑步机"等环节都是湖南卫视独有的。

一个栏目必须有自己的坚守和判断，这是这个栏目之所以成为这个栏目而不是别的栏目的特征所在。但这并不意味着这个栏目就一成不变，一个栏目在引进之后会不断地加以创新改进，这其实也是节目自身生存和延续的需要。

其实，这种对节目进行本土化的改造，并不是中国电视引进过程中才有的现象，国外电视在相互引进模式时，就根据本国不同的情况加以修正改进。比如，《快乐女声》的原型是《美国偶像》，而《美国偶像》的原型是英国电视节目《流行偶像》(Pop Idol)。《美国偶像》是福克斯公司独具慧眼以 7000 多万美元买下《流行偶像》的节目版权改编而成、于 2002 年推出的真人秀，目标为寻找美国流行音乐天王天后。参赛者首先在指定的城市参加初选，被评委和嘉宾（都是当时流行音乐界的大腕）选中的参赛者可到好莱坞参加下一轮比赛。然后再选出 24 名选手（12 男 12 女）参加半决赛。半决赛时选手在电视上向全国观众演唱，有观众打电话投票，得票最低者被淘汰。前三周每周淘汰 2 男 2 女，其后每周淘汰 1 人，最后胜出者就是"美国偶像"，奖品是唱片公司的一纸合约。

必须注意和认同的一点是，改造也好，创新也好，在节目引进过程中务必坚持原有节目模式的核心部分不能改变。《中国好声音》节目的版权引进中国后，由刘欢、那英、庾澄庆、杨坤担任评审兼导师，过去内地一些选秀节目曾以炒作、毒舌、绯闻为卖点，而该节目则延续 The Voice 的一贯风格，以正面、励志的态度去选拔最佳歌手。拒绝"毒舌"，杜绝"绯闻"，以真声音、真音乐为唯一的宗旨，力争让四位明星导师找到值得培养的乐坛新人，为中国乐坛的发展提供一批怀揣梦想、具有天赋才华的音乐人，提供真音乐、真声音！冯小刚这样评价《非诚勿扰》："大家之所以喜欢这个节目，不仅因为它是一个征婚的节目，也透过这些节目的嘉宾，让你看到中国当代婚姻的面相。每一个嘉宾都代表着一个阶层，一个圈子。他们的所思所想，他们的追求，他们的梦想都浓缩在这个节目里。"这也是《非诚勿扰》从国内被引进到国外、从中国江苏走向哈佛大学教材的核心原因之一。

三、从节目的初衷来看，最直接或者最终的指向是要为电视台带来经济效益

无论是出于增加节目类型、满足受众多样化需求的呐喊，还是为了提高收视率、提升美誉度的考量，其实都是看好这一节目模式未来可能带来的市场占有率和广告效益，以及由此进一步衍生出来的市场盈利。

《爸爸去哪儿》则不但有随片广告、冠名广告，也不仅有片中的一些软硬广告，还有多媒体的运作、电影化的运作，以及由此带来的巨大效益。湖南台引进综艺节目《爸爸去哪儿》之后，人气飙升，收视颇旺，同时吸引了更多市场人士的眼光。光线传媒参与投资及发行的影片《爸爸去哪儿》于2014年1月31日在中国大陆地区公映，据不完全统计，该影片在中国大陆地区上映10天，票房成绩约为5.7亿元，超过公司最近一个会计年度经审计营业收入的50%。

　　滚滚而来的金钱，带给人们波涛般的思考——应该引进什么样的节目模式？怎样进行市场化的运作？电视节目如何炒作人气？在电视制作的背后是不是需要有一支能干的策划队伍？节目中人物如何选定，又如何挖掘出能引起共鸣或者争议的故事？一档新的电视节目，如何与新媒体、与电影市场嫁接？等等。所有这些问题，都敲击着电视人的神经，也在电视的探索创新中不断诠释着答案。

　　对电视节目而言，不创新，毋宁死。创新就是要拿来，就是要借鉴吸收。不过，电视工作者不是仅仅意识到这一点就足够了，电视人的使命最终是要将这样的设想变为现实，形成产品。在国外电视节目引进中，目前还鲜见城市台直接引进外国的节目模式，有的处于偷技、模仿当中，尽管这在理论上存在知识产权保护的问题，但还未见过有关将电视台诉诸法律的报道。在电视台节目创新的过程中，我们不要排外，也不要"羡慕嫉妒恨"，更不能"待你长发及腰"时才引进吸收国外先进的电视制作手法和节目先进模式。

　　相信，每一个真正的电视人，都有这样的急迫感和责任感。

第九章 收听收视率、流量与受众意识

第一节 广播节目那些事

广播,作为比电视更早出现的媒介,其作用和影响一直不可小觑。直到全媒体的今天,广播作为一个具有悠久传统和辉煌业绩的主流媒体,其存在的价值依然具有必然性、天然性和决定性,也是其他媒体所不可取代的。广播曾经面对电视的强烈冲击而挺住了,因为交通广播直播样态的出现而重获新生,甚至在现阶段,其生存状态尤其是收入还略优越于曾经不可一世的电视。一方面,传统意义上的广播因为只玩声音,而在视觉上远逊于电视和网络,但也正因为广播只玩声音,所以将声音玩到了极致,玩到了其他任何媒体均不可能达到的高度,从这个意义上说,作为声音艺术的广播又具有别的媒体无法企及的优势。当然,广播传播的不仅仅是声音,更有价值观、导向,还有广播所独有或擅长的节目形态。即便是声音,也不仅仅是领导人的声音、党和政府的声音,还有来自社会各阶层的声音、有人民群众的呼声、有网民的声音,当然还有现场声、背景声、大自然的声音以及音乐、混音等等。

本节就来说说广播节目那些事。其实,不管是这些事还是那些事,都涉及收听率这一广播电台生存的核心事。

一、从中国新闻奖获奖节目说起

湖北广播电视台湖北之声《我们在一起》特别节目《别了,方舱!》是第 31 届中国新闻奖获奖作品,作者是向秀、刘爽。这则广播新闻于 2020 年 3 月 10 日播出,用 3 分 15 秒的时间,将武汉最后一个方舱医院闭舱当场的情景和意义展现了出来。武汉市最后一家方舱医院休舱,标志着疫情防控的"武汉保卫战"取得了阶段性胜利,也意味着方舱医院这一人类抗击传染病史上的创举完成历史使命,意义重大。自 2020 年 2 月 3 日武汉市首批 3 家方舱医院开建,记者连续一个多月跟进采访。正是因为前期思考深入、策划到位、采访充分,事件发生五小时就迅速发声,报道内容丰富,音响运用恰当,广播特色鲜明。报道将建设方舱医院的创举放在人类抗击传染病的历史中进行观察,深度开掘方舱医院修建的初衷、历程、作用、意义,站位高、有深度。稿件紧扣习近平总书记提出的"人民至上、生命至上"理念,从方舱医院的建设、全国医护人员的驰援等方面,生动反映中国制度优势。逻辑环环相扣，故事扣人心弦，语言感人肺腑，报道有温度、有力度。报道音响丰富，制作精良，通过现场音响和历史音响交替、客观数据和感性表达兼容，感人至深的同时引人深思，同时表达了抢治病人、打好疫情阻击战、不获全胜决不收兵的决心。在战"疫"逐步走向成功的关头，这篇报道有利于进一步激发人们战胜疫情的信心和决心，凝聚起爱党爱国爱家的强大正能量。

湖南广播电视台广播传媒中心《热点今日谈》栏目播出的《从十八洞村到沙洲村》，是一则广播新闻访谈节目，该节目获得第31届中国新闻奖一等奖。湘西十八洞村与郴州沙洲村，一个是"精准扶贫"的首倡地，一个是红军长征"半条被子"故事的发生地。2013年及2020年，习近平总书记曾先后到两个村考察调研，并对两个村的脱贫攻坚与乡村振兴寄予了殷切希望。

《从十八洞村到沙洲村》能获大奖，首先在于选点把得准。决战脱贫攻坚和决胜全面小康是新时代建设中国特色社会主义伟大征程的两大重要战略。2020年12月30日，在中央农村工作会议刚刚落下帷幕全面推进乡村振兴擘画蓝图之际，湖南电台特别推出新闻访谈——《从十八洞村到沙洲村》。该访谈通过回望两个湖南小村庄脱贫巨变和探讨乡村振兴，折射两大战略的生动实践与奋斗历程，吹响了"十四五"全面推进乡村振兴的冲锋号。时机把握恰当，既分享胜利，更聚力前行。2013年，习近平总书记在湖南湘西十八洞村考察时，第一次提出了"精准扶贫"的重要理念。2020年9月，习近平总书记再次来到湖南，考察了郴州市汝城县文明瑶族乡沙洲瑶族村，从当年的"半条被子"到如今整村脱贫走上"幸福路子"，翻天覆地的变化映照出中国共产党百年来的不变初心。访谈在"十三五"与"十四五"历史交接之际，选择这两个具有典型代表意义的湖南小村庄为新闻访谈对象，展示脱贫巨变，探讨乡村振兴，践行习近平总书记提出的"脱贫摘帽不是终点，而是新生活、新奋斗的起点"精神，对推进脱贫攻坚和乡村振兴有效衔接，实现全面乡村振兴具有提振信心、凝聚力量的鼓舞与激励作用。人物选择独特，访谈有思想，见传承。节目精选了两个村的两代人，既有村支书施金通和朱向群，又有90后村干部隆建义和陈娟娟，以及回乡青年代表施康和朱梦嘉。不同年龄、不同身份，在跨时代两代人的对话中碰撞出了不同的思想火花，展现出了他们的激情、梦想与担当，以及决战脱贫攻坚和决胜全面小康伟大事业在三湘大地的精神传承与崭新开拓。在"十三五"与"十四五"历史交接之际，选择这两个具有典型意义的湖南小村庄的代表人物为新闻访谈对象，主题突出，立意深远。

获奖的第二个重要原因是制作多维度。"访谈+微纪录+活动"多形式呈现，突破了单纯访谈的窠臼，融合传播，影响广泛。节目将访谈现场搬到郴州汝城沙洲村"半条被子"专题陈列馆，从共产党人不忘初心带领人民脱贫致富的使命切入，突出了访谈的现场感、生动性与思想性。节目采用"访谈+微纪录+活动"整合方式推进，其间不仅有习近平总书记到访村庄温暖时刻的微纪录回放，新老两代人的对话访谈，微信网友的互动，还有嘉宾"5年后愿景"信件封存活动的启动，十分鲜活生动。

获奖的第三个原因是访谈有看点。该访谈采访人物较多，但层次分明，见人见事见行动见精神，谈深谈实谈透，展示脱贫巨变，探讨乡村振兴，对全面推进乡村振兴具有提振信心、凝聚力量的鼓舞与激励作用。访谈在故事讲述中彰显时代记忆,在专家点评中涤荡思想,每个问题层层递进,让人听后有感动,更有启迪。

获奖的第四个原因是传播全媒体。在体现作品高能量的同时,展示传播的高维度。《从十八洞村到沙洲村》节目前期通过微信征集互动话题,为获得超人气打下"基座",节目播出通过湖南电台经济频道、新闻综合频道、潇湘之声三频联合呈现,同时还通过湖南村村响广播 40.57 万只大喇叭、芒果动听 App 等全媒体播出,并拍摄制作成短视频花絮在抖音和微信推广,有效地吸引了听众网友的互动,实现了节目影响力与传播力的持续发酵。前面述及的《别了,方舱!》录音报道除了广播线上播出,稿件还在湖北之声微信、头条号及学习强国、长江云、九头鸟等平台推送,形成立体传播效应。

二、聚焦重大主题,乃新闻广播的题中应有之义

既是主流,就必须直面当今的重大主题、重要节点、突发事件、大事要事。这一点,不论是央媒还是地方媒体,都是义不容辞的责任,是新闻报道的重要选题、重点选题。从收听率的角度来说,重大事件因为重大而具有天然的收听率和关注度。

(一)抗战记忆·永恒声音

时间追溯到 1939—1945 年的第二次世界大战。1945 年 8 月,日本天皇宣布无条件投降,这预示着二战的结束。

南京电台《抗战记忆·永恒声音》文稿选录

2015 年 8 月 26 日—9 月 4 日,南京电台推出中国人民抗日战争胜利暨世界反法西斯战争胜利 70 周年特别报道"抗战记忆·永恒声音"。此次特别报道共分三组,第一组是东北组,由广播传媒中心副主任带队;第二组为山(西)陕(西)组,由广播传媒中心副主任带队;第三组为西南组,由集团党委委员兼广播传媒中心主任带队。每组都有两位频率总监和新闻频率记者,和各个频率的主持人参加。事先做了周密的部署,按照三个组的顺序先后出发、接力式发回报道。

第一篇于 2015 年 8 月 26 日早上播发,这是由东北组首先播发的稿件。节目一开始,是一个统一制作的大题头,作为系列报道的引子和标志。作为首篇,这档广播节目首先以"街采"开篇,南京广播抗战特别报道小组成员施岚,出发前在南京街头做了随机采访,并由此剪辑成了部分听众的声音予以播出。

(问:你知道中国抗战是从什么时候开始的吗?)答:一、抗日战争就是 1937 年。二、1945 年减去 8 年不就行了吗。三、1937 年吧。四、我不知道……五、1938 年,不是不是,1927 年吧。六、应该是 1937 年正式开始。七、这段历史我们知道,但是就是不晓得是什么时候。八、1937 年卢沟桥事变开始。

(问:抗战第一枪在哪里打响你知道吗?)答:一、应该是卢沟桥事变吧。

二、抗战第一,九一八吗,九一八不是抗战第一枪吧。三、是不是黑龙江。四、不知。五、可能是在东北。六、可能是黑龙江的嫩江吧。七、我个人觉得从炸死张作霖应该就可以算了吧。

记者与市民的对话之后,主持人"压混入",施岚说:作为"侵华日军南京大屠杀"发生地的居民,似乎理应对抗战的历程非常熟悉。但是实际上,那段过去很久的往事,在我们的记忆里已经相当模糊了,这些不能也不应该忘记的历史需要重新回望。

然后,节目顺理成章地接上了本次系列采访的第一站。"我们这次行程的第一站是黑土地东北,1931年9月18日,日本制造了九一八事变,侵占我东北地区,正是在这里,同胞们开始了对日本侵略长达14年的顽强抵抗。"由此展开了黑土地采访之旅。

对话采访、音乐歌曲、录音报道、历史回顾、记者出场、压混播出、片花间乐、淡入淡出等多种手法的综合运用,将该系列节目做得有血有肉、生动可感,将历史的纵深感、沧桑感和荡气回肠的抗战壮歌鲜明地表达了出来,余音绕梁,回响如昨。

此外,广播新媒体"广电猫猫"将这些报道加以微信化加工处理,配了相关图片资料,及时进行了二次传播,进一步延伸了广播效应。

(二)探访"渡江第一船"

中国人民解放军是在1949年4月23日攻陷民国首都南京的,所以在每年的4月23日,江苏省南京市都要进行一定程度的宣传,尤其是面对成十整数年份的时候,南京乃至全国都要重点播报。在4·23南京解放70周年到来之际,2019年4月19日至22日,南京新闻综合广播FM106.9推出了新闻行动《探访"渡江第一船"——致敬渡江战役胜利暨南京解放70周年》系列节目,重温红色记忆,传承革命精神,重点探访了长江沿线城市多个有翔实史料为证、比较有代表性的"渡江第一船",走访"渡江第一船"的登陆地点,通过今昔对比反映解放70周年的伟大成就,更反衬出渡江胜利的来之不易和历史功绩。

扫码获取资源

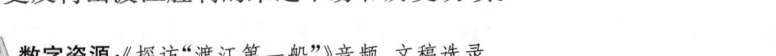
数字资源:《探访"渡江第一船"》音频、文稿选录。

第一集《繁昌父子船》,讲述的是渡江战役攻克安徽繁昌战斗中一对父子张孝华、张友香驾驶的木船的故事。1949年4月20日夜晚,从安徽无为强渡长江攻克繁昌的战斗打响,这条不起眼的木船奋勇争先,为后续部队胜利渡江开辟了道路,被命名为"渡江先锋船"。第二集《江阴英雄船》,讲述的是在江苏江阴,也有一条船被称为"渡江第一船",70年前,江阴籍船工王小弟曾驾驶着这艘船,与上百名船工一起,冒着敌人的炮火,载着人民解放军,突破长江天险,这条船因为率先登陆,被誉为"渡江第一船",英雄事迹永载史册。第三集《南京"京电号"》,讲述了陈列在南京渡江胜利纪念馆里的"渡江第一船""京电号",它那朱红色的方向舵、褐色的长条桌、黑色的铁皮屋顶、斑驳的表面仿佛在诉说着那段沉甸甸的历史,人民解放军三野35军103师的120名解放军指战员作为渡江解放南京的第一支部队,在"京电号"上架起数挺机枪,从江北浦口码头出发,冒着南岸射来的密集炮火奋勇向前,1949年4月25日,邓小平、陈毅等军政领导也乘坐"京电号"渡过长江,见证南京解放。第四集《人民的选择》则开宗明义地指出:这穿越70年时光的探访,并不是要弄清到底谁是真正的"渡江第一船",这既不可能,也没有必要。探访是对历史的追忆,是重温,在每艘"渡江第一船"的背后,都有一段感人至深、激荡人心的故事;都有一群舍生忘死、可歌可泣的英雄;都有一种奋勇争先、胸怀天下的英雄气概和伟大精神。对"渡江第一船"的探访,让我们更加相信,渡江战役的胜利,反映了人民的选择和人心的向背。

总体来看,《探访"渡江第一船"——致敬渡江战役胜利暨南京解放70周年》四集系列片,通过记者到一线探访的脚力实践,通过记者细致入微的眼力观察,通过记者思索提炼的脑力运用,通过记者叙事铺陈的笔力展现,一幕幕战斗的场景得以回放,一条条鲜活的故事得以抓取,一个个感人的细节得以捕捉,"渡江第一船"的背后是人民军队的英勇,是人民群众的支持,是人民战争的威力。渡江战役演化出的渡江精神也就具有了时代的意义。

(三)南京五桥开通特别节目

作为世界上少有的拥江发展的重要城市之一,南京坐拥长江,一江春水从美丽的南京城中流过,江南江北都在全力发展中。2020年12月24日对南京来说是个重要的日子,因为这一天,南京长江江面上第五座大桥就要正式开通了!长江五桥对南京的重要意义在于,这座长江大桥是从南京的江心洲经过的,而江心洲是新加坡和中国政府在南京共同开发的一座江中岛屿,江心洲在南京的地位既重要又独特,是一座美丽富饶的江中小岛。更主要的是,江北高新区作为国家级开发区,需要与江南合为一体,共同发展,而南京长江五桥恰恰就是连接江南城区与江北高新区的最直接的纽带。所以无论是江苏省还是南京市,对五桥的开通都极为重视,也是广大市民朝思夜想的一件事情。为此,南京交通广播提前策划,精心准备,推出了长达90分钟的大型直播节目《拥江再加速,南京新跨越——南京江心洲长江大桥开通特别节目》,全方面展示长江之美、五桥之美、江心洲之美、南京之美,更把长江五桥的建桥壮举、意义揭示了出来,也展现了开通仪式后人们的出行情况。

《拥江再加速,南京新跨越——南京江心洲长江大桥开通特别节目》文稿

在节目的制作上,整体分为三大段落,脉络清晰,通过大题头、垫乐、主持、访谈、录音、飞标、连线、微信互动和多个音频插件,共同组成了荡气回肠的宏大直播,和历史与现实交织、室内与室外交融、记者与主持人同框、专家与建设者共鸣的协奏曲。

三、用真情拥抱生命

如何让声音具有穿透力?如何让声音打动人、感动人?如何让声音真正直达人心、透彻心扉?方法之一就是要用真情播报、用真情演讲、用真情讴歌。

2020年初的一场新冠疫情猝不及防,席卷世界。疫情从武汉爆发,很快感染多地,中国政府第一时间采取最得力、最果断的措施应对疫情。此时此刻,新闻媒体一刻也没歇着,中国媒体、世界媒体纷纷加入抗疫防疫的战斗中,涌现出了一大批动人的作品,其中,南京新闻广播《好想抱抱你》广播剧感人至深。2020年3月9日—11日每晚19:30—20:00,南京新闻综合广播播出《好想抱抱你》三集广播连续剧,该剧由南京广电集团与新华广播联合出品,是以江苏援鄂医疗队及全国支援湖北的医务人员为原型创作的一部有"爱"的广播精品剧,讲述了一段段奋战在抗击新型冠状病毒肺炎疫情一线的医务工作者们逆行向前、英勇奋战的故事。春节前夕,武汉新型冠状病毒肺炎疫情暴发,南京二院副院长王娟临危受命,带领江苏医疗队奔赴战场。与此同时,她的女儿、医学院学生余声也偷偷地来到武汉成为志愿者,母女俩在医院相遇,成为抗疫战场上的"母女兵"。王娟不分日夜地投入救治工作,身先士卒,为医疗组队员舒缓压力,为患者加油打气,最后累倒在战"疫"一线!"踩着风火轮"的武汉医院护士长郝冬梅是两个孩子的母亲,疫情暴发后,她一直为"大家"舍"小家"配合江苏医疗队坚守一线,却不幸确诊新冠肺炎,倒在了战场之上,她在弥留之际仍然要求将遗体给医院解剖,把病毒查清楚!年轻毛躁的呼吸科医生王晓冰在救治患者的过程中逐渐成熟,与他的恋人——护士李亚男携手共进,救助患者,却因为一次不小心,被列为疑似患者进行隔离治疗,患难见真情,这对医护情侣在隔离病房中相约,战"疫"胜利之时,就是他们举行婚礼之日!该广播剧来源真实,情感真挚,通过艺术加工,很富表达力和感染力,耐听、动听、多情、多彩。

中国人民团结一致抗击新冠疫情,得到了世界人民的关注,2020年初,由南京广电集团倡议发起、来自19个国家50位音乐人共同演绎的歌曲 TOGETHER 上线发布,用音乐为武汉、为中国加油鼓劲。歌曲由西班牙语、英语、意大利语、俄语等语言组成,历时2周跨国创作完成,紫光阁、新华社、共青团中央、澎湃、中国网纷纷转发。TOGETHER 用歌声传达了人类共同的心声,是用国际化语言讲好中国故事和世界故事的一次有益尝试、一回真情表达。

第二节 提高收视率的五个关键词

报纸和杂志,人们越来越重视发行量;电台,我们日益重视收听率;而电视,我们也更加重视收视率。其实,对收视率的重视,不仅是电视从业人员的事情,也是广告客商们高度重视并引领广告投放方向和投放量的一个重要事项。所以,如今的电视人越来越注重电视节目收视率的高低,甚至有些电视台提出要摒弃多少点以下的电视栏目,或者以高收视率的栏目取代低收视率的栏目,或者将低收视率的栏目加以重新整合刷新。在这种情况下,我们必须对收视率加以认真的审视,同时要积极探索提升收视率的主要手段和方法。

提高收视率是我们共同关注的话题。但提高收视率不是一朝一夕就能仓促成就的。提高收视率的方法不是单一的,根据实践经验,我们认为需要特别重视以下五个关键词。

一、关注度

所谓关注度，就是人们对某个事件、某种现象的关注程度。通常来说，关注度越高，则收视率越高。当然，这里所说的关注度，指的是普遍关注度，也就是普通人或者大多数人普遍关注的程度，而不是指某一群人或某个特定群体关注的程度。正是由于现有的收视率调查体系主要是针对普通大众进行的调查（通常是隔段时间随机抽取500—700户作为样本户），所以普遍关注度越高的事情，收视率就必然会越高。

无论是奥运会、世界杯、世锦赛，还是"神七"发射、500年一遇的日全食，抑或是江宁金盛路发生酒后驾车事故造成五死四伤、新疆乌鲁木齐发生打砸抢烧严重犯罪案件，都是具有巨大社会关注度的事件。每逢这样的事件发生，谁第一个报道，谁报道得准确、到位，谁的收视率就会达到一个相对的高度甚至是历史性的高度，其他节目只能自叹弗如；而与此同时，广告商的广告投放量也是遽然增加。这样，一个巨大收视平台的搭建，既赢得了观众，也赢得了非常可观的广告收入。

事实上，各家电视台早已认识到关注度对收视率的影响。正因为如此，有的电视台甚至直接打出了"关注牌"，冠以"关注"之名。如扬州电视台的一个高收视率栏目就直接叫作《关注》，南京电视台大型杂志型节目《直播南京》的一个子栏目也曾被命名为《特别关注》。当然，这些栏目的选题目标基本上就是关注度比较高的事件或人物。可见，关注度已经成为电视栏目和电视人的一个重要价值取向。

关注度，其实就是百姓对某件事某个人某个观点的关注程度。关注度越高，说明社会价值取向越是趋同，形成了社会共同关注的一种趋势。关注度越高的事件应该越是媒体报道的重点，媒体关注百姓之所关注，就必然能提高自己的收视率。

关注度，通常与民生相关。一般而言，民生性越强的事件或者人物，百姓对其的关注度就越高，正因为如此，民生性栏目的收视率从来都是很高的。问题的另一面是，民生性栏目在同一个地区甚至在同一家电视台内，不同的频道纷纷开设了民生性的栏目，这样又会形成资源浪费和市场挤占，从而削弱民生性栏目的社会影响力，影响收视市场份额和广告收入，这需要媒体领导人特别注意加以调控。

二、新闻性

人们打开报纸和电视，收听电台，第一关注的是什么？或者关注最多的是什么？应当说首先是新闻。很早以前人们获取新闻的方法是口口相传，到后来有了新闻媒体之后，人们则更多地从各种媒体上获取相关信息。正是由于人们对新闻的天然渴求，我们才不由自主地将媒体称为新闻媒体。在现代社会，媒体是人们获得新闻信息最重要的载体。

既然人们关注新闻，那么媒体就应当充分承担起传播新闻信息的功能。作为现代传媒重要部分的电视，当然在传播新闻方面有着义不容辞的责任。正是电视以及其他媒体传播新闻功能的存在,才使得收视率、收听率、发行量有了存在的基础。问题的关键是,在大家都在传播新闻的时候,谁能够更加赢得观众的喜爱,或者说,你对新闻的传播方式、传播量、传播回馈等的设计是否恰好适应了观众的需求:如果适应了,那么你的收视率就高;不很适应,那么收视率就低;根本不适应,那么就没有收视率。

基于对媒体传播新闻这一规律的认识,我们发觉,在节目中增加必要的新闻含量是收视率制胜的法宝之一。我们看到,有的社教类栏目之所以迟迟提升不了收视率,就是与其新闻性的严重缺乏有着直接的关系。没有新闻性的节目,观众今天看也可,明天看也可,甚至不看也可,收视率从何而来?当然,这并不是说没有新闻性的节目就根本没有收视率,而是指在原有节目架构、品味和制作特色的基础上,如果能增加必要的新闻性(包括节目内容上的新闻性、节目编排上的新闻性和节目策划上的预知性),那么对收视率只会有帮助而不会拉后腿。

应当看到,大凡新闻性强的栏目,收视率从来都是很高的,从央视到各地方台的新闻节目,概莫能外。所以,高举新闻的大旗,在各类栏目中增强新闻性,是提高收视率的一大举措。

强调新闻性,首先强调的是时效性。从事新闻行业的人都知道,新闻是对新近和正在发生事实的报道。新闻必须报道事实这样一种观点无可争议,所以我们对新闻的理解似乎更加需要放在"新近和正在发生"这样的修饰词上面。所谓"新近和正在发生"当然是时效性最强的内容。所以我们说提高新闻性,首先要从新闻的时效性上做起,再在新闻的其他方面不断加强和提高。事实上,当"新闻"和"旧闻"放在一起的时候,人们更加关注的当然是"新闻"而不是"旧闻"。所以从收视率的角度说,应当注重的是"新闻"还是"旧闻",这就非常明了了。正是基于这样的认识和实践,加大电视直播分量甚至推出直播频道,就显得尤为必要。

三、信息量

现代社会是一个信息集束的社会,在信息社会时代,人们需要捕捉大量的即时信息,以满足日新月异的社会发展的需要。每天,人们总要通过各种途径获取有价值的信息。这些信息因人而异。但一些基本信息是通常情况下人们想要获取的,比如重要政治信息、经济信息、社会新闻和身边发生的主要事件。正是基于这样的需求,电视节目中发布有关信息,就成为稳定收视人群的重要方面,也是稳固和提升收视率的有效手段。

法制现场

解决信息量的一个重要方法是,将原有分散的栏目进行整合出新,构成大板块结构,从而使本栏目的信息量遽增。足量的信息是吸引人们眼球的重要因素。道理很简单,人们不愿意从一个个的栏目中获取一丁点信息,也没有这份心情自己将这些信息加以组合,而是希望在有限的时间内,一次性获得足够多的有用信息。

四、故事性

故事性主要是就新闻叙述的方式而言的。提升收视率,我们不能不注重叙事方式。电视叙述方式,其实就是始终吸引人眼球的方式。由于遥控器掌握在观众的手中,现代人出于大量获取信息的需要以及通常比较浮躁的心态,往往不会总是停留在一个频道、一个栏目收看,而是喜欢将遥控器拿在手里,随时更换频道和节目,选取适合自己口味和要求的节目收看。在这种情况下,电视人要做的就是尽可能地将观众锁定在自己的节目前,至少是最大限度地延长观众收看本节目的时间。那么,在这样的情况下,怎样才能留住观众?实践证明:故事化的叙述将会最大限度地吸引观众看下去而不换台。

故事化叙事,就是要求将所要讲述的事件故事化,也就是通过设置一个个悬念,环环相扣,步步为营,层层展开,直至最后揭开谜底,真相大白。不少刚刚涉足电视领域的新手,对一条新闻,往往采用倒金字塔结构,将结果和最有价值的东西和盘托出,然后再慢慢叙述。但是从收视率的角度说,如今看来,这种方式对电视而言是不足取的。老电视工作者或者是长期从事专题制作的电视人,都知道对电视新闻尤其是一些情节曲折的电视新闻素材,需要设置一些"扣子",让观众抱着一种探究事实真相的心理,一直沿着编导设定的路线走下去。

确实,不少电视台已经越来越意识到故事化的重要性,并且在实践着故事化的叙事方式。比如,江西卫视的《传奇故事》等栏目,收视率取得了不错的成绩,还有的电视栏目不但用讲故事的形式,还通过情景再现的手法甚至通过真人秀的方法,有效地拉动了栏目的收视率。

需要注意的是,我们强调故事化叙事,并不是说大凡电视节目都要用故事的手法来叙述,也不是排斥电视的其他表现手段,而是想说,许多电视新闻已经出现了故事化的趋势,而这种叙述方式恰恰对收视率的提升起到了积极的作用。尤其是在一些相对生硬的新闻中辅之以"小故事"开头,往往能起到很好的引导收看的作用。

五、互动性

从传播手段上来说,电视传播具有线性传播的天然弱项。但电视的传播在现如今已经不仅仅是单向传播,而是逐步走向双向传播的道路。双向传播其实就是电视制作人和观众之间的互动交流。互动的最大好处是,让传播者和受众处于一个平等的层面,平行的状态,从而使得观众成为节目的参与人,成为节目的一个组成部分,甚至成为节目的主体,在这样的一个平台上进行的交流对话就是对等、真诚、可信的,观众在不知不觉中融入节目中,长此以往,这样的节目就会在很大程度上挽留一部分观众,甚至可以培养出一批忠诚度很高的观众,培养出"铁杆观众群"。有这样的忠实观众存在,收视率就有了保障,同时,这些忠实观众又会自然地向周围的观众(例如家人、朋友、同事等)发表自己参与或者收看电视节目的体会想法,这样又会刺激周围的观众一起来收看电视节目,于是乎,收视率的稳定和提高就是顺理成章的事了。

互动性对于娱乐性、文体性节目而言尤其重要。湖南卫视《超级女声》和央视《梦想中国》的巨大成功,一个重要原因就是观众的参与,就是节目与观众的互动。首先,《超级女声》和《梦想中国》都是选拔年轻歌手的节目,这种节目本身就要求选手的积极参与,没有选手也就没有节目。其次,《超级女声》和《梦想中国》里采用了投票淘汰制,让专家、嘉宾、现场观众和全国的观众参与短信投票,选票最低的选手将被无情淘汰,于是,为了避免被淘汰,选手积极表现;为了避免被淘汰,支持这名选手的观众除了自己投票外还会拉亲戚朋友同学同事投票,全国观众也可以自由投票过过"裁判员"的瘾。尤其是看《超级女声》时,PK 的两名女生唱完选定或自定歌曲之后,观众走到台上投票时,那是最扣人心弦的一幕,上台的观众以及全国用手机投票的观众所投的票,可是决定一个人演唱"生死"的票啊!此时此刻收看这档节目的观众,谁不会将心提到嗓子眼?这样的节目设置必然使你在参与的同时,让你的关注热情得到最大程度的释放。正是利用了人们的参与热情,也利用了人们当"专家"、当"判官"、当"裁判员"的心理,节目取得了巨大的成功。互动性如此强的节目,收视率不高才怪呢!

需要注意的是,不同的电视节目,观众的参与度是不一样的,也就是说不同节目所需要的互动程度不一样,不同节目的互动方式也不尽相同,不能千篇一律,也不能简单地效仿。比如,有奖收看电视剧可能是较好的一种提升电视剧收视率的方法,但有奖收视对纯粹的新闻节目而言恐怕就不太合适。那么,纯粹的新闻节目如何实现与观众的互动呢?笔者以为,如果能提供一些新闻提要让观众"点播",观众点击率高的先播,观众点击次数少的后播,可能是让观众积极参与新闻节目的好方法之一。现在的片前导视,通常只是告诉观众我们的节目中马上要播什么,却没有让观众参与其中,假如变换一下,让观众来点播节目,实行"你点我播",兴许能够更加提起观众的兴趣。

总之,提升电视节目的收视率不是一件简单的事情,需要多种措施的共同作用。本节事实上也是从不同的角度分别加以论述的:"关注度"主要就观众是否关注和关注的程度进行,"新闻性"主要就是否具有新闻价值和时效性来展开,"信息量"主要就现代社会人们的信息渴求来讲,"故事性"主要就一种引人入胜的叙述方法而言,"互动性"主要就观众的参与热情和参与方式加以表述。由于不同电视栏目的定位、节目来源和人员素质不一样,因此提升这一栏目收视率的着重点和着力点也就不一样,但不管怎么说,最大限度地提高收视率是检验电视节目影响力、提高广告收入最重要的途径,也是一条必由之路。同时需要强调的是,我们需要提高的是健康的绿色的收视率,而不是简单地唯收视率是从,更不是追逐偏离了正确导向的"黄色"收视率(淫秽节目或披露隐私)或"黑色"收视率(片面追求犯罪新闻或过度曝光社会阴暗面)。

第三节　网络流量及其变现

一、网络时代"流量为王"

作为物理学名词的流量,是指单位时间内流经封闭管道或明渠有效截面的流体量,又称瞬时流量。当流体量以体积表示时称为体积流量;当流体量以质量表示时称为质量流量。作为网络信息技术名词的流量,是指在一定时间内打开网站地址的人气访问量,或者指点击手机端某个地址、某篇文章、某个视频的移动数据总量,又称为点击量。

扫码获取资源

数字资源:人民日报《人世间》(抗疫特别版)、新华日报《这些数字啥意思?》视频,扫描二维码获取具体内容。

CNNIC发布的《第49次中国互联网络发展状况统计报告》数据显示,截至2021年12月,我国网民规模达10.32亿,互联网普及率达73.0%;我国网民人均每周上网时间长达28.5个小时,互联网深度融入人民日常生活;上网终端设备使用更加多元,我国网民使用手机上网的比例达99.7%。全面数字化发展促使网络的使用高度融入用户生活,人们已经养成比较稳定的使用习惯。市场深度发展背景下,互联网企业加速了自身体系的边界延伸,与依托流量优势拓展化发展的互联网巨头形成双源化发展新格局。品牌商为谋求进一步聚合多触点流量,在已有电商平台的基础上不断尝试与多平台进行广泛合作。其鲜明的例子体现为直播平台卖货和小程序导流成为品牌商拓宽销售渠道的有效补充。各行各业都在依托流量造势、营销、卖货,无论是企业、平台还是自媒体用户,都在忙着研究如何获取流量、引流,再将流量进行变现。你会发现网络生活中的一切好像都离不开"流量"二字。移动互联网的流量争夺战已是一片红海,商业媒体争夺流量存量的竞争白热化,各个平台积攒了千万级乃至亿级粉丝阅读量,App下载数也可以轻松破百万,但是如果无法将虚幻的流量兑换成真金白银,也终归是水中倒影。报业新媒体的流量陷入了难以变现的困境,流量变现将成为影响报业媒体转型升级的最大难题之一。

在媒体融合取得阶段性成果的今天,受众接收信息的渠道越来越多样化和便捷化,留给传统媒体让信息走向新闻的采、编、写一系列加工环节的时间已经不多了,流量变现将变得越来越难。报业的"二次售卖"盈利模式的效益也大不如从前,报业媒体若不能抓住流量这条大船,即使自身船坚炮利,基业铜墙铁壁,也会在历史洪流中被冲垮堤坝。

只是简单把媒体融合看成媒体和媒体之间的融合,已经是一种过时的思维了。面向未来的媒体融合,我们的视野必须更加广阔,要打破僵局,就要朝"泛融合"上不断靠拢。更大的融合需要媒体以自身的品牌、传播为本,链接更多的社会资源和商业资源,形成流量与内容的对接。这种深度融合才是互联网逻辑下的融合,只有"泛融合"才能破解报业和广电的生存危机。

习近平在中央政治局第十二次集体学习时的重要讲话中提到了四全媒体,即"全程媒体、全息媒体、全员媒体、全效媒体",可以说为媒体深融指明了新的方向。万物连接的时代,"泛融合"更需要资源整合,得到更多的赋能,才能帮助传统媒体改善、摆脱单纯依赖财政补贴的输血存活形势,通过市场化的方式整合更多的资源为我所用,创新造血模式。盈利模式舒筋活血,传统媒体才能满血复活,实现可持续发展和高质量发展。因此必须抓住流量。

媒体要以自身的品牌资源为根本,综合利用社会资源和商业资源,并尽可能地借助互联网的飞翼来吸收流量大军,达到最佳的媒介传播效果。在媒体融合的转型发展中,也应注重采用何种创收方法。因为头部媒体在拥有巨大的流量后,往往都会急于落地变现,让流量的效益达到最大化。这其中,组织如何重构?团队如何转型?经营如何开展?模式如何创新?都需要排兵布阵,盈利模式大赛就是变授之以鱼为授之以渔。因此,各地报业成了最好的合作伙伴,低频度、高场景、强体验是这一时期"长尾市场"和"利基市场"的典型特征,而新市场急需"智造"新模式,即是探索流量变现的新的盈利策略,寻找产业跨界的蓝海模式。

二、网络流量与收视率之关系

2016年被称为直播元年,甚至是更早,直播行业的快速发展已经带来了一大波投资热潮。据统计,2016年直播市场规模达到300亿元,市场含金量巨大。各大网络巨头争相在直播领域进行布局,纷纷拿出数亿元拼补贴拼扶持,也引发新一轮的流量热潮。直播如何变现一直是业内讨论最热的话题,对于新闻媒体来说,现场直播一直是电视新闻业界的竞争利器,也是提高收视率、获取流量的利器。作为传统媒体,要学会利用新媒体手段进行流量变现。在网络直播形式成为风口的当下,传统媒体主播也开始尝试进入这个全新的领域。网络直播具有去中心化的特点,这就意味着主持人可以打破原有平台的限制,抓住提升名气、进行流量变现等新的机遇。但同时,其竞争者也从原先同时段、同类型的节目主持人,变成了全网所有做网络直播的主播。并且主持人也面临着转型瓶颈、惯性思维、风格塑造等多方面的压力,须以过硬的专业业务能力与突出的个性特色才能经受住时代的考验。

网络直播形式在资本和市场的推动下呈现出跨越式的发展,因此"主播"不再仅仅是指在新闻媒体行业工作的播音员、主持人等职业身份,而是被赋予了在网络直播中负责参与一系列策划、编辑、录制、制作、观众互动等工作并由本人担当主持工作的人员或职业这样一个更广泛的含义。但一般网络主播和广播电视台的新闻主播仍然在专业知识、领域专长、工作经验等方面存在较大的差异。随着互联网的发展,传统意义上的主播也开始向更广泛的外延靠拢,走向了流量变现之路。

新闻主持人为提高收视率与人气、实现网络流量变现的转型之路上,已有许多成功的尝试。如"谢谢你为湖北拼单",就是央视新闻助力湖北经济复苏、解决湖北农副产品销路的一场公益活动,由著名主持人与网络红人跨界合作进行带货卖货,其新颖的组合与创新的形式均令人眼前一亮。中央电视台主持人朱广权和直播界的带货一哥李佳琦联合主持了第一场"谢谢你为湖北拼单"的公益直播带货,累计卖出了总价值高达4014万元的湖北商品。朱广权与李佳琦组成的"小朱配琦"组合为湖北带货之后,受到了受众的广泛喜爱。随后,央视名嘴欧阳夏丹与演员王祖蓝也携手合作,作为首席带货官亮相央视新闻"谢谢你为湖北拼单"公益直播第二场,卖出了6100万元的湖北商品,创下了为湖北公益直播卖货的新纪录。自2020年4月1日启动以来,这场公益活动也得到了众多电商平台和广大网友的热情支持。据统计,当日直播累计观看人次为1.27亿,累计点赞1.41亿,其流量数据也令人惊叹。

又如,中央广播电视总台的四位主持人康辉、撒贝宁、朱广权、尼格买提凭借出色的业务能力、幽默风趣的话语风格而收获了一众粉丝,被网友亲切地誉为国民天团"央视Boys"。2020年5月1日,国美邀请"央视Boys"四人在五一国美小程序的直播中精彩亮相,除了央视新闻的播出渠道以外,品牌方国美通过直播前预约、社群运营、朋友圈广告等多样化的方式在三小时内收获178万观看量,四人直播带货收益超5亿。央视名嘴欧阳夏丹等众多央视主持人也纷纷进军网络直播。在网络直播和网络短视频处在最热风口的语境下,在全新的平台和话语体系面前,央视主持人以其国民性的公信力与个人魅力展示出了强劲的带货能力,而这也说明,传统媒体主持人正在面临一系列新的机遇和挑战。

综上我们可以看到提高收视率、实现流量变现的方式如下:

(一)从平台出发,实现多平台流量变现

各大平台为了争夺用户流量,纷纷出台移动直播流量分成标准,以多平台分发的形式赚取平台收益分成,并按照点击量进行分成。这就意味着,点击量越高收入也就越高,流量收益十分可观。新冠疫情暴发之后,实体经济遭受了很大程度上的重创,而"宅经济"和自媒体因其自身的便利性、互动性而悄然崛起,进一步推动了直播带货、社群营销等新型的线上消费模式与交互方式,呈现出了欣欣向荣的直播新业态。如小程序直播是微信官方提供的商家经营工具,商家可通过小程序直播实现用户互动与商品销售的闭环,并与微信生态内的社群运营无缝连接,形成稳定的私域流量,疫情期间已有数万家商户开通了小程序直播。国美作为国内家电零售连锁行业的标杆企业,为了更好地惠民利民,也积极通过小程序直播等方式调整经营思路。国美零售总裁王俊洲表示,商业直播能带来如此大的流量,国美全国16万的社群与5000万私域用户可谓是功不可没。

(二)从内容出发,做好内容变现

未来内容变现也将是一条康庄大道,在中国,越来越多的人开始愿意为知识、为内

容付费。我国数字化节目频道也已经成功完成了付费方式的转变,因此电视节目只要做好内容把关,提升内容质量,流量变现也十分可观。

1. 抢夺热播 IP 独播权,提高收视率

无论是国内卫视,还是网络视频网站,视频播放类平台间的竞争归根结底是收视率与点击量的竞争。行业大佬们纷纷加入热播 IP 独播版权的混战,与此前抢综艺节目或电影的版权的本质一样,都希望能够实现内容的流量变现。视频行业的市场竞争十分激烈,各大视频网站为了加强自身的竞争力,不惜花重金抢占热门 IP 独播权,同时可以避免与其他网站的同质化,最大限度发挥差异化竞争的优势,因此"独播"已然成为一种必然趋势。

近年来,热门 IP 的独播权已经成为各大卫视节目、视频网站业内竞争的核心关键与提升收视率的法宝,IP 独播权也为平台自身带去了长久而可观的经济效益。以乐视网的独播大剧《甄嬛传》为例,在 2012 年就创造了超过 46 亿的播放量,这一庞大的流量数字使得乐视 TV 一下从二线的视频网站一跃成为国内知名视频网站,赚得盆满钵满。之前风靡国内外的韩剧《太阳的后裔》,在被爱奇艺以每集 23 万元美金的高价买入独播权后,首播超过 2500 万,播放次数高达 11.8 亿次。爱奇艺付出的独播成本看似高昂,但这背后带来的会员增长数量以及广告费用,早已超过了成本付出。虽然热播电视剧和综艺节目的网络版权费业已水涨船高,但许多视频网站在高价购买网络版权后,还可以进行二次分销给同行,或者与其他网站进行内容交换,用以分摊成本,因此可以实现收视率与流量的双赢。

2. 打造独家卫视综艺,吸引赞助商投资

自从国家广电总局颁布了升级版的"限娱令"之后,国内各级卫视被要求每年新引进的国外版权节目不得超过一档,全国卫视选秀类节目不得超过四档。这就限制了省级卫视引进国外综艺节目的数量,节目资源骤减,而版权的出售价格也水涨船高。国内各级卫视竞争已经十分激烈,因此独家卫视综艺成为各级卫视差异化竞争的头号目标。

为了提高收视率、稳定流量,各家省市级卫视都在综艺节目制作、抢占大热 IP 独播权等方法上绞尽脑汁。自 2012 年起,湖北卫视就完成了节目的全新改版,推出了十余档自制节目加入卫视综艺的厮杀。历经 80 多天,湖北卫视一下就从省级卫视收视第十七名挤入省级卫视前十的阵营。湖北卫视还凭借节目《我的中国星》一炮而红,平台知名度和影响力急速提升,节目冠名权最终也以 5800 万元的价格被美的蒸汽油烟机品牌摘获。2015 年后,湖北卫视又进行了差异化竞争,推出周四、周日综艺季播节目带,以"生活服务""户外真人秀""情怀观点"为主要发力点,在升级优化的基础上不断开拓,通过《金装生活帮》《天才想得到》第三季、《我爱我的祖国》第四季、《今天不烦恼》等 22 档新锐节目,包括《你好,陌生人》《中国好创意》《一起出发》《如果爱》第二季等 8 档季播节目稳步提升收视率、稳住流量,成功完成了内容的变现。

综上所述,优质的自制内容、独特的节目风格才是提升节目综合竞争力与收视口碑的有效途径。相较于独播权的优势,自制内容的成本主要在于制作成本而不是引

入成本,很多广告主也认为自制内容是低投入、高回报的一种可观投资。自制内容不仅能够增强平台自身的影响力与知名度,还能有效提高观众黏性与忠诚度。因此电视媒体想要长期稳固地发展,应理性看待 IP 独家版权的抢夺,不能一味依赖 IP 独播权的垄断,而是应该更加大胆地尝试自制内容的创制与优化,在内容质量的把关上多下功夫。

三、传统媒体转型与广告流量变现模式分析

传统媒体又应该如何更好地抓住机遇,适应流量时代?我们通常讲的传统媒体主要是指报纸、杂志、电视、广播四大传统媒体,随着时代发展、科技进步,逐渐产生了互联网、手机、数字电视等新兴数字媒体,相对传统媒体称其为新媒体。新媒体有着互联网与数字技术的天然优势,具有更新速度快、传播成本低、内容广泛丰富等特点。新媒体的发展日新月异,受众获取信息的习惯与渠道也在改变,传统媒体和新媒体逐渐走向融合,边界日益模糊化。新兴媒体平台迎来了巨大的流量风口,商业与用户的活跃为新媒体带来了不菲的广告变现收益,这种变化对传统媒体也产生了巨大冲击,使得传统媒体的盈利模式与变现能力也随之发生了变化与转换。

传统媒体巧妙结合新媒体的优势特点,提升了自身的变现能力。通过杂志、报纸加上微博、微信、各类 App 软件等新媒体工具作为前端,以新鲜的内容吸引人眼球、捕获流量,再以各种不同类型的商业模式作为后端,负责流量的变现与转换。不同媒体的前端基本相似,而后端却相异。

(一)各类数字化广告变现

第一类是最为常见的广告变现模式,分为粗放型广告投放与精细化流量广告投放两种。现在的大部分广告客户需要的是精准流量,所以出现了流量的精细化售卖,分化出不同的数字广告付费模式。二维码、智能手机、微信等新技术的应用使得报纸、杂志、电视、广播等传统媒体实现数字化营销成为可能。根据广告资源和商业需求的不同,媒体通常会细化选择 CPT、CPM、CPC、CPA、CPS 等数字化广告付费模式的其中一种或几种来进行广告变现,越往前的模式对媒体越有利。以下对这几种广告付费方式进行介绍。

1. CPT 按时间周期付费

CPT(Cost Per Time)是指按投放时长付费的广告类型,广告主选择的广告位、投放时间、费用都与广告点击量无关,是一种粗放型的广告投放。采用这种方式的广告,由网站主决定每一个广告位的标价,广告主只需要自行选择购买时间段,可按周次或按天数购买,成交价即为网站主统一定下的价格。这也是传统媒体通常会采用的广告投放方式,对客户来说无法百分之百保证实际的广告效果,但是对媒体来说比较省心并能带来稳定的收益。

2. CPM 按展现频次付费

CPM(Cost Per Thousand Impression)是指按千次展现付费的广告类型,即在广告的实际投放过程中,平均每一千人听到或者看到一次某广告总共需要多少成本。以展示为主,只要有广告展现,广告主就需要为此付费,以门户网站首页广告为代表。网络流量广告最科学的收费办法就是按照有多少人看到了你的广告来收费。按访问人次收费已经成为现在互联网媒体最爱用、勤用的广告投放方式之一。传统媒体大多采用这种计价方式。CPM 以"印象"尺度为衡量标尺,通常可以理解成一个人的眼睛在一段固定的时间内注视一个广告的次数。千人成本是将一种媒体或媒体排期表送达1000 人或"家庭"的成本计算单位,是衡量广告投入成本的实际效用的方法。

千人展示成本的计算公式可以概括为千人展示成本＝(广告费用/到达人数)×1000,其中广告费用/到达人数通常以一个百分比形式来表示,在估算到达人数时通常还要考虑到该广告投入是全国性的还是地域性的,二者还存在着较大的差别。这种公式化的计算方式也存在一定缺陷,因为在广告投放之后,由于不同的媒体拥有自己各自不同的阅读人群,会产生一个无效阅读群的比例。一般日报如南京本地的《现代快报》《金陵晚报》面向的是大众群体,其中就包含了各个阶层的人群。该广告的展露机会在所有读者群体中是 100%,但是根据读者的阅读习惯、兴趣和需求,展露机会实际上并不可能有那么多。如果母婴用品在此类报纸上刊登了广告,阅读总量并不可能是100%的年轻人,可能只占了 20%成年已育女性,甚至更低。所以说,一定会存在一定比例的无效读者数量,那么此时的千人成本按照公式计算就不再准确。因此千人成本公式是一种比较笼统的平均公式,若连续一段时间都在同一媒体上刊登同一广告,受众其实基本上还是原来的那批人。这和用新媒体广告展露给新的受众所造成的影响力与流量转化率相比,广告效益明显会大打折扣。

3. CPC 按点击次数付费

CPC(Cost Per Click)是指按用户点击次数进行付费的广告方式,当用户点击某个网站上的 CPC 广告后,这个站的站长就会获得相应的流量收入。对广告主来说,规避了用户只浏览不点击的风险,是在网络比较成熟的国家常见的收费方式之一。该广告在设定时间范围内的平均点击消耗公式可以表达为:平均点击消耗＝总费用/点击数。这类广告是传统媒体无法实现的,广告主仅为用户点击广告的行为付费,而不再为广告的显示次数付费。此类广告方式以百度、谷歌联盟等搜索引擎以及联盟广告为代表。从受众方面来看,无论是谷歌关键词广告,还是百度的竞价排名,这些搜索引擎的点击广告的针对性都很强,通常是基于用户有目的性的搜索行为。按点击次数的付费广告比起给广告主带来有效性之外,也会在一定程度上导致欺诈性点击、作弊式点击等弊端,会给广告主与品牌方形象造成难以消除的不良影响。

4. CPA 按投放效果付费

CPA(Cost Per Action)是指以按广告投放实际效果,即按回应的有效问卷或订单来计费,而不限广告投放量。CPA 广告联盟最大的优势在于可以最大限度上控制推广成本，这种计价方式在很大程度上解决了广告主难以掌控推广成本的问题，因此无疑是很受广告主欢迎的。CPA广告联盟可以根据推广费的多少选择不同的推广路径，选择适合自身产品量级的渠道进行产品链接的投放，可以实现投放效益的最大化实现。

5. CPS 按实际销售数额付费

CPS(Cost Per Sales)是指以实际取得的销售额来计算广告费用的广告方式，更适用于购物类网站、导购小程序等，需要精准的流量才能提高转化率。具体操作方式可以通过网站导航或小程序生成推广代码，再通过各种引流方式让目标客户了解到收费产品或者付费服务的内容，最后刺激客户产生付费行为，完成产品或收费服务的购买。

6. 程序化购买 DSP 广告

近几年，比较流行的程序化购买 DSP 广告，相对传统购买流程，又称之为受众购买。与大量购买投放频次不同，DSP 模式可以通过实时竞价规避过滤掉无效的受众，针对有意义的用户进行广告推广投放。传统的数字广告投放方式往往是采用媒体购买的方式，广告主根据自身的营销诉求及目标受众，采购相应属性的媒体，从而实现对受众的覆盖。而在受众购买的情况下，广告主往往不需要了解也不用关注广告出现的具体位置，只要能够找到精准的受众即可。

综上所述，CPM 和 CPT 的需求方首先是品牌商，营销目的也是以维护品牌形象与声誉为主，提升品牌价值。缺点在于付出的经济成本比较高昂、投放不够灵活。CPS 和 CPA 以细分领域的广告客户为优先考虑，营销的侧重点在于在一定投入成本的限度内有效提高转化率与盈利，不过缺点在于无法控制供应方的广告内容，有可能会对品牌的一贯形象与声誉造成损害。而 CPC 的对象主要是中小广告商，希望兼具营销效果创收和品牌价值提升两种效果，这种广告方式的优势是投放精准，但投放不够稳定。

（二）增值服务变现

所谓的增值服务，就是在基础服务之上提供额外的收费的服务。其核心内容是指从客户需求出发，为客户提供的超出常规服务范围的特色服务，或者采用超出常规的服务方法提供的个性化服务。以腾讯、阿里等企业为代表的增值服务变现，《钱江晚报》的"钱报有礼"电子商务增值模式为典型。媒体的盈利模式，可以视为对其所能提供的个性服务得到的回报。类似于知乎、微博、facebook 等这种由用户生产内容的 UGC 网站平台，严格意义上并不能将它定义为"媒体"而应该称其为"媒介"，它们是信息传递的载体和中介场所。这类媒介平台以提供信息交流为基础服务，其中拓展延伸出来的付费知识问答则是其增值服务。回到新媒体产生前的语境，工业化的媒体组织是以"分拣与提供信息、分配受众注意力、构造拟态环境与设置议程"等服务为职责。互联网带来了新的媒介形式，而增值服务因各类媒体、媒介属性的不同，不可相互套用，需各媒体依据实际情况自行变通。

以前《外滩画报》主编徐沪生开创的"一条视频"为例，其实质就是将纸媒释放升级到动态表达的形式中去，并将其产品思路放置在互联网的语境当中进行运作，仍然遵循

"筛选呈现高质量信息,服务精英文化"的基本原则。而平台乃至社群运营的思路则是"下放话语权,释放人本身,给用户赋权"。因此,新媒体语境下的媒体依然是媒体,将增值服务作为变现主要方式之一的服务行业媒体,只不过是将信息的价值作为服务内容。而基于用户思维的平台类或者社群类产品,能够通过框定任意一个价值观或者价值导向,直接包揽用户的消费行为或者引导用户转变消费模式来进行增值服务变现。

综上所述,无论是广告变现还是增值服务变现,传统媒体都应该不断拓展流量变现的思维与视野,帮助转型期的传统媒体提供解决资金周转、转型困难等问题的良效方案,才能更好地实现自身的优化运作,攀登传媒高峰。除此之外,还有许多变现方式等待探索与实现。而流量变现的最终目的,都是丰富媒介形式,提高媒介信息的质量,严格把控形式与内容,才能更好地服务受众。

第四节 实践案例:《我的大学》
——每天 13.5 小时抗疫直播的精准推送

2021年8月4日起,每天7:00—20:30,南京广电集团在生活频道、信息频道(Live南京城市直播)、牛咔视频 App 等多个终端,同步推出融媒体全天线上大型直播节目《我的大学》。这档由南京市新型冠状病毒肺炎疫情联防联控工作指挥部主办、南京广电集团承办的直播节目,通过"一对多网课"的模式,为宅家市民和隔离群众定向提供了丰富多样的精神食粮和有用信息,实现了对受众的精准投放和及时推送,这体现了想受众之所想、急受众之所急、满足受众之所需的专业情怀。

一、最快速度开设大时段直播网课节目,体现及时性

从7月31日市委书记提出相关设想,到8月1日市委宣传部部长指示要开设相关防疫直播节目,南京广电集团当天策划准备,8月2日即开始播出数小时的直播节目,到8月4日每天推出板块相对固定、长达13.5个小时的大型直播节目《我的大学》,速度不可谓不快,而其节目质量也在不断提升、节目内容在不断丰富、节目样式也推陈出新。"居家网课好时光,全民抗疫守健康",是《我的大学》提出的口号,也是栏目的定位,而这正是南京这座城市在特定疫情之下的需求,《我的大学》的及时推出,正适合了这样的需求,也体现了媒体的社会责任。8月4—6日,播出三天,《我的大学》累计收看量近100万人次,这也说明,此时此刻南京和南京人多么需要《我的大学》。

二、最大限度满足居家和隔离人群需求,突出实用性

《我的大学》开播的初衷是面向自我居家隔离的市民和在隔离点隔离的人群,给这

些"特定人群"一个"媒体窗口""视频出口",让他们有东西可看、有事情可做、有知识可学。正因为如此,《我的大学》开设了健康养生、健身运动、美食家居、兴趣体验、才艺秀、文史赏析、音乐时光、心理疏导等众多精彩课程,缤纷不重样、想学有榜样、运动得健康。比如,《跟我看》板块有"看花识花种花""云看展",《跟我练》板块有"练功养生""史老师教汉字",《跟我学》板块有"学历史鉴国宝""学剪纸",《跟我问》板块有"律师直播室""家有儿女"等。8月4日早晨第一档节目中,主持人薛然从一幅花卉图片和一本《南京野花图鉴》说起,说到花卉对一个城市、对个人的作用,并邀请南京农业科学研究所的花卉专业老师刘晨,教观众如何种植朱顶红等花卉,这对于居家隔离的人来说非常适用,从中可以学到不少种花的手艺和技巧。8月7日下午2:00—4:00的大板块中,主持人和嘉宾在节目中教授了一系列科普知识,在"防诈365"环节,讲到如何规避生活中的经济陷阱;在"音乐诵读"环节,教授如何沉气、提气、运气、发声;在"运动宅急送"环节,现场演示教学如何进行运动后的各种拉伸;在"魔术"环节,见证牌技的奇迹时刻,告诉大家如何表演魔术扑克;在"宅家动动手"环节,讲解如何用纸板做成收纳盒;在"全民才艺秀"环节,两位美少女教观众在家学跳一支轻快又优美的舞蹈;节目中还有对隔离人员心理抚慰和调节的方法指导,如采用交叉双臂的"蝴蝶拍法",左一下右一下,轻轻拍拍肩膀、慢慢放松心情……如此丰富的知识和技艺,真有点看了大开眼界、学了欲罢不能的感觉,不仅能让人获取全新的知识增长点和多样生活技能,更能寻找到属于自己的一片新的精神天地,让足不出户的南京市民,妥妥地变成《我的大学》的一名学子。

三、努力寻求与场外受众的互动交流,强调参与性

作为一档疫情期间开设的全媒体节目,《我的大学》不是单纯地进行"填鸭式"教育,而是努力通过交流、模仿、沟通、连线等多种形式,寻求与观众的互动方式,寓教于乐,水乳交融。一是直接开播相关栏目,进行互动。《我的大学》中有个《互动活动:我的抗疫生活》子栏目,观众们向电视媒体提供防疫抗疫生活的小故事、诗歌、歌曲和短视频,该时段节目主持人张浩在演播室连线当事人或制作人,8月5日,节目在播放一段"隔离不隔爱"的短视频之后,主持人视频连线南京世贸外滩新城11号楼的居民陈琪,陈琪讲述了志愿者因为劳累中暑晕倒在小区草坪后,居民们迅速行动起来,自觉捐钱购买冰块等防护用品给志愿者的动人故事,这份关爱也鼓舞着南京人团结一心、坚持到底,直至战胜疫情。二是通过主持人代替观众的方式,进行互动式学习。8月6日上午"艺术时间·剪纸"环节,主持人化定杰跟着国家工艺美术师、非遗传承人陈耀现场学习如何折纸、如何用剪刀剪出一个"圆";8月6日和7日的"运动宅急送"环节,南京体育广播主持人浩人多次充当运动中的"靠墙",自觉担任国家社会体育休闲健身高级指导员严传彪的健身训练对象。三是进行直播互动抽大奖、直播主播票选等互动活动,栏目组准备了总计180万的各色奖品,给扫描屏幕下方二维码的观众抽奖,这也在一定程度上起到了"吸睛""引流"的作用。

四、巧妙注入时政内容和文化因子，注重引导性

因为新冠变异毒株，南京按下了"暂停键"；也是因为突发的新冠疫情，南京受到了网上和外市的不少责难和批评，相关责任人也受到了处理。作为主流媒体，如何维护和重塑南京形象，这是一个难题，也是一个机遇，更是一种责任。《我的大学》的开设是为体现对全体隔离人员、广大"宅家"市民的人文关怀，全面彰显城市温度，营造"众志成城、同心抗疫"的社会氛围，为此，一方面，《我的大学》植入了领导的声音和积极的作为，在每天中午12:00的子栏目《一座城市的守护——直击南京抗疫一线》特别节目中，突出了时政新闻，突出了省市领导检查指导疫情防控工作的报道；另一方面，《我的大学》在直播节目中融入了文化的因子，把南京这座城市的文化底蕴彰显了出来，如播出《南京》1—5季、《国宝在南京》，信息频道（Live南京城市直播）同步推出数十路城市美景直播，精品内容全时在线。尤其是纪录片《南京》五季合集的碎片化处理，让观众走近不同主题下的南京，领略十朝都会的魅力，感知南京历史和文化的温度。此外，《我的大学》还在节目中不时插入有关防疫抗疫的小知识、小提醒，以及防疫抗疫的公益广告、宣传用语，还有诸如《感谢你》《温暖的时刻》等一批应运而生又感人至深、意犹未尽又催人奋进的歌曲。

视频：《慢下来一起守护南京的美好》

其实，所谓"大学"，不仅是在校园、在班级、在课堂，还可以近在咫尺，可以在我们的日常生活圈里，在自己的客厅中，在我们触手可及的网络空间里。大型直播节目《我的大学》的及时推出，适应了南京在重大突发事件下的受众需求，电视这一媒体的宽屏幕、大容量、整合播出的特性得到了淋漓尽致的发挥，主流媒体高度的责任感、强烈的使命担当、快速的反应能力得以充分彰显，广电主持人纷纷加持、熠熠闪亮，其主导作用、引导作用再一次显现出来，而主流媒体长期贮存的优质资源也得到充分挖掘、借以充分涌流，南京这座城市的凝聚力、向心力进一步增强，南京文化和市民精神也进一步发扬光大。而《我的大学》通过电视端和牛咔视频网络端的同步推送，也使这档直播的影响力更加扩大和增强。

第五节 以受众为中心，深化传媒供给侧改革

"以受众为中心"是"以人民为中心"在传媒领域的自然延伸。媒体贯彻"以人民为中心"的发展思想，就是要重新审视受众的应有地位，变"媒体为中心"为"受众为中心"，真真切切地为受众服务，以"以受众为中心"的理念全面推进、不断深化广电的供给侧改革，只有这样才能杀出一条血路，重塑传媒风采。

毋庸讳言，在报纸遭遇了全媒体时代的滑铁卢之后，广播电视的日子也难过起来。

尤其是近段时间以来，全国电视台的广告收入全面下滑，央视、省台和城市台都没能逃脱此命运，有的甚至下降将近一半，有些区县台的正常运营和工资发放已经出现问题。这彰显了互联网的冲击力之大。然而，将广电行业的收入大幅下降简单地归结为网络发展和经济状况的外力作用似乎难圆其说，毕竟外因是通过内因起作用的，作为广电人，有没有、能不能、敢不敢从自身寻找原因，挖掘、透视和剖析自身存在的一些问题甚至是根深蒂固的深层次问题，反思和分析广电自己在节目供应、内容生产、传播方式、发布平台等供给侧方面存在的不足甚至失误，这恐怕才是广电走出泥沼、冲出困境的要义所在。

一、"以受众为中心"是"以人民为中心"在传媒领域的自然延伸

习近平总书记指出："要着力践行以人民为中心的发展思想。"这句话至少包含了这么几层意思：以人民为中心是一种思想，是一种发展思想；我们在经济发展、社会发展中必须以人民为中心；发展必须为了人民；只有以人民为中心才能推进发展；以人民为中心的发展思想必须着力践行。

习近平还进一步指出："人民为中心的发展思想，不是一个抽象的、玄奥的概念，不能只停留在口头上、止步于思想环节，而要体现在经济社会发展各个环节。"这句话更是指明了发展的路径和方向，也就是以人民为中心的发展思想必须"体现在经济社会发展各个环节"，既然是各个环节，当然就包含了传媒行业，就是说，各种形态的媒体、各个媒体层级、传媒的方方面面，同样要"以人民为中心"，坚持"以人民为中心的发展思想"。由于中国共产党的宗旨就是"为人民服务"，党和人民在本质上和根本利益上是完全一致的，所以，媒体以人民为中心，就是以人民之需作为自己的使命，实实在在地为人民服务、为社会主义服务、为党和政府服务。以人民为中心的发展思想，是在落实党的全心全意为人民服务这一宗旨、解决人心向背这一根本问题时唯一正确的工作指针，是党的各项工作的方向和灵魂。

在传媒领域，以人民为中心说到底就是"以受众为中心"。因为，"以人民为中心"的"人民"，不是一个抽象的政治概念，更不是一个玄奥的空洞概念，而是一个泛化了的个体，是一个个活生生的有思想的人，一个个丰满可见的生命体。对于传媒来说，这种活生生的个体就是受众，就是接受信息、甄别信息现在也传播信息的受众，甚至，我们在全媒体时代，又将这样的受众称之为"用户"。

360百科将"受众"解释为："信息传播的接收者，包括报刊和书籍的读者、广播的听众、电影电视的观众、网民。受众从宏观上来看是一个巨大的集合体，从微观上来看又体现为具有丰富的社会多样性的人。"从传播学的发展历史来看，媒体在出现之初以及之后的相当长时间，其作用是十分巨大的，所以早期的传播学者从宣传的角度出发、从当时媒体的实际影响出发，提出了"枪弹论""魔弹论""强效果论"等理论，其视角其实是把受众看作被动的信息接受者，也就是将传播者置于中心地位。但是随着客观状态的变化和传媒研究的发展，传播学者们发现受众并不是单纯的、被动的接受者，不同的

受众对于同一传播信息会产生不同的反应,而当互联网出现之后,传播的方式更是发生了颠覆性的变化,受众变成了用户,受众是使用媒体信息的人。对于媒体信息,受众的权利不仅仅是接受信息,而且受众也在通过各个终端传播信息,受众甚至还是信息的提供者、采集者、生产者、发布者,由此,受众在传播过程中的作用开始受到重视、受众的价值得到更加充分的发挥。而传媒业人士作为信息的专业生产者,其生产和发布的信息则需要请求受众去听去看,也就是需要用户去使用,如果用户不使用,那么传媒传播的这些信息就是无用的信息,就是垃圾信息,就是没有价值的信息,当然也就换不来用户的回馈、换不来用户的使用费、换不来依托于这些信息使用之上的广告费。这时,受众和传媒的关系发生了历史性的变化,两者之间的关系出现了倒置或者逆转,媒体成了希望和请求受众购买、使用自己生产的信息的一个媒介。在这种情况下,对于传媒来说,如果还是以自我为中心,还是自己想怎么做就怎么做、想怎么发布就怎么发布,还是不能顺应市场的需求、不能顺应受众的需要,那还会有出路吗?

习近平总书记指出,随着改革开放的发展,人民对美好生活的向往更加强烈,"人民群众的需要呈现多样化多层次多方面的特点,期盼有更好的教育、更稳定的工作、更满意的收入、更可靠的社会保障、更高水平的医疗卫生服务、更舒适的居住条件、更优美的环境、更丰富的精神文化生活"。因此,"我们要牢牢把握我国发展的阶段性特征,牢牢把握人民群众对美好生活的向往,提出新的思路、新的战略、新的举措","确保党始终同人民想在一起、干在一起"。人民群众"更丰富的精神文化生活",当然包括对新闻信息的需求、对精神生活的需求、对文化娱乐的需求,而且这种需求更丰富、更多彩、更强烈、更具有个性。我们的媒体,尤其是主流媒体,承担着大众传播的功能,承担着舆论引导的功能,承担着满足人们精神文化需求的功能,所以,人民的需求、大众的要求、受众的诉求,就是我们媒体的追求。"以受众为中心",是"以人民为中心"在传媒领域的一种自然延伸。

二、"以受众为中心"在媒体领域的具体体现

对于媒体人来说,"以受众为中心"不是一句口号,也不是一个简单的表态,而是一种深入骨髓的意识、是一种坚定不移的信念、一份执着一份坚守,也是一次次履职的具体过程。因为,"以受众为中心"体现在媒体生产、生存的方方面面。

从媒体的意识形态属性来说,媒体属于社会的上层建筑,是社会意识的一个极其重要的组成部分。在中国,媒体既是党和政府的喉舌,又是人民群众的喉舌;既要坚持政治意识、大局意识、核心意识、看齐意识,又要坚持以人民为中心的发展思想;中国共产党是先进生产力的代表、先进分子的代表,又是人民群众的代表,媒体"以受众为中心"与党的宗旨一脉相承。

从信息的接受角度来说,受众是媒体所发信息的接受者,或者说,报纸就是做给读者看的,电台就是做给听众听的,电视就是做给观众看的,网络就是做给网民看的和查的。没有了受众,作为媒体最重要指标之一的订阅量、阅读率、收听率、收视率就是0,

而订阅量、阅读率、收听率、收视率为0或接近0的媒体是没有存在价值的。脱离了受众的根基，媒体将成为无源之水、无本之木，没有了受众，媒体不但得不到发展，甚至连自身生存都是问题、连自身是否能够存在都要打个问号。这是不言自明的，也是所有人都懂的道理，是简单到不能再简单的道理，只是，有些人违心地不愿承认或不敢承认罢了。说到底，传媒"以受众为中心"就是要真正地考虑传媒是做给谁看的问题，以及媒体所做的内容受众看不看的问题。

从传媒素材的来源角度来说，传媒内部有很多专业人士，他们是专门从事媒体内容生产的，这些人每天辛辛苦苦地采集各种新闻素材，拍摄、录音、写稿、制作、播发，但对于新闻媒体而言，还有一支"编外"队伍不可或缺，这就是特约记者队伍、通讯员队伍、观众(听众)来稿队伍。这支"编外"队伍虽然未必算得上专业队伍，但其最接地气，来自一线，来自市井，来自广大人民群众生活之中，提供的素材往往最新鲜、最生动、最有趣、最难得，对这样的素材进行专业的"烹制"，往往能够制作出最为可口的"佳肴"，这样的菜肴往往最容易获得受众的喜爱。不仅如此，随着现代全媒体手段的日益普及，很多媒体的稿件来源已经越来越倚重受众的信息来源，受众的来稿，既有文字的、也有声音的、也有影像的，甚至还有各种各样已经制作好的。即使是媒体自己的专业记者，他们在获取新闻线索时，也有很多是直接来自朋友圈、各种QQ群和微信群，这样的新闻线索本身就是受众直接或间接提供的。媒体人应当意识到，来自人民群众生产生活中的新闻、来自受众身边的新闻、大家普遍关注的新闻，才是最有价值的新闻也是有人愿意去看的新闻。

从广电节目的参与角度来说，现在的广播电视节目越来越强调"互动"、强调受众的"参与"，其实这种"参与""互动"就是让受众直接进入节目中，甚至在有些综艺节目中，已经让场外和场内的观众掌握最终的"投票权"，对于这样的节目来说，受众已经不是简单地看节目、不是走过场式地"参与"一下节目，而是对嘉宾、竞赛者的去留具有决定权，受众已经成为整个节目制作过程和赛制进程的一个重要组成部分。让受众参与节目，请观众和网民投票，说明受众对广电节目的介入已经越来越深入和直接了，也说明媒体现在已经开始注重运用互联网思维做广电节目了，媒体不仅仅是发布新闻和制作节目，而是越来越看中受众对节目的参与程度和参与热情了。确实，只有节目与受众捆绑在一起、交流在一起、融合在一起，广电媒体才能真正做到"从群众中来，到群众中去"。

从节目的评判角度来说，虽然我国建立了相应的新闻指导、评析队伍，宣传部、广电局、专家库都贡献了许多的力量和智慧，但媒体自身从来没有忽视、也不敢忽视来自受众的感受和评判。许多媒体，设立了听众信箱、观众来信、接待室，在电视屏幕上打出了二维码和联系电话，经常与观众听众进行沟通交流，组织受众进行相关活动和投票，建立各种俱乐部、活动室……所有这些，都是为了更加便捷地获得来自受众的信息，更加方便地倾听受众的呼声和投诉，更加密切栏目节目和受众之间的关系。媒体，总是尽量做到把上级领导对节目的评价、专家学者对节目的评析和听众观众对节目的评判有机地统一起来，从而尽可能地激发受众对本媒体、本栏目、本节目的好感。因为媒体人深知,没有了受众的喜爱,一切将无从谈起;一个没有人看的节目,广告商是不会投放广告的,这在工资靠财政发放、奖金靠广告经营的今天,"以受众为中心"也是媒体的一种必然选择。

三、媒体的供给侧改革必须紧紧"以受众为中心"

按照百度百科的解释,所谓供给侧改革,是指从提高供给质量出发,用改革的办法推进结构调整,矫正要素配置扭曲,扩大有效供给,提高供给结构对需求变化的适应性和灵活性,提高全要素生产率,更好满足广大人民群众的需要,促进经济社会持续健康发展。供给侧改革是我国在深化改革进程中的必然之举、必由之路。面对互联网对传统媒体的巨大冲击,媒体的供给侧改革尤其必要。供给侧改革说到底其实就是供给一方的改革,也就是供给方应对市场需求而对自身进行的改革。对于传统媒体来说,对自身进行供给侧改革是一种必然选择。因为,一个不适应市场的媒体是没有市场、没有出路的媒体,一个不以受众为中心的媒体是自以为是、自说自话的媒体,一个摆不正自己和受众关系甚至摆错了或摆反了自己和受众关系的媒体是搞不清自己角色、拎不清自己是谁的媒体,这样的媒体在全媒体时代和信息化的经济大潮当中,时刻有被淹没的危险。媒体的供给侧结构性改革,在前期向前推进的基础上,还要不断深化。

那么,媒体的供给侧改革究竟应该怎么改?这就是在坚持媒体政治属性、做党和政府坚强喉舌的基础上,媒体要认真地、诚恳地、全面地以受众的需要作为自己的出发点,以受众的需求为第一需求,全方位满足受众在新闻信息、文化欣赏、社会工作、居家生活等方面的各种正当诉求,真真切切地以受众为中心、把受众当上帝、将人民当作自己的衣食父母,提供给受众或用户各种真实的、有用的、有价值的信息,提供给读者、听众、观众丰富而实在的精神食粮,提供一个个各具特色、供其选择的电台电视台,提供一个个娱乐、读书、购物的平台,提供一个个表演、展示的精美舞台。

从某种意义上说,媒体的供给侧改革是个永恒的话题,以受众为中心也是一个永远的方向。当下而言,广播电视媒体的供给侧改革尤其需要注重以下几个方面、正确处理好以下几大关系。

一是处理好突出主体与百花齐放的关系。党的十九大报道是 2017 年所有媒体的中心工作,而十九大召开过程中和召开之后的相当长一段时间,又是学习、宣传、贯彻十九大精神的宣传窗口期。而团结在以习近平同志为核心的党中央周围,是宣传的重中之重。无论是新媒体还是传统媒体在这一点上都要拎得清、辨得明、把得准,主流媒体在这些大是大非的问题上不能出现任何的差池。与此同时,一花独放不是春,百花齐放春满园,媒体也不能始终是一个声音、一个腔调、一副面孔,媒体需要通过多种途径和方式方法传达党和政府的意图,需要将人民群众中生动的、活泼的、可圈可点的声音和画面捕捉起来、展现出来,让视频终端展现出丰富多彩的形象。在具体操作上,广电媒体可以开辟专门的时段、专门的栏目,或者在已有的时政栏目中加大宣传十九大、四个意识等的力度,而在其他栏目、其他时段则可以更多地开辟老百姓喜欢的、热衷的内容蓝海,同时在整体上把握好宣传的节奏、幅度和不同时期的侧重点,使宣传真正地入脑入心,真正地知行合一,防止做成两张皮,防止做表面文章。

二是处理好明星与素人的关系。不可否认,一个时期以来,明星类节目异常夺人眼球,但有些栏目存在过度炒作明星的倾向,甚至出现过度消费明星子女的现象,以至于栏目被国家新闻出版广电总局叫停。明星的出场费之高令人咋舌,明星栏目或者以明星为卖点的电视剧已经呈现畸形发展的情形。在这种情况下,国家进行必要的整治不但是必需的,而且也是对"以明星为中心"的一种修正。正如我们的文艺是人民的文艺一样,我们的广播是人民的广播,我们的电视是人民的电视。虽然从具体的电视台来说,也许做明星节目比较来钱(其实投入也大、风险也高),但从宏观上看,不能将电视传媒的阵地总是交给那些"明星",因为电视上面的"明星"多了,就容易助长明星文化、虚浮之风、攀比效应,明星可以是电视节目的一部分但一定不是全部。只有"以受众为中心",把舞台更多地交给素人、交给百姓、交给群众,才是电视也是其他所有媒体的真正回归。很多观众欣喜地看到,有些全明星节目已经加入了"素人"的元素,出现了明星与素人的混搭,如江苏卫视《我们相爱吧》第三季每一期由一对明星配两对素人情侣;湖南卫视原创女性深度文化体验节目《我们来了》第二季,在以往全明星嘉宾阵容基础上加入了90后行业精英女性。

三是处理好真人秀与文化节目的关系。一段时间以来,真人秀也是大行其道,而且很多真人秀往往是"明星的舞台秀",是明星的走秀,整个社会呈现一种过度娱乐化的倾向,须知,适当的娱乐是必要的也是正常的,但如果娱乐过了头,人的意志是容易被消耗掉的,社会上的享乐之风、胭脂之气、靡靡之音也容易滋生蔓延,从而对整个社会肌体造成伤害。在"娱乐至死"的浓烈氛围下,总局大力推进文化类节目的播出,让正能量的广播电视节目占据社会的主流,使得2017年上半年《中国诗词大会》《见字如面》《朗读者》等文化类节目在一众真人秀中脱颖而出,文化类节目呈现出集中爆发的态势。而下半年文化类节目也是风起云涌,如浙江卫视播出《汉字风云会》、东方卫视播出《喝彩中华》、安徽卫视播出《少年国学派》、湖北卫视播出《风语日记》等,各种形式的文化类节目应运而生。这些栏目和节目的陆续推出,使得整个社会更加具有正气,更加注重学习、注重文化,发挥了广电节目的引导作用。此外,广电行业还出现了喜剧类、厨艺类、魔术类等垂直化综艺节目,吸引了相当数量的目标受众。从操作层面看,内容服务的受众细分和深度垂直化,是广播电视供给侧改革的必然方向。

四是处理好中老年受众与年轻受众的关系。一种观点认为,电视属于传统媒体,电视是做给老年人看的,现在的年轻人大多不看电视。虽然这种观点有失偏颇,但也反映了一个基本的事实:用传统手法制作的电视节目激不起年轻观众的兴趣。笔者以为,对电视台来说,这确实是一个巨大的问题,如果我们的电视工作者辛辛苦苦生产出来的节目不被年轻人喜爱,年轻人不再去看电视节目,那么,电视确实是落伍了,电视人需要反思。电视人必须正视的一点是,传统体制机制下造就的电视生产方式、节目运作方式,已经不适应现代社会的需求,不适应以年轻人为代表的时代需求。试想一下,一个只能满足老年收视人群需求的媒体,是朝阳产业还是夕阳产业?一个不受年轻人欢迎的媒体,怎么能够在现代社会立足?看看那么多的报纸撤并、倒闭,再看看电视台广告收入的急剧下滑,看看电视台专业人才的流失和大学生来台报到不久即走的现实,电视台的吸引力、增长力在哪里?电视台不在自己的供给侧做出改革,难道也要等着走有些报纸的宿命吗?笔者以为,抓住年轻观众是电视赖以生存的现实途径、必然途径,与年轻人的脱离(无论这种脱离是主动的还是被动的、是外力造成的还是自身原因导致的),就会让自己走向缩小、走向萎靡、走向死亡。为此,广播电视台要努力地、切实地研究年轻人需要什么、喜欢什么、爱看什么,包括内容、结构、播放平台、呈现方式等等,然后精心、倾力、勇敢地去做年轻人想看的节目,才有可能力挽狂澜、渡过危机、重获新生。在业内,央广网的集群式发展是有口皆碑的,在秉持"三屏融合"理念的同时,央广网不断拓展在PC端、手机端、视频端的业务布局,相继推出央广网、中国广播集成平台、央广之声(有声阅读)、银河互联网电视等四大新媒体业务板块,发展成为优势突出、特色鲜明的多媒体集群网站。

五是处理好传统媒体传播与融合传播的关系。媒体融合是大势所趋。停留在是"互联网+电视"还是"电视+互联网"的争议阶段,已经没有任何意义。传统媒体必须加快融合的步伐,从简单地"相加"到真正地"相融",从"你中有我,我中有你"到"你就是我,我就是你"。人民日报社副总编辑卢新宁认为,"内容+"将成为媒体融合关键词,在走向深度融合之时,人民日报的探索,始终围绕一个目的,这就是如何在全媒体平台筑牢主流媒体的"价值模式",即政治价值、社会价值和市场价值。而融合发展或将经历三个层次:一是媒体内部的融合,二是媒体与媒体之间的行业融合,三是媒体与一切产业的融合。要高度重视交互式传播、沉浸式传播和裂变式传播,努力制作出人民日报客户端在2017年建军节前夕推出的H5"快看呢!这是我的军装照"这种上线10天浏览次数就突破10个亿的全媒体产品。如同国家正在推进国有大中型企业混改一样,媒体的融合也可以引进战略投资者,引进互联网思维和互联网大鳄,一切以受众、用户的用途和需求为出发点和落脚点,开展头脑运营风暴,运用各种技术手段,制作市场适需产品,实现传统媒体传播、传统方式传播与融合传播功能的最大化,实现传播效果和效应的最优化。

必须强调的是,报业、广电和网络传媒以受众为中心,并不是完全围着受众转,更不是丢弃媒体的宣传职能和政治立场,同时需要强调的是,以受众为中心,是适应和满足受众正当的、合法的需求,对于受众中存在的低级趣味、迷信违法需求当然是必须予以拒绝。还有一点需要注意的是,以受众为中心,并不是要求媒体失去主动性,并不否定媒体的引导功能。事实上,我们强调的媒体以受众为中心,是指我们的媒体在确保导向正确的情况下,必须尽最大力量去适应市场的要求,去满足受众的要求,去争取和拓展自己的生存发展空间。

参考文献

1. 张婉婷.研究新闻的中的"消息"写作[J].文学界(理论版),2011(1):271.
2. 刘明华,徐泓,张征.新闻写作教程[M].北京:中国人民大学出版社.2002:143,221-222.
3. 刘明华.本多胜一[M].北京:人民日报出版社,1995:31.
4. 李兵岐.全媒体时代新闻写作的方向与手段[J].西部广播电视,2020(15):191-193.
5. 孙志鹏.新型与主流:全媒体背景下的新闻评论[J].青年记者,2019(16):45-47.
6. 杜涛.新闻评论:思维与表达[M].北京:知识产权出版社,2013:120,124-125.
7. 马少华.新闻评论教程[M].北京:高等教育出版社,2007:115,44.
8. 翟兰兰.新华网"新华时评"的写作四论[D].湖北大学,2011.
9. 王艺璇,安真真.注意力经济:电商直播中消费者注意力的生产与控制[J].中国青年研究,2021(2):14-21.
10. 杨主格.中国电视新闻评论节目的话语转变[D].辽宁大学,2012.
11. 徐光春.充分发挥名专栏在舆论导向中的领航作用[J].新闻战线,1996(10):20.
12. 杨伟光.提高引导水平 再创名牌业绩[M]//李东生,孙玉胜.焦点访谈精粹.北京:中国人民大学出版社,1998:5-6.
13. QuestMobile移动大数据研究院.QuestMobile中国移动互联网2021半年大报告[EB/OL].(2021-07-27)[2022-06-25].https://www.questmobile.com.cn/research/report—new/164.
14. 周劲.对话喻国明:报业盈利模式的赋能与创新[J].新闻战线,2019(9):53-54.
15. 张婧.网络直播语境下主持人面临的机遇与挑战[J].新闻研究导刊,2020,11(13):70-71+173.
16. 刘雯月.从视频网站争抢独播权热现象出发:探析视频网站发展策略[J].新媒体研究,2016,2(8):67-68.
17. 蒋益.融媒体流量变现模式及工具[J].传媒评论,2015(9):40-42.
18. 习近平.决胜全面建成小康社会 夺取新时代中国特色社会主义伟大胜利[J].理论学习,2017(12):4-25.
19. 李岚,黄田园.节目供给侧改革:受众到底需要什么?[EB/OL].(2017-08-01)[2022-06-25].http://www.sohu.com/a/161488394_242827.
20. 卢新宁."内容+"将成为媒体融合关键词[J].中国报业,2017(17):18-20.

后 记

对于任何一家媒体来说,新闻的采访、写作和编辑都是其核心业务,也是其生存和发展的生命线。传媒实践和高校教育都不能是纸上谈兵,不能是空中楼阁,而是要面对传媒现实,面对澎湃汹涌的融媒大潮,做出富有前瞻性的预判预见,提升莘莘学子的能力活力。无论是实践经验的提炼总结,还是新闻教材,都应尽可能地做到站位高、起点新、立意深,促使新闻理论与传媒实践的紧密相连,达到以全媒体的视角来重新审视新闻学理,推进新闻实操的目标。

正是基于以上考虑,本书以"身处全媒体时代"开篇,提出主流媒体必须抢占网络主阵地的必要性,讲述"互联网+"时代传统媒体影响力的现实性,分析和谐社会构建中媒体的功能性,解析媒体融合的导向与路径的政策性,量化媒体融合"一二三四"的操作性,又以"实践案例"从现行模式与运行方式角度,探讨县级融媒体中心建设的要点,进一步分析研究新闻运行的大趋势,并以约50个"二维码"嵌入,扫码即可看到若干的文字、音频、视频和H5的具体内容,参与到全媒体实践中来。

在这样的起点之上,本书对新闻采访、各种新闻体裁的写作以及后期制作、编排等进行详细的论证和解析。本书写作过程中,特别注意了举例说明,注意了实践性、应用性和操作性。在这里,要特别感谢南京林业大学新闻学硕士研究生和江苏广电总台骨干记者撰写了部分篇目,分别是:第二章第一节《采访方法概述》(陈哲)、第三章第一节《消息的写作》(刘新蕾)、第三章第四节《评论的写作》(孔寅)、第四章第二节《两会报道中的导向把控与手段创新》(施震岳)、第九章第二节《提高收视率的五个关键词》(陈思羽)、第九章第三节《网络流量及其变现》(刘素君)。南京广电集团的丰富新闻实践为本书提供了翔实多样的素材,在此真诚致谢。

本书第一作者郭之文,南京大学毕业,高级记者,新闻学硕士研究生导师,江苏省广电局收听收看专家、全国城市电视台新闻节目评委,出版过两本著作,为《企业新闻与传播》系列教材编委,先后担任电视名牌栏目《法制园地》《法治现场》《社会大广角》《直播南京》的记者、责任编辑和制片人,有着丰富而多元的新闻实践经验,这就使得本书在现实操作层面更具说服力。

衷心感谢南京大学新闻传播学院教授、博导丁柏铨老师为本书作序,并对本书的内容给予了热情洋溢的评价。郭梦恬、彭妹华、李克红、张若飞、韩伟、高军等也为本书的翻译、音视频制作、出版、发行付出了辛勤的劳动,给予了积极的支持,在此一并表示感谢!